●本の未来を考える＝出版メディアパル　No.39

電子出版学概論

アフターコロナ時代の出版と図書館

湯浅 俊彦 著

SMP
mediapal
出版メディアパル

データベース化する出版のゆくえを考える

　本書は、電子出版の生産・流通・利用・保存に関する基礎知識や今日の課題について解説したものである。

　出版における紙から電子への移行は、1980年代半ばから段階的に進展を続けている。一般ユーザー向けの出版市場では、CD-ROMなどパッケージ系電子出版の時代から、電子書籍や電子雑誌などネットワーク系電子出版の時代へと大きく変化し、今日ではもともと雑誌の定期購読モデルから生まれた「サブスクリプション」という、定額で利用権を提供するビジネスモデルが出版だけでなく、音楽配信、動画配信などのメディア業界はもとより、家電、自動車、飲食の業界にまで及んでいる。

　一方、学術情報の世界では紙で刊行されていた学術雑誌が電子ジャーナルとなり、続いて学術書籍の電子化、さらにはそれらの電子資料がデータベース化し、大学図書館におけるディスカバリーサービス（多様な電子情報資源の統合検索）によって本文検索が可能となった。

　つまり、紙から電子への移行は、図書や雑誌を単体で流通させることから、データベース化する方向へと出版メディアを大きく変化させつつあることを示しているのである。

　本書では、電子出版をめぐる出版流通、電子図書館、著作権、読書アクセシビリティなど新たな状況を解説し、電子出版がもたらす読書の変容、データベース化する出版コンテンツの利活用について以下のような視点から考察した。

　第1に、ビジネスとしての観点から、減少傾向が著しい紙媒体の出版販売を

電子出版によって補填し、出版産業の構造的転換を図る出版業界の取り組みを明らかにすること。

第2に、政策的な観点から、総務省、文部科学省、経済産業省という「官」が行ったデジタル・ネットワーク社会における電子出版の利活用推進のためのプロジェクトが、「民」である出版業界にどのような影響を与えたのかを検証すること。

第3に、法制度の観点から、読書困難者への読書アクセシビリティの実現やオンライン授業における著作物の利用をめぐる著作権のハードルをどのように乗り越えられるのかを分析すること。

第4に、文化情報学的観点から、ICT を活用した音声読み上げやデジタル絵本のような出版メディアの可能性を拡大する具体的な成功事例を探求すること。

第5に、人文学的観点から、電子出版が創出する「読み手」から「書き手」への変化、すなわち出版メディアの構造を逆転させる新たな「知の還流構造」の実践について考えること。

かつては出版メディアの受け手であった読者が、比較的容易に著者となって発信することが可能な時代に、はたして出版メディアはどのような社会的役割を果たしていくのであろうか。

これまで出版物を収集し、目録を作成し、閲覧や貸出などの利用者サービスを行い、長期保存を担ってきた図書館は、電子出版の時代にどのような機能を有していくのであろうか。

「出版＝紙に印刷するもの」というこれまでの常識が変わる時代は、ちょうど「書き写す」時代から印刷の時代に変化した時と同様に、一定の歳月を経て振り返ればその意義が明確に見えてくるものだろう。

筆者はこの文明史的変化の時代に立ち会っていることを幸運と感じながら、出版メディアの持続可能な開発に向け、次のページへ進みたいと考える。

3

電子出版学概論 　目次

第 1 章

アフターコロナ時代の
出版と図書館

本章の内容

　2020 年、新型コロナウイルス感染症（COVID-19）が世界的規模で拡大した。日本国内においては「密閉、密集、密接」を避けるため、「通販の利用」「電子決済の利用」「テレワークやローテーション勤務」「オンライン会議」などが推奨され、これまでの生活様式が見直されることになった。

　また、教育現場における休校、社会教育施設である図書館、博物館、美術館などの閉館という事態に至った時、オンライン授業や電子図書館・デジタルアーカイブによって代替し、迅速かつ適切に対応できたところとそうでないところによって、利用者間に大きな格差が生じた。

　とりわけ、ICT 先進国であると思われていた日本が、実際には、（1）デバイス、（2）Wi-Fi 環境、（3）オンライン授業を行う教員のスキルが整備されていないため、多くの学校においてオンライン授業の実施が困難であり、また授業で使える図書の電子化や著作権処理の対応も遅れているという実態も明らかになったのである。

　本章では、デジタル・ネットワーク社会における電子出版・電子図書館の意義と役割について考える前提として、アフターコロナ時代という観点から日本における ICT 環境を俯瞰する。

第1節

「新しい生活様式」と出版・図書館

1.1　「新型コロナウイルス感染症」が出版・図書館に与えた影響

2019年11月に中華人民共和国湖北省武漢市で初めて検出された「2019新型コロナウイルス（SARS-CoV-2）」によって引き起こされた「新型コロナウイルス感染症（COVID-19）」のその後の急速な流行により、人類は未曽有の危機に直面した。

2020年1月9日、世界保健機関（WHO）による「中国の武漢における肺炎の集団発生に関する声明」が出されたが、そこでは「WHOは、旅行者に対して特段の対策（一般的な感染予防のための対応を超える特別な対策）を推奨していません。WHOは現在入手可能な情報に基づき、中国への渡航や貿易に対していかなる制限も行わないよう勧告します」＊1と感染拡大に対する過小評価が示されていた。

その後、感染症の流行が世界的規模で拡大し、WHOはようやく2020年3月11日、「パンデミック（感染爆発）」を宣言、世界各国においてはさらなる外出制限措置がとられ、人々の物理的な生活範囲は極端に矮小化し、経済活動は著しく停滞することとなったのである。

日本では厚生労働省・新型コロナウイルス感染症対策本部が2月13日、「新

＊1　"WHO Statement Regarding Cluster of Pneumonia Cases in Wuhan, China" Statement¦China9 January 2020 https://www.who.int/china/news/detail/09-01-2020-who-statement-regarding-cluster-of-pneumonia-cases-in-wuhan-china　日本語訳：厚生労働省検疫所ホームページ「中国の武漢における肺炎の集団発生に関するWHO声明」https://www.forth.go.jp/topics/20200114.html　（参照：2020-07-31）

型コロナウイルス感染症に関する緊急対応策」を発表し、(1)帰国者等への支援、(2)国内感染対策の強化、(3)水際対策の強化、(4)影響を受ける産業等への緊急対応、(5)国際連携の強化等について対策を実行していくこととなった[*2]。

また、対策本部は 2020 年 3 月 28 日、「3 つの密を避けましょう」を公表し、「三密」(密閉、密集、密接)を避けることを国民に呼びかけた。集団感染は、「換気が悪く」、「人が密に集まって過ごすような空間」、「不特定多数の人が接触するおそれが高い場所」という共通点があるためである[*3]。

そして 2020 年 4 月 7 日、ついに日本政府は「新型コロナウイルス感染症緊急事態宣言」を発出し、「新型コロナウイルス感染症については、・肺炎の発生頻度が季節性インフルエンザにかかった場合に比して相当程度高いと認められること、かつ、・感染経路が特定できない症例が多数に上り、かつ、急速な増加が確認されており、医療提供体制もひっ迫してきていることから、国民の生命及び健康に著しく重大な被害を与えるおそれがあり、かつ、全国的かつ急速なまん延により国民生活及び国民経済に甚大な影響を及ぼすおそれがある事態が発生したと認められる」とした[*4]。

このような状況が日本の出版界や図書館界に与えた影響はきわめて大きく、かつて経験したことのないものであった。

出版社では社員や関係者が新型コロナウイルスに感染する事例が発生、また作家と編集者の打ち合わせや、モデルやスタッフをスタジオに集めての撮影などに支障が生じ、さらにスポーツ競技、音楽ライブや舞台公演、旅やグルメなど、さまざまな雑誌が取り上げるイベントそのものの中止や延期、ホテルや飲食業の営業時間短縮や休業などにより、コンテンツ自体がなくなってしまうという前代未聞の事態となったのである。

講談社では発売日・刊行形態を変更した雑誌が相次いだ。『小説現代』6 月号(5月 22 日発売予定)は、『小説現代 6・7 月合併号』(6 月 22 日発売)に変更した[*5]。

*2 厚生労働省・新型コロナウイルス感染症対策本部「新型コロナウイルス感染症に関する緊急対応策」2020 年 2 月 13 日、https://www.kantei.go.jp/jp/singi/novel_coronavirus/th_siryou/kinkyutaiou_gaiyou_corona.pdf(参照：2020-07-31)
*3 「3 つの密を避けましょう」2020 年 3 月 28 日。https://www.mhlw.go.jp/stf/seisakunitsuite/bunya/0000164708_00001.html#kokumin(参照：2020-07-31)
*4 「新型コロナウイルス感染症緊急事態宣言」2020 年 4 月 7 日、https://corona.go.jp/news/pdf/kinkyujitai_sengen_0407.pdf)(参照：2020-07-31)

　ほかにも講談社で刊行・配信が延期となったのは、『モーニング・ツー』（2020年4月22日発売号）、『別冊少年マガジン』（5月9日発売号、『月刊ヤングマガジン』（5月20日発売号）など、多くのコミック誌であった。また、「コミックDAYS」（https://comic-days.com/）、「マガジンポケット」（https://pocket.shonenmagazine.com/）、「Palcy」（https://palcy.jp/）など自社プラットフォームで配信している作品についても、一部更新を順延した*6。

　また、小学館でも2020年5月29日に発売を予定していた『ベビーブック』『めばえ』『幼稚園』の7月号が、新型コロナウイルス感染拡大の影響により、6月19日に7・8月合併号として発売することに変更となるなど、多くの出版社において出版物の制作過程に大きな支障が生じたのである*7。

　一方、書店でも臨時休業や時間短縮営業を行う事態となった。例えば、紀伊國屋書店では2020年4月30日に大阪梅田本店、グランドビル店では緊急事態宣言により休業すると告知し*8、国内38店舗で休業もしくは時間短縮営業となった*9。

　また、丸善ジュンク堂書店では8都府県35店舗が休業するなど*10、全国的規模での休業という意味では阪神淡路大震災や東日本大震災、あるいはさまざまな台風被害とは異なる様相を呈したのである。

＊5　「講談社からのお知らせ」2020年4月15日、https://www.kodansha.co.jp/news.html#news58652　（参照：2020-07-31）

＊6　「緊急事態宣言等にともなう漫画雑誌の刊行に関するお知らせ」2020年4月14日、https://www.kodansha.co.jp/upload/pr.kodansha.co.jp/files/pdf/2020/20200414_news_comics.pdf（参照：2020-07-31）

＊7　「『ベビーブック』『めばえ』『幼稚園』7月号、発売日変更のお知らせ」2020年4月30日、https://www.shogakukan.co.jp/news/258666（参照：2020-07-31）

＊8　紀伊國屋書店「休業のお知らせ」、2020年4月30日、https://www.kinokuniya.co.jp/c/store/Umeda-Main-Store/20200430114044.html（参照：2020-07-31）

＊9　「緊急事態宣言による書店の休業に関するニュースまとめ」『新文化オンライン』、https://www.shinbunka.co.jp/news2020/tokushu/tokushu-covid19shoten.htm（参照：2020-07-31）

＊10　同上

1.2 電子出版・電子図書館の観点から

新型コロナウイルス感染症拡大に伴う電子出版、電子図書館への影響は次の3点であった。

第1に、紙媒体による書店の販売、図書館の貸出ができなかったことから、出版社の無償公開が行われたことである。

例えば講談社は、新型コロナウイルス感染拡大防止のために休校を余儀なくされている全国の中学生・高校生に向けて、2020年3月12日から5月10日まで「17歳の特別教室」シリーズ(全6巻)無料版を公開した[*11]。

「17歳の特別教室」は、6人の人気著者が、現役高校生を対象に現代を生き抜くうえで必要な知恵を伝える「特別授業」を行い、その内容をもとに書籍化したシリーズであり、休校中の生徒を対象にこの時期に無料公開したことは高く評価することができる[*12]。

また、増進堂・受験研究社は家庭学習に取り組む中学生を支援するために、個人・学校・自治体に対し、参考書『自由自在』(英語・数学・理科・社会)と問題集『標準問題集』(英語・数学)をデジタル化し、学習アプリ「リブリー」を通じて2020年6月から8月まで無償提供を開始した[*13]。

一方、日本医書出版協会は新型コロナウイルス感染症の治療に携わる医療従事者を支援するため、特設サイト「新型コロナウイルス関連無償コンテンツ」を開設、雑誌論文など約60点を無償公開し、随時更新すると発表している[*14]。

ほかにも実に多くの出版社が著作権の保護よりも緊急対応として利用者への

[*11] 「休校中の皆さんへ『17歳の特別教室』シリーズを一部無料公開します」講談社、
https://news.kodansha.co.jp/8193 　(参照:2020-07-31)

[*12] ◇特別無料版タイトルは次の通り。高橋源一郎『答えより問いを探して』、佐藤優『人生のサバイバル力』、瀬戸内寂聴『97歳の悩み相談』、岸見一郎『哲学人生問答』、京極夏彦『地獄の楽しみ方』、磯田道史『歴史とは靴である』
◇特別無料版公開期間、2020年3月12日(木)〜4月5日(日)
https://www.kodansha.co.jp/news.html#news58652 (参照:2020-07-31)

[*13] 「各社・団体コンテンツ無料公開―増進堂・受験研究社」『新文化』2020年6月11日付3323号5面.

[*14] 「各社・団体コンテンツ無料公開―日本医書出版協会」『新文化』2020年6月11日付3323号5面.

提供を行った。とりわけ、これまで国立国会図書館のデジタル化資料の公開に関して、著作権保護期間を満了した資料であっても、復刻・翻刻著作物が販売されている物などについては除外を求め、反対してきた日本出版者協会が、次のような声明を発表したことは極めて異例の出来事であった＊15。

　「学生・研究者をはじめとした利用者が、長期的に資料にアクセスできない問題が深刻化しています。私たち出版者もまた、出版物の正確性を担保し出版活動を維持する上で、資料にアクセスできる状態を切実に求めており、早急に、そのような環境が整備される必要があると考えています。特に4月15日の国立国会図書館の遠隔複写受付休止以降、資料へのアクセスの困難はより大きなものとなり、環境整備の必要性はますます高まっています。(略)ついては、この新型コロナ禍の現状における、期間を限定した緊急措置として、ICTを活用した国立国会図書館のデジタル化著作物利用の円滑化のための環境を整備すべきと考えます。」

　著作物は利用されてこそ、新たな知見に結びつくという特性がある。国立国会図書館のデジタル化資料の公開は本来、そのような趣旨で行われてきたものであり、図書館の閉館や遠隔複写サービスの停止などの事態でも、デジタル化資料であれば利用できることが、改めて確認された出来事であった。

　一方、著作権法の運用面において大きな変化があった。学校・大学の休校措置が全国的に行われ、児童・生徒・学生の学びが止まるという状況下にあった2020年4月24日、文部科学省・文化庁は「『授業目的公衆送信補償金制度』の早期施行について(新規)」を各都道府県知事・各都道府県教育委員会・各国公私立大学長など教育関係者に対して送付し、「新型コロナウイルス感染症の流行に伴う教育現場の状況等に鑑み、平成30年改正著作権法による『授業目的公衆送信補償金制度』を当初の予定を早めて令和2年4月28日から施行するとともに、令和2年度は特例的に補償金額を無償とすること」が決まったことを通知している＊16。

　平成30年(2018年)改正著作権法により、学校の設置者がオンライン授業やオンデマンド授業において講義映像や教材を公衆送信(インターネット送信等)

＊15　日本出版者協議会「ICTを活用した資料へのアクセス環境整備に関する声明」(2020年4月28日) https://shuppankyo.wixsite.com/shuppankyo/post/seimei200427　(参照：2020-07-31)

する際、個別に権利者の許諾を要することなく、文化庁が指定する権利者団体「一般社団法人授業目的公衆送信補償金等管理協会」(SARTRAS＝サートラス)に一括して補償金を支払うことで円滑にさまざまな著作物を必要と認められる限度内で利用できることになった。

しかし、その公布から3年以内、すなわち2021年5月までに施行されることになっていたため、新型コロナウイルス感染症の流行によるオンライン授業・オンデマンド授業のニーズに応える形で2020年4月28日から施行することに決まった。

また、2020年度に限って特例的に補償金額を無償(0円)とすることによって、教育機関側の財政負担は生じないことになったのである。

第2に、電子出版に対する著作者の姿勢に変化が現れたことである。

これまで著書の電子化をしてこなかったことで知られる作家の東野圭吾氏が、「東野圭吾、電子書籍　特別解禁。出版社7社、7作品。すべて100万部突破、ぜんぶ代表作。7冊あわせて1288万部。著者"最初で最後かもしれない"電子書籍化！」として、7作品を公開したのである。

しかも、電子化されるのは、「KADOKAWA・幻冬舎・講談社・光文社・実業之日本社・集英社・文藝春秋(50音順)から刊行されている、すべて『映画、またはドラマ化された映像化作品』かつ『累計100万部を突破している作品』全7作。その合計部数は、1288万部におよぶ作品群です」という[17]。

電子書籍であればアクセスしやすいという読者への利便性を重視した作家が出版社と共に行動したと考えられるが、このことがこれからの日本文学作品の流通に与える影響は大きい。

---

[16]　「『授業目的公衆送信補償金制度』の早期施行について（新規）遠隔授業等における著作物の円滑な利用を可能とする制度が4月28日から施行されるため、制度概要や留意事項等についてまとめましたので通知いたします」(2文庁第333号、令和2年 [2020年] 4月24日、宛先：各都道府県知事、各都道府県教育委員会、各指定都市・中核都市市長、各指定都市教育委員会、構造改革特別区域法第12条第1項の認定を受けた各地方公共団体の長、各国公私立大学長、各国公私立高等専門学校長、厚生労働省医政局長、厚生労働省社会、援護局長、各関係団体の長、発信者：文化庁次長、文部科学省総合教育政策局長、文部科学省初等中等教育局長、文部科学省高等教育局長)

[17]　講談社「【特別解禁】東野圭吾、7出版社代表作"最初で最後かもしれない"電子書籍化！」(2020年4月17日)　https://news.kodansha.co.jp/8230　(参照：2020-07-31)

　第3に、公共図書館や学校図書館への電子図書館サービスの導入館数と貸出冊数が急激に伸長したことである。

　公共図書館向けに電子図書館サービス「TRC-DL」を運営する図書館流通センターのプレスリリースによると2020年6月1日現在、全国78自治体（282図書館）に「TRC-DL」が導入されており、2019年5月の貸出実績は1万6239件であったが、2020年5月は貸出数が8万5392件となり、前年同月比526.5%の大幅増となったという。2020年4月との前月対比でも126%増と各ジャンル全般で貸出が増加傾向にあり、従来の冊子資料と比較しても遜色ない状況になっていると伝えている[*18]。

　また、紀伊國屋書店は販売代理店として提供する電子図書館サービス「LibrariE」の大学・学校への導入数が100館を超えたと4月28日付プレスリリースを行い、その中で「GIGAスクール構想の発表により学校のICTへの注目が高まったことに加え、2月以降、新型コロナウイルスの影響により、大学、学校の多くが臨時休校・図書館閉館となる中、自宅から利用できる電子図書館サービスへの注目が高まり、導入が加速」したことが報告されている[*19]。

　その後、「LibrariE」を運営する日本電子図書館サービスは、2020年6月10日現在、大学図書館77館、学校図書館61館、公共図書館59館、その他3館の合計200館に導入館数が到達したと発表している[*20]。4月28日から6月10日までの間に100館近く導入館が増加したという驚異的な数字を示している。まさに電子出版と電子図書館は、自宅にいながら著作物を利用する上でもっとも便利で有効なメディアであることが、多くの人々に認知され、そして実際に利用されたことが明らかになったといえよう。

[*18]　「国内導入実績 No.1 の TRC 電子図書館サービス―5月貸出実績は前年同月比526%！3ヶ月連続大幅増」（2020年6月16日付プレスリリース）https://www.trc.co.jp/information/pdf/20200616_TRCrelease.pdf　（参照：2020-07-31）

[*19]　紀伊國屋書店「紀伊國屋書店、電子図書館 LibrariE　大学、学校向け導入が100館を突破」（2020年4月28日付プレスリリース）．大学：64館、学校（小、中、高、高等専門学校）：38館、公共図書館：2館、、その他（企業等）：1館、合計105館（教育機関導入　102館、その他3館、合計105館）
https://www.kinokuniya.co.jp/c/company/pressrelease/20200428120016.html　（参照：2020-07-31）

[*20]　日本電子図書館サービス「『LibrariE』の導入が大幅増、200館に到達」大学：77館、学校：61館、公共図書館59館、その他3館 合計200館．（2020年6月10日時点）
https://www.jdls.co.jp/news/2020/06/　（参照：2020-07-31）

1.3 「新しい生活様式」と働き方改革・教育の ICT 化

厚生労働省は 2020 年 5 月 7 日、新型コロナウイルスを想定した「新しい生活様式」を公表し、その実践例として「日常生活の各場面別の生活様式」の「買い物」では「通販も利用」「電子決済の利用」、「働き方の新しいスタイル」では「テレワークやローテーション勤務」「会議はオンライン」「名刺交換はオンライン」と国民の暮らしにデジタル対応を求めている[21]。

新型コロナウイルス感染症の拡大が社会にもたらしたものは、これからの人々の仕事や学校、ショッピング、レジャー、スポーツ、趣味、娯楽などさまざまな場面において非接触型、非対面型、非来訪型の対応が求められること、すなわちソーシャルディスタンス(社会的距離)に配慮した社会生活を送るということになるだろう。

しかし、「新しい生活様式」で例示された内容は、単に「新型コロナウイルス感染症」だけに対応したものではないことはもっと知られてよいだろう。「買い物」における「通販」「電子決済」、「働き方」における「テレワーク」「ローテーション勤務」「会議や名刺交換はオンライン」という考え方自体はデジタル・ネットワーク社会における人々の生活様式として定着させようとするもともとの方向性があったところに、「新型コロナウイルス感染症」によって、多くの人々がこれまでの慣行にとらわれず、すぐさま実行に移すことになったといえよう。

つまり、この変化自体は長年にわたって実現できなかった「働き方改革」や「教育の ICT 化」が現実的な最適解として採用されることになったということなのである。

例えば「働き方改革」について、厚生労働省は「働く方々が個々の事情に応じた多様で柔軟な働き方を自分で『選択』できるようにするための改革」と位置付けている。そして、日本が直面する「少子高齢化に伴う生産年齢人口の減少」、「働く方々のニーズの多様化」などの課題に対応するためには、投資やイノベーションによる生産性向上や、就業機会の拡大、意欲・能力を存分に発揮できる環境をつくることが不可欠という観点がしめされている[22]。

＊ 21　厚生労働省「新型コロナウイルスを想定した『新しい生活様式』を公表しました」2020 年 5 月 7 日、https://www.mhlw.go.jp/stf/seisakunitsuite/bunya/0000121431_newlifestyle.html　(参照：2020-07-31)

　これまでの仕事と生活のバランスを見直し、多様な働き方を選択できること
は、これからの社会にとってきわめて重要な変化であろう。その時、ICT（情
報通信技術）を活用する新たな教育、労働、余暇のあり方が改めて見直される
こととなる。

　また「教育のICT化」では、すでに2011年6月、内閣府の知的財産戦略本部
が「知的財産推進計画2011」を策定し、奇しくもその中で2020年の目標指標と
して、以下の項目を掲げていた[23]。

　「書籍、放送番組の8割程度が電子媒体でも配信される」

　「児童生徒が授業の場において、1人1台の各種情報端末を活用してデジタ
ルコンテンツを自在に利用できるようになる」

　すでに「知的財産推進計画2010」（2010年5月21日）において、「児童生徒
が授業の場において1人1台の各種情報端末、デジタル機器を活用してデジ
タルコンテンツを自在に利用できるようにする」（p.13）、「今後の書籍、放送
番組の8割程度が電子媒体でも配信される」（p.17）という文言があったが[24]、
2020年を目標と設定したのは「知的財産推進計画2011」だったのである。

　この「知的財産推進計画2011」の公表から8年後の2019年6月、「学校教育
の情報化の推進に関する法律」が公布、施行されることになった。この法律に
よって「情報通信技術の特性を生かして、児童生徒の能力、特性等に応じた教育、
双方向性のある教育等を実施」することが学校に求められ、「デジタル教材によ
る学習とその他の学習を組み合わせるなど、多様な方法による学習を推進」す
ることが明文化され、文部科学省初等中等教育局から各都道府県教育委員会教
育長、各指定都市教育委員会教育長、各都道府県知事らに「学校教育の情報化
の推進に関する法律（通知）」が出されたのである[25]。

　「働き方改革」や「教育のICT化」が提唱されてもなかなか実現しない状況が、

＊22　厚生労働省「働き方改革とは」https://www.mhlw.go.jp/hatarakikata/（参照：2020-07-31）
＊23　内閣府知的財産推進本部「知的財産推進計画2011」（2011年6月3日）p.23
　　　https://www.kantei.go.jp/jp/singi/titeki2/kettei/chizaikeikaku2011.pdf（参照：2020-07-31）
＊24　内閣府知的財産推進本部「知的財産推進計画2010」（2010年5月21日）
　　　https://www.kantei.go.jp/jp/singi/titeki2/2010keikaku.pdf（参照：2020-07-31）
＊25　文部科学省初等中等教育局「学校教育の情報化の推進に関する法律（通知）」（元文科
　　　初第402号、2019年6月28日）https://www.mext.go.jp/a_menu/shotou/zyouhou/
　　　detail/1418578.htm　（参照：2020-07-31）

「新型コロナウイルス感染症」拡大防止の観点から、テレワークが始まり、ネット通販が拡大し、会議や授業のオンライン化が進展したのが 2020 年であった。

1.4　出版メディアに求められる変化への対応

　このような社会的環境の中、出版メディアの生産、流通、利用、保存のそれぞれの領域において、その変化に対応していくことが重要であることは疑い得ない。

　具体的には、出版社の編集、制作、営業の各段階における対人型長時間労働を ICT 活用型業務やその発展形としての AI を活用した業務に変化させることによって、新たな出版領域を切り拓くことが考えられる。

　また書店店頭販売からインターネット通販を経て電子書店が提供する閲覧権の契約に変化してきた出版コンテンツの流通は、さらに出版コンテンツのデータベースを利用する課金システムや著作権管理の新たなプラットフォームを開発することになるだろう。これは従来の紙媒体の消滅という意味ではなく、紙と電子のハイブリッド型出版から 2020 年代は次第に電子媒体優位に変化していくということである。

　一方、読者は「所有」から「利用」へと著作物に対する情報行動・消費行動を大きく変化させつつあるが、この動向は「コロナ」後の社会において、さらに加速度的に進展するだろう。これまで英語圏と比較して遅れていた日本語タイトルの出版コンテンツの電子化が一般化することにより、出版メディアの使われ方は本質的にこれまでの時代とは異なるものとなっていくと考えられるのである。

　そして、出版流通というフローの部分だけでなく、ストックとしての図書館も電子図書館サービスの進展により、そのあり方が根本的に変化することになる。すでに大学図書館のような学術情報流通の世界で起こった図書館情報資源の収集、組織化(目録)、利用者サービス、保存の各段階における変化が、公共図書館や学校図書館においても新たな、しかも大きな変化となって現れるだろう。

　新型コロナウイルス感染症による社会的変化は、すでに始まりつつあった出版メディアと図書館をめぐる電子化の動向を一層進展させ、知識情報基盤そのものを大きく変えていくのである。

1.5　遅れた「教育の情報化」

　教育の情報化はデジタル・ネットワーク社会を迎えた日本における喫緊の課題であったはずだが、その歩みは遅々としていた。すでに述べたように「知的財産推進計画2011」（内閣府知的財産戦略本部、2011年6月）の2020年目標指標である「書籍、放送番組の8割程度が電子媒体でも配信される」「児童生徒が授業の場において、1人1台の各種情報端末を活用してデジタルコンテンツを自在に利用できるようになる」が実際に2020年当初に達成されていたとすれば、全国の学校現場でオンライン授業はきわめて円滑に実施されたであろう。

　しかし、現実は異なっていた。2020年5月26日、テレビ東京のTV番組『ガイアの夜明け』で「コロナで学びを止めるな！〜休校でわかったニッポンの現実〜」が放映された。この番組では日本政府が新型コロナ対策拡大の中でいち早く対策をとったのが「学校の閉鎖」であったが、同じ休校の措置がとられてもオンライン授業が行われた米国、英国、中国の教育現場を取材して、その違いを明らかにしていた[*26]。

　つまり、パソコン、タブレットなどのデバイス、高速大容量のインターネット環境、デジタル教科書・デジタル教材の3点が揃わなければ、オンライン授業・オンデマンド授業などのICT活用教育は実現しないことは明白である。そして、日本の中でもこの環境の有無によって、児童・生徒・学生たちの学びにおいて明暗が分かれたことはもっと注目されてよいだろう。

　そこで、これまでパソコンやタブレットを導入してこなかった自治体では2020年度の新学期開始後になってようやく「緊急対策」としてタブレットなどのデバイスを配布する対応を取り始めた。

　兵庫県の事例を挙げると、2020年6月8日、明石市は市内の小中学校、特別支援学校に通う児童・生徒約2万4500人を対象にタブレット端末を1人1台貸し出すことを発表している[*27]。

　また、神戸市は6月10日、市立の全小中学校の児童・生徒約11万人に対し、

---

* 26　「コロナで学びを止めるな！〜休校で分かったニッポンの現実〜」テレビ東京『ガイアの夜明け』2020年5月26日22時00分〜22時54分
* 27　「市、第2波で臨時休校に備えタブレット端末を小中学生らに貸与—本年度中、1人1台」『神戸新聞』2020年6月8日付朝刊明石版17面.

タブレット型パソコン(PC)を 1 人 1 台リースで各学校に配備して臨時休校の際は家庭に持ち帰れるようにすると発表し＊28、西宮市は 6 月 16 日、市立の小中学校や義務教育学校、特別支援学校の児童・生徒訳 3 万 9 千人にタブレット端末を 1 人 1 台ずつ貸与する方針を固めたと報道された＊29。

　このようなデバイス配布は、2023 年度までに全国の児童・生徒に 1 人 1 台のデバイスを整備することをめざし、2019 年 12 月 19 日に 2019 年度補正予算案 2318 億円を計上することを閣議決定した文部科学省の「GIGA（ギガ）スクール構想」を背景にしているが、自治体の対応が遅きに失した感は否めない。

　「GIGA スクール構想」とは、「児童生徒向けの 1 人 1 台コンピュータ、高速大容量の通信ネットワークを整備し、全国の自治体や学校が、より容易に、より効率的・効果的な ICT 環境を整備し、デジタル教科書・教材など良質なデジタルコンテンツの活用を促進し、誰一人取り残すことのない、個別最適化された学びを実現させる構想」＊30 であり、GIGA とは"Global and Innovation Gateway for All"の略である。

　すでに 2011 年からスタートした文部科学省の「学びのイノベーション事業」、総務省の「フューチャースクール推進事業」による小学校・中学校のモデル校へのデジタル教科書の導入事例、2011 年 6 月の「知的財産推進計画 2011」の翌年、内閣府の知的財産戦略本部が 2012 年 5 月に策定した「知的財産推進計画 2012」に「児童生徒 1 人 1 台の情報端末によるデジタル教材の活用を始めとする教育の情報化の本格展開を目指して、義務教育段階における実証研究を進める」と書かれ、毎年のように「児童生徒 1 人 1 台」がスローガンになっていても多くの自治体は対応せず、結局のところ初等・中等教育における情報化は 10 年近くも経って、「新型コロナ」対策でやっとデバイスの導入が決まったのである。

　OECD（経済協力開発機構）による生徒の学習到達度調査(PISA)は、義務教育終了段階の 15 歳児を対象に、2000 年から 3 年ごとに調査を行っているが、2018 年調査(2018 年 6 月〜8 月実施)では「日本は学校の授業(国語、数学、理科)

＊28　「神戸市、本年度中に全小中生へ PC—12 万台、第 2 波備え前倒し」『神戸新聞』2020 年 6 月 11 日付朝刊 13 版 3 面.
＊29　「児童生徒全員にタブレット貸与—西宮市、補正予算提案へ」『神戸新聞』2020 年 6 月 16 日付朝刊阪神版 22 面.
＊30　文部科学省「GIGA スクール構想の実現パッケージ」を要約。https://www.mext.go.jp/content/20200219-mxt_jogai02-000003278_301.pdf（参照：2020-07-31）

におけるデジタル機器の利用時間が短く、「利用しない」と答えた生徒の割合が約80%に及び、OECD加盟国中で最下位となっている[*31]（**32ページ**のコラム参照）。

　すでに述べたように2020年4月28日より1年ほど前倒しで施行された「著作権法の一部を改正する法律」（平成30年法律第30号、「平成30年改正著作権法」）による「授業目的公衆送信補償金制度」により、全国の小学校、中学校、高等学校、大学等の教育機関では、著作権者の許諾を要することなくオンライン授業・オンデマンド授業などの遠隔授業においてさまざまな著作物を利用できる上、2020年度に限っては特例的に補償金額を無償になった。

　しかし、日本の教育現場ではそもそも1人1台のデバイスとWi-Fi環境が整備されていなかったために、先進的なICT教育の取り組みを行っている学校・大学以外のほとんどの教育現場では児童・生徒・学生らの学びが止まるというきわめて異例な事態に陥ったのであった。

図1　「OECD生徒の学習到達度調査(PISA)におけるICT活用」書影

＊31　文部科学省・国立教育政策研究所「OECD生徒の学習到達度調査2018年調査（PISA2018）のポイント」p.10. https://www.nier.go.jp/kokusai/pisa/pdf/2018/01_point.pdf（参照：2020-07-31）
　　　この調査は2018年に79か国・地域（OECD加盟37か国，非加盟42か国・地域），約60万人の生徒を対象に実施したものであり、学校の授業におけるデジタル機器の利用状況において、日本はOECD加盟37か国中、最下位であった。

第2節

ICT 活用型教育に見る新たな可能性

2.1　追手門学院の ICT 活用事例

　一方、ICT を活用した教育実践を行っている学校では、新型コロナウイルスによる休校措置がとられた中でも十分に対応することが可能となった。

　ここでは、追手門学院の事例を取り上げる。

　2019 年 4 月、追手門学院は歴史的転換点を迎えた。従来からの「茨木安威キャンパス」に加え、新しく「茨木総持寺キャンパス」を開設し、大学棟「アカデミックアーク」（**写真 1** 左）と中・高等学校棟「スマートパレット」（**写真 1** 右)が誕

写真1　追手門学院大学・総持寺キャンパス「アカデミックアーク」（左）
　　　　追手門学院中・高等学校「スマートパレット」（右）

生したのである。スマートパレットは個別型・協働型・プロジェクト型の「新たな学び」を実践する学舎である。

　また、大阪城を一望する「大手前キャンパス」にある追手門学院小学校では、地上３階、地下２階の「メディアラボ」を開館し、スキップフロア構造により連続した広大な学習空間としてライブラリースペースとアクティブスペースを備え、フューチャーラボでは大画面や大型電子黒板を利用したダイナミックな体験型学習を可能にした（**写真２**）。

　同じく「大手前キャンパス」の追手門学院大手前中・高等学校では、Global Science教育を実践する新しい拠点としてロボットサイエンス活動専用のラボ

写真２　追手門学院小学校「メディアラボ」アクティブ・スペース　（左）
「メディアラボ」ライブラリースペース　（右）

写真３　追手門学院大手前中・高等学校「テックラボ」（左は外観）
追手門学院大手前中・高等学校「テックラボ」（右は内部）

棟の「テックラボ」など、新しい施設が2019年度中に完成した（**写真3**）。

　こうした教育施設の完成を機に、追手門学院では次の3つの環境整備を実施した。

（1）　情報環境整備

　2019年4月より1人1台のデバイスを持ち（BYOD ＝Bring Your Own Device、私有デバイスの持ち込み利用）、Wi-Fi環境を整備し、ユビキタスな情報環境を提供している。

　追手門学院小学校、追手門学院大手前中・高等学校、追手門学院中・高等学校、追手門学院大学においては、小学3年生からMicrosoft Surface Go、中学1年生にiPad、高校1年生に富士通文教モデルS-tab（スクールタブレット）[1]、大学1年生には富士通LIFEBOOK UHシリーズというように1人1台のデバイスを入学時に購入することを入学の要件としたため、電子図書やさまざまな電子情報資源を授業でも活用することが可能となったのである。

　いつでもどこでもパソコンやタブレットなどのデバイスを使った学習が可能な環境を整えることで、予習、復習、反転授業、さらには電子図書館サービスを活用した調べる学習や読書を深めることで、ICTスキルが自然と身についていくことがデジタル・ネットワーク社会においてはきわめて重要だと考えられる。なお、導入については現在進行中で、機種の見直しも適宜行う。

　追手門学院小学校では、教材の郵送、課題の受取と添削、テレビ会議システム「Zoom」を活用したホームルーム、教員独自のオンライン授業配信、スクールカウンセラーによる電話カウンセリング、保健だよりの配信、スクールカウンセラーからのお便り配信、新入生・在校生に対するメッセージや学校の様子などの動画配信が行われ、教員向けには学校再開時の児童の心のケアのためのWeb研修会が実施された。

　追手門学院中・高等学校では、「Google Meet」を用いての朝礼・終礼、健康状態チェック、個別面談を行い、スタディサプリによる授業配信と反転授業の試み、その進捗確認、確認テストの実施、さらに教員独自のオンライン授業配

---

[1]　正式には「FUJITSU Tablet ARROWS Tab Q508/SE（文教モデル）」http://www.fmworld.net/biz/tablet/1801/q508se/（参照：2020-07-31）

信、ホームページ上での学年通信、動画による新入生・在校生へのメッセージの配信が行われ、教員向けにはオンライン授業・動画作成等についてのオンラインによる研修や教科会議が実施された。

追手門学院大手前中・高等学校では、休業期間中も「Zoom」による毎日の朝礼や個別相談、YouTubeによるオンライン授業配信、スタディサプリによる教材配信、Google Formsによる確認テストの実施、校長・主幹教諭らによる動画配信、学年便りの配信、スクールカウンセラーと養護教諭による電話カウンセリングが実施された。

追手門学院大学では、2020年4月9日から7月22日までの春学期について、休校をせずにすべての学部で次のようなオンライン授業・オンデマンド授業を実施した。

① 映像の制作・配信・コンテンツ管理システム「Mediasite」などを用いて教員がオンデマンド授業を収録し、「WebClass」というLMS（Learning Management System、学修支援システム）にアップロードして受講生が事前閲覧、

② 授業当日は「Webex Meetings」や「Zoom」などによってオンライン授業を実施し、

③ 課題の提示と提出は「WebClass」によって行う。

もともと様々な科目で遠隔授業を行う予定であったために準備していたこともあり、また2019年度からのBYODの実施で1年生、2年生の全員が自分のパソコンを所有しているため、円滑な導入が実現したといえよう。

表1　文部科学省「新型コロナウイルス感染症対策に関する大学等の対応状況について（2020年4月23日時点、804校から回答）

	授業の開始時期を延期	例年通りの時期で実施	
		遠隔授業を実施・検討	その他感染予防に配慮
国立大学	69校(92.0%)	6校(8.0%)	0校
公立大学	60校(83.3%)	12校(16.7%)	0校
私立大学	533校(88.7%)	64校(10.6%)	4校(0.7%)
高等専門学校	51校(91.1%)	5校(8.9%)	0校
（全体）	713校(88.7%)	87校(10.8%)	4校(0.5%)

　文部科学省の 2020 年 4 月 23 日時点での調査（**表 1**）によると、回答のあった全国の国公私立大学 804 校のうちの約 9 割が学生を集めて行う通常の授業の開始時期等を延期していた[*2]。これは学生が PC などデバイスを所有していない、Wi-Fi 環境がない、また大学としてオンライン授業・オンデマンド授業をすぐに実施できる環境が整備されていないことが要因と考えられるのである。

　追手門学院では、小学校と中・高等学校では、休業期間中の取り組みとして、朝礼・終礼や健康確認をオンラインで行い、通常授業に戻っても課題の配信を続けている。

　一方、大学では、対面授業が再開されても、いわゆる「概論科目」はオンライン授業・オンデマンド授業を実施するなど情報環境の整備が計画どおりに進行しているのである。

（2）図書館情報資源整備

　追手門学院では国内初となる小学校から大学まで同じ電子図書館サービス「LibrariE」を導入し、紙と電子双方の出版コンテンツを提供している。さらに、2020 年 6 月からは幼保連携型認定こども園・追手門学院幼稚園においても同じ電子図書館サービスを導入し、大画面の電子黒板を使ったデジタル絵本の読

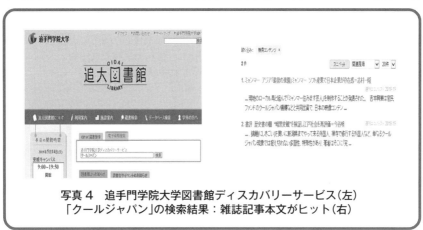

写真 4　追手門学院大学図書館ディスカバリーサービス（左）
「クールジャパン」の検索結果：雑誌記事本文がヒット（右）

＊2　文部科学省「新型コロナウイルス感染症対策に関する大学等の対応状況について」（令和 2 年 4 月 23 日（木）16 時 00 分時点）https://www.mext.go.jp/content/20200424-mxt_kouhou01-000004520_10.pdf　（参照：2020-07-31）

み聞かせや教諭が制作したオリジナルのデジタル絵本による保育を展開している。また、こども園では「おうちえん」(関西では初導入)を使っての動画配信(手洗い、読み聞かせ、ダンス、体操等、5分100コンテンツを目標に制作・配信)を行っている。

　一方、大学ではディスカバリーサービスの導入により、図書、雑誌、さまざまなデータベースの統合検索が可能となった(**写真4**)。

表2　追手門学院中高・追手門学院大手前中高・追手門学院大学の LibrariE ログイン回数統計(2020年5月31日時点)

	追手門小学校		追手門学院中高		大手前中高		追手門学院大学		そのほか	
	2019年	2020年	2019年	2020年	2019年	2020年	2019年	2020年	2019年	2020年
4月	0	229	128	540	712	713	29	1,033	315	173
5月	419	759	1,325	716	1,430	1,250	86	4,020	409	214
6月	1889		1,603		2,661		340		264	
7月	625		1,426		1,407		215		283	
8月	67		510		743		29		56	
9月	152		1,474		2,197		90		87	
10月	892		1,256		1,372		89		105	
11月	280		1,328		1,485		99		113	
12月	367		591		772		239		113	
1月	241		970		1,436		121		103	
2月	173		842		1,336		39		85	
3月	0		148		269		40		134	
合計	5,105	988	11,601	1,258	15,820	1,963	1,416	5,053	2,067	387

表3　追手門学院大学各種データベースへのアクセス回数 (2020年5月31日時点)

	JapanKnowiedge		日経テレコン		聞蔵(朝日)		ヨミダス(読売)		毎索(毎日)	
	2019年	2020年	2019年	2020年	2019年	2020年	2019年	2020年	2019年	2020年
4月	76	3,729	11,603	14,654	316	582	0	549	2,689	2,349
5月	435	3,610	16,119	57,106	517	2,158	135	1,659	1,492	11,642
6月	200		14,665		714		187		1,403	
7月	250		6,354		53		188		1,347	
8月	44		3,498		111		229		607	
9月	75		14,397		79		239		1,398	
10月	171		16,304		285		266		1,308	
11月	395		17,908		197		183		1,171	
12月	339		18,177		172		196		1,257	
1月	231		7,649		138		93		760	
2月	27		7,410		81		261		849	
3月	38		6,764		234		125		1,400	
合計	2,281	7,339	140,848	71,760	2,897	2,740	2,102	2,208	15,681	13,991

　このように紙媒体の図書や雑誌だけでなく、電子資料の取り扱いに慣れることによって、図書館の「所蔵資料」だけではなく、契約している図書館情報資源と信頼度の高いさまざまな外部の情報資源を使いこなすスキルが獲得されることをめざしている。

　2020年4月からの遠隔授業においても、課題として電子図書館サービスLibrariEを活用した書評の提出を求めたり、「JapanKnowledge」「日経テレコン21」など各種データベースを使ってさまざまな課題に取り組んだりしたため、それぞれのログイン回数が2020年4月、5月の2ヶ月間で2019年1年間のログイン回数を上回る電子資料もあり、2020年度から本格的に電子図書館やデータベースを活用した授業を展開しようと計画していたことが、まさに実現したのである（**表2**、**表3**参照）。

（3）　知の還流構造整備

　追手門学院大学では出版コンテンツを購入・契約するだけでなく、独自資料としての電子図書を制作し、情報資源の生産・流通・利用・保存という「知の還流システム」を構築している。

　例えば、大学では電子図書館サービス「LibrariE」の図書を学生が読んで他の学生に向けた図書の紹介文を書き、1人の学生が編著者になり1冊の電子図書『学生から学生へ――この本がオススメ2019年版』（伏間理香編著、湯浅俊彦監修、

写真5　追手門学院大学　電子図書館「独自資料」　（左）
　　　　電子図書『デジタルが変えるメディア環境』　（右）

2019年10月刊)として刊行され、それがまた「LibrariE」にアップロードされ、他の学生の読書へとつながっている。

　また、専門演習でのゼミ学生の座談会を1冊の電子図書『デジタルが変えるメディア環境―「Seminar1・2」(湯浅ゼミ)報告集2019度年版』(上田昴編著、湯浅俊彦監修、2020年2月)として1人の学生が編著者になってまとめ、「LibrariE」にアップロードし、自分たちの記録にすると共に次の学年の学びの参考になっていく(**写真5**)。

　さらに、『対談「青が散る」から「野の春」まで―宮本輝氏×真銅正宏副学長』(叢書名：校友会結成50周年記念事業 出版者：追手門学院大学校友会、2020年6月、電子版)では、作家の宮本輝氏と真銅正宏・追手門学院大学副学長(2020年4月より、学長)との対談を追手門学院大学校友会が冊子として刊行したが、多くの読者に届けようと電子図書にして無償で誰でもアクセスできる形で提供している(⇒**30ページ**「資料」参照)。

　このように、追手門学院における電子図書館サービスは決して「紙の本」を「電子の本」にしただけではなく、大学の事例のように学びの成果やさまざまな取り組みの記録を電子図書化することによって、「知の還流」構造を創り出していこうとするものなのである。また、新型コロナウイルス感染症拡大による対応ではなく、もともとICT活用型教育の一環として取り組んできたものである。

　これはこれからの教育の情報化と出版の関係を考えていく上で、きわめて重要な観点であろう。

2.2　文明史的観点からみた電子出版・電子図書館

学校教育、大学教育だけでなく、社会教育における出版メディアの活用についても、大きな転換期を迎えている。

　なぜなら、学校教育における検定教科書と副読本、大学教育における教科書や参考書、また社会教育における公共図書館の図書や逐次刊行物等の使われ方は、デジタル・ネットワーク社会の中で大きく変化しつつあるからである。

　先人たちの教えを写本によって学び、次の世代に引き継ぐことを繰り返した、かつての書物を通した学習の歴史は、活版印刷による大量複製の出版物を活用する時代を経て、今日では出版コンテンツのデジタル化とネットワーク化によ

り、巨大なデータベースとしてその利用のされ方が根本的に変容すると考えられる。つまり、人類は巻物から書物、書物からデータベースへとメディアを変換し、新しい知識情報基盤を構築してきただけでなく、「知識」のあり方そのものを転換させてきたと言えるだろう。

そこで今日、電子出版、電子図書館を考える時に次の2点が重要になってくる。

(1)電子出版

電子出版をこれまでの出版学の延長線上に考えるのではなく、文字、静止画、動画、音声などさまざまなコンテンツがデジタル化される時代における、いわば「デジタル・コンテンツ」の生産、流通、利用、保存を研究する学問領域として、新聞、出版、映画、放送などのメディア間の融合を視野に入れて調査・研究を行うこと。

(2)電子図書館

電子図書館をこれまでの図書館学の延長線上に考えるのではなく、MALUI連携、すなわちM＝Museum（博物館・美術館）、A＝Archives（文書館・資料館）、L＝Library（図書館）といった社会教育施設だけでなく、知識情報基盤としてのU＝University（大学）、I＝Industry（産業・企業）におけるデジタルアーカイブをどのように構築し、連携し、利活用していくかを視野に入れて調査・研究を行うこと。

すなわち出版界・図書館界といった既存の業界的・職能的立場からではなく、文明史的観点からこれからの電子出版、電子図書館を考えることが重要である。

はたして労働集約型、対人長時間労働型、対面販売型の出版編集、出版営業、取次、書店の働き方が支える出版産業が今後も持続可能なのか。

紙媒体の図書や雑誌の貸出を主要な業務とする図書館が、これからの知識情報基盤の変化に十分対応し続けることができるのか。

新型コロナウイルス感染症対策だけでなく、今後も変わり続ける人々の「新しい生活様式」に対応する電子出版学のあり方を考え、実践していくことが何よりも重要であろう。

資　料
宮本輝氏対談冊子の電子図書化について
追手門学院大学　学長　真銅正宏

　新型コロナウイルス感染予防のための外出自粛は、通学時間やアルバイト、外での会合などが軒並み無くなり、学生たちの自宅での長い滞在時間を生みました。これは、読書という行為のためにも絶好の機会になるはずでした。

　ところが、各地の公立図書館や書店の多くが閉まってしまいました。時間があるので本を読みたいのに、図書館に通えず、本が手に取れないという、実に皮肉な状況が起こったわけです。

　本学の附属図書館も、学生及び教職員の安全確保のために、学内立ち入り禁止方針に従い、原則的に閉じざるを得ませんでした。

　しかしながら、2019年の総持寺キャンパス開校に合わせて準備を進めてきた、BYODの方針と、紙の本と電子図書の双方を組み合わせるハイブリッド図書館化の方針が、ここで功を奏しました。電子図書は、危険を冒して来校しなくても自宅で利用できるからです。

　電子図書の第一の利点が、ここで明らかになりました。物質的な制約から解放され、インターネット環境とパソコンなどのデバイスさえあれば、どこででも本が読めます。

　ただし電子図書は、まだ紙の本ほどの種類が整えられていません。また、紙の本で読むことの魅力と利点も多々あります。本学がハイブリッド図書館を目指す理由は、そのいずれものいいところ取りの環境を学生のために用意したいからです。

　電子図書館システムには、もう一つの利点があります。市販の電子図書のみならず、各大学図書館や各学校図書館が、紙の本を電子化したり、独自の電子図書を造ったりして、システム上に格納することができる点です。いわばオリジナルの電子図書を学生に届けることが可能となったのです。

　2019年6月30日に総持寺キャンパスで催されたホームカミングデーのプログラムの一つである、本学第一期生で日本を代表する作家の一人である宮本輝

氏と、当時副学長であった私との対談を、大学校友会が、小冊子にまとめて下さいました。紙の本として限られた範囲には配布されましたが、せっかくの機会なので、電子図書化して、学生たちや、もっと広い範囲の人々に読んで欲しいと、湯浅俊彦図書館長が私に訴えられました。大学校友会を通じて宮本輝氏も電子図書化を快諾してくださいました。

　当日の対談は本当に楽しく、近代文学研究者として聞き手役であった私にとっても、実に幸福な時間でした。この小冊子を通じて、あの日の素敵な時間が、より多くの人々に届くことを願います。当日あの場にいた方々は、宮本輝氏の思わず引き込まれる話ぶりなどを、もう一度思い出して微笑んで下さい。参加できなかった皆さんは、ぜひ、想像してみて下さい。宮本輝氏は、対談の名手ですが、母校という気安さもあってか、いつも以上に温かい雰囲気に溢れた対談となりました。これだけは自画自賛しておきたいと思います。

　対談の中には、宮本輝氏が学生たちに読んで欲しい本として挙げられた「ファーブル昆虫記」や「レ・ミゼラブル」などの作品の名も見えます。この小冊子を電子図書で読み、そこに書かれた書名から本を探し、ようやく開き始めた公立図書館や書店などで入手して紙の本を読む。このような流れが生まれれば、本学が目指すハイブリッド図書館の理想的な活用法となると思います。

　電子図書の魅力と利点が、この小冊子を通じて皆さんに伝われば幸いです。

　何より、本と読書の魅力が永遠に続くことを祈っています。

（『対談「青が散る」から「野の春」まで─宮本輝氏×真銅正宏副学長』（叢書名：校友会結成50周年記念事業 出版者：追手門学院大学校友会、2020年6月、電子版、所収）

＊追手門学院　電子図書館「独自資料」https://www.d-library.jp/otemon/g0101/top/

OECD 生徒の学習到達度調査 2018 年調査（PISA2018）のポイント

◇学校・学校外でのデジタル機器の利用状況

◆日本は学校の授業（国語、数学、理科）におけるデジタル機器の利用時間が短く、OECD 加盟国中最下位。
「利用しない」と答えた生徒の割合は約 80％に及び、OECD 加盟国中で最も多い。

◆日本は、他の OECD 加盟国と同様、学校外で多様な用途にデジタル機器を利用している。

○他国と比較して、ネット上でのチャットやゲーム（1 人用ゲーム・多人数オンラインゲーム）を利用する頻度の高い生徒の割合が高く、かつその増加の程度が著しい。

・「毎日」「ほぼ毎日」利用すると回答した生徒の割合の増加の程度（2012 年調査との比較）

・「ネット上でチャットをする」：日本 60.5 ポイント増、OECD 平均 15.4 ポイント増

・「1 人用ゲームで遊ぶ」：日本 21.3 ポイント増、OECD 平均 7.1 ポイント増

・「多人数オンラインゲームで遊ぶ」：日本 19.4 ポイント増、OECD 平均 7.9 ポイント増

○コンピュータを使って宿題をする頻度が OECD 加盟国中最下位。

●学校外での平日のデジタル機器の利用状況(数字は「毎日」「ほぼ毎日」の合計%)		
調査項目	日本	OECD 平均
コンピュータを使って宿題をする	3.0	22.2
学校の勉強のために、インターネット上のサイトを見る(例：作文や発表の準備)	6.0	23.0
関連資料を見つけるために、授業の後にインターネットを閲覧する	3.7	20.1
学校のウェブサイトから資料をダウンロードしたり、アップロードしたり、ブラウザを使ったりする(例：時間割や授業で使う教材)	3.0	17.7
校内のウェブサイトを見て、学校からのお知らせを確認する(例：先生の欠席)	3.4	21.3
ネット上でチャットをする	87.4	67.3
1 人用ゲームで遊ぶ	47.7	26.7
多人数オンラインゲームで遊ぶ	29.6	28.9
E メールを使う	9.1	25.5
インターネットでニュースを読む(例：時事問題)	43.4	38.8

出所：「OECD 生徒の学習到達度調査 2018 年調査（PISA2018）のポイント」p.10.

第2章

電子出版の基礎知識

本章の内容

　出版研究の中でも電子出版の研究の歴史は浅く、まったく新しい学問といってよいだろう。電子出版に関する統計はあいまいで、市場規模も推計でしかない。

　また、出版や図書館の関係者でも、その定義をめぐってはさまざまな見解があり、必ずしも明快な定義があるわけでない。そもそも定義すること自体が難しい領域なのである。

　そこで本章では、第1に「電子出版学」の提唱によって、電子出版研究の方向性を示し、出版メディアに起こっている大きな変化を考える手がかりを提供する。印刷されたものを中心に研究されてきたこれまでの出版研究が、電子出版の隆盛によって次第に「デジタル・コンテンツ学」という領域に踏み出していく可能性について検討する。

　第2に、電子出版の統計のうち産業的統計と書誌的統計に関する基礎知識を提供する。電子出版をめぐる統計はまだ不完全であり、実証的研究のためには産業的統計と書誌的統計に関する基礎データの整備が重要である。電子出版のさまざまな現状と課題について考えるために、まずはその基礎知識について解説する。

第 1 節

電子出版学とはなにか

1.1　電子出版学の定義

　電子出版を定義することは困難であり、暫定的に定義しても数年経過すると出版ビジネスの実態がその定義を過去のものにしてしまうという特性がある。

　例えば、『日本国語大辞典』の「電子出版」の定義は、「従来は本や雑誌の形で提供されていた情報を、デジタル化したソフトの形で、あるいはパソコンの端末を使ってアクセスできる形で提供する出版。CD-ROM による出版など」としているが[*1]、今日ではここで例示されている CD-ROM などのパッケージ系電子メディアは電子出版の主流ではなくなっている。

　また、『日本大百科全書(ニッポニカ)』では、「出版物を電子的データに変換して記録メディアに格納し頒布する出版形式をいう。おもに『電子出版』は、電子コンテンツをメディアに搭載したパッケージを利用して販売するなど、物流を伴うという点で『電子書籍』と区別される」と定義づけている[*2]。

　ここでは電子出版＝パッケージ系、電子書籍＝非パッケージ系という分類基準を用いている。しかし、電子出版の上位概念は出版であり、出版の下位概念として従来からの印刷出版と、新しく出現した電子出版があり、さらに電子出版の下位概念として電子書籍と電子雑誌などがあると考えるのが妥当であろう。

＊1　日本国語大辞典 , JapanKnowledge. http://japanknowledge.com, (参照 2020-07-31)
＊2　日本大百科全書（ニッポニカ）, JapanKnowledge. http://japanknowledge.com,
　　　(参照 2020-07-31)

　いずれにせよ、今日では電子出版の主流は、CD-ROM などのパッケージ系電子メディアではない。つまり、現在の出版産業の実態からすれば、電子出版は明らかにネットワーク系電子メディアを指すものへと変化したのである。

　一方、『図書館情報学用語辞典　第5版』では、次のように定義している*³。

　　読者がアクセスする最終的な流通形態に電子メディアを用いて、著作物を一般に頒布する行為。読者がコンピュータや専用機器を利用することを前提とした出版形態。電子出版は、印刷資料か、それに若干の音声、動画を加えた著作物の電子メディア化であり、音声中心、動画中心の著作物を電子メディアで頒布しても通常は電子出版とはいわない。電子出版に利用される電子メディアは、パッケージ系メディアとネットワーク系メディアに分かれる。後者を利用した電子出版は、物理的実体を何ら複製しないという点を始めとして、従来の出版とは根本的に異なる性格を有している。

　ここでは、著作物という言葉を用い、出版の電子メディア化という観点から定義している。そして、ネットワーク系メディアとしての電子出版では物理的実体がない点を強調し、これまでの出版の概念を大きく変えるものと位置づけている。

　しかし、どの程度まで「音声中心」や「動画中心」であればその著作物を電子出版とは呼ばないのかを厳密に区分できていないという問題点が残る。

　実際、今日の出版業界で「電子雑誌」や「デジタル雑誌」と呼ばれている電子メディア化した雑誌は、動画コンテンツが埋め込まれていることも稀ではなく、データ量からすれば「動画中心」と言えなくもない。つまり、文字情報や静止画だけでなく、音声や動画が含まれる「デジタル・コンテンツ」を従来の出版という領域に押し込めることは次第に困難になっていると言えよう。

　社会現象としての出版事象を研究対象とするこれまでの「出版学」が扱う「出版」の定義を拡大するのか、それとも出版、新聞、映画、放送など、メディア間の融合を視野に入れた新たな「デジタル・コンテンツ学」の立場から電子出版の再定義を行うのかが大きな課題となっているのである。

---

*3　日本図書館情報学会用語辞典編集委員会編『図書館情報学用語辞典　第5版』丸善出版、2020. p166.

1.2　電子出版学の射程

　出版を対象とした学問的研究は「出版研究」、あるいは「出版学」と呼ばれる。

　日本における出版学の草分け的存在である箕輪成男は『出版学序説』の中で、「出版学は社会現象としての出版事象を研究対象とする学問である」と定義している[4]。

　そして出版とは狭義には「書籍あるいは雑誌を生産し流通する過程をいう。言い換えれば、書籍あるいは雑誌の企画を立て、原稿を入手し、印刷・製本手段によって複製し、出来上がったコピーを流通機構を通じて読者に届けるという、出版者(社)の担当する機能を意味している」とし、これに対し広義の出版を「狭義の出版過程によって生み出され伝達された書籍・雑誌を整理・保管・提供する図書館業務、読者の読書行為、さらには読者の反応を受けての著者の再生産活動までをふくめて、情報・知識の全還流過程を意味して用いられる」と定義するのである[5]。

　箕輪の狭義の定義からすれば電子出版は出版学の対象ではない。なぜなら今日の出版ビジネスにおいて電子書籍や電子ジャーナル、デジタル雑誌などと呼ばれている電子資料は「印刷・製本手段によって複製」されるわけではないからである。また、そもそもデジタル化されネットワークを通じて頒布されるコンテンツに書籍と雑誌の明確な区分すら成り立たないだろう。

　そこで電子出版という新たな領域の研究を「電子出版学」と名付けることにする。電子出版とは「デジタル化された出版コンテンツをパッケージ系電子メディアやネットワーク系電子メディアを用いて読者に著作物として頒布する行為」を指し、電子出版学は「電子出版を研究対象とする学問」と定義づけるのである。

　デジタル・ネットワーク社会における出版メディアの変容は、これまで出版を対象領域として発展を遂げてきた「出版研究」や「出版学」の研究そのものの転換をもたらすものである。それは出版産業における紙から電子への移行という業界的な問題にとどまらない。

　もともと出版メディアにおいては非商業出版の領域の方が大きい。例えば、

---

[4]　箕輪成男『出版学序説』日本エディタースクール出版物、1997、p.1
[5]　同上。

国会、議会、官公庁などの政府資料、自治体が刊行する行政資料や各種団体、保健所、病院、学校、文化施設などの発行する小冊子、企業情報、社史、自費出版、統計資料、調査報告、テクニカル・レポート、学位論文、会議録、特許情報など、一般的な出版流通ルートでは購入できないか、そもそも非売品で、その存在すら確認しにくい「灰色文献」と呼ばれる出版物のタイトル数は商業出版をはるかに超えているのであり、電子出版を考える際にはこのような出版メディアの総体を考える必要がある。

　さらに電子出版時代には、これまで商業出版物の領域では有償で提供されていたものが、無償で公開されることが増える傾向にある。百科事典、法典、判例、統計、学術論文など、従来は紙媒体で発行されていた出版コンテンツが、今日ではインターネットによって無償公開されている。政府系情報と呼ばれる行政資料も紙媒体での発行を中止して、各省庁や自治体のホームページ上にhtml形式やPDF形式でダウンロードも印刷も可能になっているものが多く見られるようになってきたのである。

　このように電子出版の実態は、もともと非売品や行政資料など必ずしも書店で販売されていなかったものも含む多様な出版物が紙から電子に置き換わっていることであり、このような膨大な電子資料のうち従来であれば書籍と名付けていたものを「電子書籍」と呼んでいるに過ぎないことが分かる。

　したがって、「電子出版学」は従来の「出版研究」や「出版学」が研究対象としてきた出版メディアの産業的実態だけにとらわれず、デジタル・ネットワーク社会における著作物の態様を精査し、その生産、流通、利用、保存のあらゆるフェーズについての科学的探究を行う学問として新たに誕生させる必要がある。

　例えば、2019年11月に開催された日本出版学会秋季研究発表会において「シンポジウム　デジタル絵本における読書と制作—出版メディアの還流構造をデザインする」が行われた。このシンポジウムでは、池下花恵・相模女子大学准教授が報告者となって「読書から制作へ—デジタル絵本にみる子どもの情報行動の変化」をテーマに問題提起がなされ、これを受けてパネルディスカッション「電子出版と子どもによる出版制作」が討議された。

　このシンポジウムを企画・コーディネーターを担当した筆者はその趣旨について次のように書いた*6。

　　　子どもの読書環境の変化について、さまざまな言説が流布しているが、
　　　もっとも重要な点が欠落している。それは「読書」という受け手としての
　　　「子ども像」から、「制作」を行うことができる送り手としての「子ども像」
　　　への変化の問題である。例えば、親や保育者、あるいは図書館司書が絵
　　　本の読み聞かせを行うことが一般的であった時代から、今日ではデジタ
　　　ル絵本を子ども自身が制作し、発表し、学校や公共図書館が運営する電
　　　子図書館に電子書籍として流通、利用、保存することが可能になってい
　　　る。出版における紙から電子への移行が与える影響を、子どもによる出
　　　版制作の観点から討議する。

　つまり近代以降、マスメディアとしての出版メディアは出版社による出版編
集や出版営業、取次や書店による出版流通といった産業的実態の上に形成され、
「出版研究」や「出版学」は出版メディアの歴史、著者と読者の関係性といった人
文学的テーマや、著作権や出版の自由をめぐる法学的テーマ、あるいはデスク
トップパブリッシング（DTP）や CD-ROM 出版などの情報工学的テーマなどが
それぞれの時代ごとに次々と設定され、盛んに研究されてきたが、今日の子ど
もたちによるデジタル絵本の制作は出版メディア研究の新たな次元の課題を提
起していると考えられる。
　社会の構成員の多くがスマートフォン、タブレット端末、パソコンなどの
ICT 機器を所有し、文字、静止画、動画、音声などのデジタル情報を発信す
ることが可能なデジタル・ネットワーク社会において、出版の電子化は社会の
関係性に大きな変化をもたすものとなるだろう。
　すなわち「電子出版学」は、社会における著作物をめぐるコミュニケーション
様式の変化を探求する、きわめて学際的な学問にならざるをえないのである。

＊6　湯浅俊彦「シンポジウム　デジタル絵本における読書と制作—出版メディアにおける
　　　還流構造をデザインする」『日本出版学会 2019 年秋季研究発表会予稿集』日本出版学会、
　　　2019.

電子出版の統計

2.1　電子出版の産業的統計

　日本における電子出版の統計として必ずといってよいほど、引用される文献が2種ある。2002年度から国内で初めて電子書籍の市場規模を調査し、2003年に刊行を開始した『電子書籍ビジネス調査報告書』（インプレス）と、2015年から従来の紙媒体だけでなく電子書籍の統計を掲載している『出版指標年報』（全国出版協会・出版科学研究所）である。

　しかし、この2つの統計を引用する際、それぞれの電子出版の分類、調査時期、調査方法に違いがあることを知っておく必要がある。

　『電子書籍ビジネス調査報告書2020』では、「電子書籍」、「電子雑誌」を次のように定義し、そのうち「電子書籍」についてはさらに「ジャンルによる分類」を行っている。やや長いがこの調査報告書における電子出版統計の取り方を知る上で重要な前提が書かれているので全文引用しておこう*1。

■電子書籍とは

　電子書籍は、「書籍や出版物の情報をデジタル化し、印刷物の替わりに電子機器のディスプレイ上で閲覧可能なコンテンツ」のことである。すなわち、書籍の体裁に近い形で電子化され、書籍が書店流通を通して販売さ

＊1　インプレス総合研究所著・編『電子書籍ビジネス調査報告書2020』インプレス、2020、p.12.

れるのと近い形で電子書籍ストア(サイト)で販売され、PCやフィーチャーフォン/スマートフォン、タブレット、電子書籍リーダー等の端末上で読書に近い形で活用されるデジタルコンテンツである。当研究所においては「書籍に近似した著作権管理のされたデジタルコンテンツ」としている。ただし、電子雑誌、電子新聞や、教科書、企業向け情報提供、ゲーム性の高いもの、学術ジャーナルは含まない。また、紙の書籍と同様に1冊単位で販売されるもの以外にも、話単位で販売されるものなどもある。その他、書籍の体裁に近い形とはいうものの、スマートフォンの縦スクロールで読むことに最適化された作品や、スマートフォンのコミュニケーションサービスのようにチャット形式で会話を進めるチャット小説といった形式もある。

■電子雑誌とは

電子雑誌は、紙の雑誌を電子化したものやデジタルオリジナルの商業出版物で逐次刊行物として発行されるものである。形態は、上記の電子書籍とほぼ同じである。なお、電子雑誌は原則、電子書籍には含まれず、当研究所では電子書籍と電子雑誌をあわせて「電子出版」と定義する。ただし、雑誌コンテンツを電子化して単行本の形式で販売しているものは「電子書籍」に含まれている場合もある。

■ジャンルによる分類

電子書籍は、そのジャンルによって、小説や実用書などの「文字もの」と、マンガを主とする「コミック」、写真や静止画を主とする「写真集」に大別される。

つまり、『電子書籍ビジネス調査報告書』では、無償で提供されている電子書籍や電子雑誌のような非商業電子出版は統計の対象とされておらず、あくまで「電子書籍ビジネス」に関する調査報告書であること。またマンガは電子書籍に区分されていることに特徴がある。

その上で、市場規模の推移を見てみると、次に示す**表1**のとおりであり、この統計では調査対象期間が1月から12月の暦年ではなく、4月から翌年3月までの年度単位としている。

表 1　電子書籍市場規模と電子雑誌市場規模

年度	電子書籍市場規模[億円]	電子雑誌市場規模[億円]	電子出版市場規模[億円]	電子書籍市場規模（対前年比）	電子雑誌市場規模（対前年比）	電子出版市場規模（対前年比）
2002 年度	10	-	10			
2003 年度	18	-	18	180%	-	180%
2004 年度	45	-	45	250%	-	250%
2005 年度	94	-	94	209%	-	209%
2006 年度	182	-	182	194%	-	194%
2007 年度	355	-	355	195%	-	195%
2008 年度	464	-	464	131%	-	131%
2009 年度	574	-	574	124%	-	124%
2010 年度	650	6	656	113%	-	113%
2011 年度	629	22	651	97%	367%	99%
2012 年度	729	39	768	116%	176%	118%
2013 年度	936	77	1,013	128%	199%	132%
2014 年度	1,266	145	1,411	135%	188%	139%
2015 年度	1,584	242	1,826	125%	167%	129%
2016 年度	1,976,	302	2,278	125%	125%	125%
2017 年度	2,241	315	2,556	113%	104%	112%
2018 年度	2,826	296	3,122	126%	94%	122%
2019 年度	3,473	277	3,750	123%	94%	120%

出所：『電子書籍ビジネス調査報告書 2020』p.17
〈注 1〉『電子書籍ビジネス調査報告書』は 4 月から 3 月の年度ベース
〈注 2〉　電子出版市場規模＝電子書籍の市場規模＋電子雑誌の市場規模

表 2　電子出版市場規模

年	電子コミック[億円]	対前年増減率[%]	電子書籍[億円]	対前年増減率[%]	電子雑誌[億円]	対前年増減率[%]	合計[億円]	対前年増減率[%]
2014	887	-	192	-	65	-	1,144	-
2015	1,169	31.8	228	18.8	105	61.5	1,502	31.3
2016	1,491	27.5	258	13.2	160	52.4	1,909	27.1
2017	1,747	17.2	290	12.4	178	11.3	2,215	16.0
2018	2,002	14.6	321	10.7	156	▲ 12.4	2,479	11.9
2019	2,593	29.5	349	8.7	130	▲ 16.7	3,072	23.9

出所：『出版指標年報 2020』p.16
〈注 1〉『出版指標年報』は 1 月から 12 月の暦年ベース

　一方、『出版指標年報 2020 年版』では、その統計の取り方を以下のように説明している[*2]。

> 　電子出版を文字ものの「電子書籍」、コミックスの「電子コミック」、雑誌の「電子雑誌」と 3 分類に分け、2019 年（1 〜 12 月期、暦年）の市場規模を算出した。出版社、電子書籍ストア、電子取次各社へのヒアリングを基に推計し、小売り額としての販売金額（読者が支払った金額）を算出した。

　つまり、電子コミックは電子書籍に含めず、独立したジャンルとして扱っており、調査対象期間については 1 月から 12 月の暦年を採用している。一方、商業電子出版のみを対象としていることは、『電子書籍ビジネス調査報告書』と同じである。

　『出版指標年報 2020』の市場規模の推移は，前ページの**表2**のとおりである。

　以上、2 つの統計を比較すると、以下の点において相違があることが分かる。

(1)『電子書籍ビジネス調査報告書』では電子コミックは電子書籍に含まれているが、『出版指標年報』では電子書籍、電子雑誌、電子コミックと 3 本立ての分類になっている。

(2)『電子書籍ビジネス調査報告書』は 4 月から 3 月の年度ベース、『出版指標年報』は 1 月から 12 月の暦年ベースという違いがあるため、2 つの統計を比較することが困難である。

(3)『電子書籍ビジネス調査報告書』は電子書店への調査をもとに、主に個人ユーザーが支払った額から市場規模を推定しているが、『出版指標年報』では出版社の売上データを中心に電子取次、電子書店への調査、そしてアマゾンやグーグルの市場規模については推計をもとに電子出版全体の市場規模を算出する方法がとられているという特徴がある。

(4)いずれの統計も市場規模を分析し、各年で比較する手法で調査を行っており、タイトル数などの書誌的統計が欠落している。

[*2]　『出版指標年報 2020 年版』全国出版協会・出版科学研究所、2020、p.287.

2.2　電子出版の書誌的統計

　電子出版の市場規模というビジネスの世界ではなく、電子出版を書誌的統計の観点から見ることは電子出版研究にとっては重要である。書誌的統計とは、出版社の発行タイトル数や電子書店の取り扱いタイトル数、あるいはジャンルごとのタイトル数など、電子出版の刊行状況を知るための基本的な書誌データのことである。

　ところが、電子出版の書誌的統計はきわめて不十分な状況にある。『電子書籍ビジネス調査報告書 2020』では、タイトル数に関する項目はなく、例えば、大手小説投稿サイトの『小説家になろう』（ヒナプロジェクト）について、「投稿作品数およそ 74.7 万点」という本文の記述がある（p.50）。

　ほかにも定額制読み放題サービスを比較する表に「掲載数」として、「ブック放題」約 3 万冊、「シーモア読み放題ライト」約 2 万 5000 冊、「シーモア読み放題フル」約 6 万 8000 冊、「Kindle Unlimited」8 万冊以上、「Free Time Unlimited」1000 冊以上、「マンガ・雑誌読み放題」約 5000 冊、「角川文庫・ラノベ読み放題」1 万冊以上、「学研図書ライブラリー」約 600 冊、と記述されている（p.66）。

　また、電子ストアの紹介ページの「楽天 Kobo 電子書籍ストア」の項目に「世界 190 ヵ国で電子書籍約 500 万冊を提供し、日本では約 400 万冊を取り扱う（2020 年 7 月時点）」（p.142）、「BookLive!」では「国内最大級の蔵書数約 100 万冊の品揃え」（p.144）、「d マガジン」では「雑誌 450 誌以上（2020 年 6 月末日現在）が読み放題」（p.189）と記述されているだけで、タイトル数が示されていない電子ストアの方が多く、1 年間に刊行された電子出版のタイトル数を網羅的に調査した統計にはなっていない。

　2019 年度版を最後に刊行中止となった『出版年鑑』（出版ニュース社）では、2002 年版から電子書籍の書目の収録を開始したが、2010 年版まででその収録を取りやめていた。電子書籍の書目が収録された最後の 2010 年版では、電子書籍が 2 万 6474 件、点数にすると 59 万 7718 点が記載されていた。件数と点数の違いは、例えば多巻物の場合は 1 巻から 10 巻を 1 件とカウントし、点数は 10 点になるという意味である。

　2010 年版の電子書籍のデータは情報提供元である各電子書店の扱いタイト

ル間の重複が除かれていないこと、各電子書店の要望で掲載されていないものがあること、さらには全件数は収録しきれないので、文芸書、コミックなどを中心に、アダルト物や写真などを除いた主要なものが掲載されていることなど、編集部の注釈をみると＊3、紙媒体との比較は困難である。ちなみに、同じ『出版年鑑2010』に収録された紙の書籍は、7万8501件で点数にすると8万776点であった。

　そこで、今日では電子出版のタイトル数に関する統計は、出版情報登録センターが公表しているものに頼らざるを得ない事態となっている。出版情報登録センターは、日本出版インフラセンター（日本書籍出版協会、日本雑誌協会、日本出版取次協会、日本書店商業組合連合会、日本図書館協会が設立）が、2014年12月に発足させたもので、紙と電子双方の書誌について収集している。2020年8月現在の登録件数は基本書誌情報247万6765件であり、内訳は書籍登録数が222万9184件、電子書籍登録数が24万7581件となっている＊4。

　電子出版のタイトル数としては、電子書店の取り扱い電子書籍タイトル数から考えると、まだ網羅的な電子出版の書誌情報とは言えず不十分であると言わざるをえない。しかし、出版業界の取り組みとして、電子書籍の書誌情報の収集を開始したことは重要である。

　一方、Kindleストア、楽天Kobo電子書籍ストア、honto、LINEまんがといった扱いタイトル数において上位と考えられる電子書店でさえ、書目リストや正確なタイトル数を公表していないため、書誌的統計としては国立国会図書館の役割が期待されることになるだろう。

　国立図書館は世界各国にあるが、日本の国立図書館は立法府に置かれ、その任務は、（1）国内で刊行された出版物を網羅的に収集し、（2）全国書誌を作成し、（3）国会議員、行政・司法の各部門、そして日本国民に資料提供などの図書館サービスを行うこと、である。

　電子出版の時代が本格化してきた2009年10月、国立国会図書館第17回納本制度審議会において、長尾真・国立国会図書館長（当時）から「国立国会図書館

＊3　「Shuppan News blog」出版年鑑 2010.
　　　http://www.snews.net/blog/archives/2010/05/2010_1.html
　　　（2013-01-17 参照、2020-02-07 時点で確認できず）
＊4　JPO 出版情報登録センター「JPRO 現在の登録件数」
　　　https://jpro2.jpo.or.jp/（2020-08-29 参照）

法第25条に規定する者(私人)がインターネット等により利用可能とした情報のうち、同法第24条第1項に掲げられた図書、逐次刊行物等に相当する情報を収集するための制度の在り方について」の諮問がなされた。そして、これを受けて納本制度審議会では審議を重ね、2010年6月7日、次のような答申が行われたのである*5。

答申の趣旨

インターネット等で提供される民間の電子書籍、電子雑誌等(以下、オンライン資料)を個別の契約によらないで収集する制度を設ける。

1.　オンライン資料を収集する主な理由は次のとおり。

(1)オンライン資料は、現行の納本制度では収集できない。

(2)オンライン資料の収集ができないと、出版物の収集を通じた「文化財の蓄積及びその利用」(国立国会図書館法第25条)の目的が達せられないおそれがある。

2.　収集対象となるオンライン資料

収集対象となるオンライン資料は、同内容の紙媒体のものがあっても収集し、また、有償・無償を問わない。なお、内容による選別は行わない。

3.　収集方法

主として、オンライン資料を「発行」した者からの国立国会図書館への送信によって収集することを想定。オンライン資料を「発行」した者は、送信等に関する義務を負う。

4.　利用に当たっての想定

基本的に図書館資料と同等の利用提供を行うことを想定。

5.　経済的補償

オンライン資料の収集では、送信のための手続きに要する費用を「納入に通常要すべき費用」に相当するものとして考える。

6.　罰則規定

---

*5　納本制度審議会答申「オンライン資料の収集に関する制度の在り方について」について。https://www.ndl.go.jp/jp/collect/deposit/council/s_toushin_5gaiyou.pdf2020-02-07参照)

　　現段階では、過料も含め罰則規定は設けないことが妥当である。

7.　著作権等の制限

　　オンライン資料の収集を契約によらないで行うため、著作権法等の制限
が必要である。

　　しかし、この答申は国立国会図書館が開催した出版業界向け説明会で理解が得
られず、2012 年 6 月 22 日、国立国会図書館法の一部を改正する法律が公布され、
2013 年 7 月 1 日に施行され、「DRM 等の付与されていない無償出版物」の網羅
的収集が「オンライン資料収集制度(e デポ)」として開始されることとなった。

　　もし、この時に商用出版物としての電子書籍や電子雑誌等のオンライン資料
を網羅的に収集できるオンライン資料収集制度(いわゆる電子納本制度)が確立
しておれば、日本では紙媒体だけでなく、電子出版の書誌データについても、(1)
国内で刊行された電子出版物を網羅的に収集し、(2)全国書誌を作成することが
可能となり、電子出版の書誌的統計も完備することが出来たのである。

　　電子出版ビジネスのこれからの発展を考える上ではもちろんであるが、電子
出版研究のためにも、国立国会図書館による網羅的で、正確な電子出版に関す
る統計の確立が喫緊の課題であると言えよう。

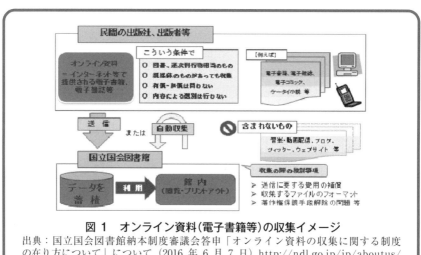

図 1　オンライン資料(電子書籍等)の収集イメージ
出典：国立国会図書館納本制度審議会答申「オンライン資料の収集に関する制度
の在り方について」について (2016 年 6 月 7 日) http://ndl.go.jp/jp/aboutus/
deposit/council/s_toushin_5gaiyou.pdf(引用日：2020-07-31)

第3章

電子出版の歴史

本章の内容

　1980年代の日本の出版業界において電子出版は、CD-ROMのようなパッケージ系電子メディアに出版コンテンツを格納する出版形態のことを指していた。1990年代になると、電子書籍のダウンロード配信を行う電子書店が出現し、ネットワーク系電子メディアによる電子出版が次第に主流となってきた。

　2000年代に入ると、読書専用端末の販売が相次いだが、端末の売れ行きの不振から電子書籍の配信サービスが終了するなど、課題を残した。2010年代になると、アップルが「iPad」、グーグルは「Nexus7」、アマゾンは「Kindle」という通信機能を有するデバイスをそれぞれ発売し、電子書籍配信のプラットフォームを構築、次第に巨大な出版コンテンツのデータベースとして展開する状況になった。

　一方、学術出版の電子化はすでに1990年代から電子ジャーナルや電子学術図書によって、紙から電子への移行が本格的に始まっていた。

　本章では、このような電子出版の歴史を学び、これからの出版を考える手がかりとする。

第 1 節

パッケージ系電子出版

1.1　CD-ROM 出版

1980 年代の日本の出版業界において電子出版は、著者や編集者が書籍や雑誌を編集・製版する過程を電子化するデスクトップ・パブリッシング(DTP = Desk Top Publishing)のことを指していた。

電算写植システム(CTS = Computerized Typesetting System)による文字情報のデジタル化とスキャナ(電子写真製版機)などを使った画像情報のデジタル化によって編集の電子化が進展し、そのことを電子出版と呼んでいたのである。

一方、1980 年代には CD-ROM のようなデジタル化された出版コンテンツをパッケージ系メディアにした出版形態もまた電子出版と呼ばれていた。

1985 年に日本で初めて『最新科学技術用語辞典(英・独・和)』(三修社)が CD-ROM で出版され、1987 年に『広辞苑』(岩波書店)が CD-ROM 化されたことにより CD-ROM 出版の社会的認知度が高まったのである。

CD-ROM について『日本大百科全書』では次のように定義している[1]。

コンパクトディスク(CD)による読み出し専用メモリー compact disc read only memory の略称。「コンパクト」という名称は、開発当時のアナログレコード盤に比べて小さかったことからつけられた。CD と同じ直径 12

---

[1]　日本大百科全書（ニッポニカ）, JapanKnowledge. http://japanknowledge.com.（参照 2020-07-31）

センチメートルの光ディスクに、650 メガバイト以上の情報を記憶し、情報は 1 倍速で毎秒 150 キロバイト、24 倍速で 3.6 メガバイト、72 倍速で 10.5 メガバイトで転送される。オーディオ用の CD 同様に、ユーザー側でデータの書き込みや更新はできないが、大容量の記録能力と安価な製作費から、過去のデータを蓄積した出版印刷物のような利用が多い。

CD-ROM による電子出版は発売当初は紙媒体よりもかなり高額で、例えば 1988 に発売された『現代用語の基礎知識』が定価 2 万円、『模範六法』（三省堂）が定価 12 万円であった。ところが普及するにつれ、例えば 1999 年、『月刊アスキー』や『月刊アスキー PC』など 5 誌に夏目漱石や芥川龍之介など著作権の保護期間が満了した作家の作品が CD-ROM に収められ、付録として読者に提供されるなど、きわめて廉価なものになったのである。

また、日本図書館協会は 1988 年 4 月、大日本印刷の制作により国立国会図書館の『日本全国書誌』をもとにした「JAPAN MARC」の CD-ROM 版『J-BISC』を発売した。1 枚の CD-ROM に約 10 年間分、50 万点の書誌データが収録され、これまでの MT（磁気テープ）での提供では年 4 巻で 80 万円だったため大型コンピュータが導入された 38 機関に限られていたのが、CD-ROM 化することによって年 4 回のデータ更新で年間 12 万円と公共図書館、短期大学、高等学校の図書館にも購入の道が開かれたのである。

象徴的であったのは、1996 年 11 月に『マルクス＝エンゲルス全集』（大月書店）が CD-ROM 化されたことであった。この全集は従来の活版印刷で作られていたが、コスト面からコンピュータ組版によるオフセット印刷に転換することができず、品切れのままになっていた。それを光磁気ファイリングによって取り込んだイメージ（画像）情報を CD-ROM に転写することによって廉価に電子化する技術が開発され、品切れ本の電子出版による再版が可能となったのである。

つまり、この時期には辞書、書誌、全集などの情報検索の分野における紙媒体にはない CD-ROM の至便性が注目されたのである。

1.2　百科事典の CD-ROM 化、DVD-ROM 化

　百科事典の分野でも CD-ROM 化が急速に進展する。1993 年にアメリカで 1 枚の CD-ROM として発売されたマイクロソフトのマルチメディア百科『エンカルタ　エンサイクロペディア』の日本語版が、1997 年 2 月に刊行され、百科事典分野における CD-ROM 化が注目を集めたのである。

　冊子体の百科事典とは異なり約 1 万 8000 項目の解説文中に 10 万 5000 を超えるリンクが張られ、瞬時に関連項目へジャンプすることが可能であった。百科事典の CD-ROM 化は、これまでの知識へのアクセスのしかたそのものを変化させるものであった。

　日本の出版社は 1997 年に日立デジタル平凡社が『マイペディア 97』、1998 年に『世界大百科事典』を CD-ROM として発売した。『世界大百科事典 CD-ROM　プロフェッショナル版』（刊行記念特別定価 5 万 7000 円）は、48 万項目から索引検索、本文 7000 万字から全文検索、人名、地名などのグループ 1600 項目から項目グループ検索が可能で、同一画面で参照できるマルチウィンドウや必要なページを精細にプリントできる機能などを特徴としていた。

　小学館も 1998 年、『日本大百科全書』と『国語大辞典』を合わせて CD-ROM 化、音声、動画、静止画も収録し、インターネットにアクセスできることを特徴とした『スーパー・ニッポニカ　日本大百科全書＋国語大辞典　CD-ROM 版』（4 枚組、7 万 8000 円）として発売した。

　1999 年になると、百科事典は DVD-ROM 化へと進展していく。日立デジタル平凡社は全 35 巻の『世界大百科事典』を DVD-ROM1 枚に収録した『世界大百科事典　第 2 版　プロフェッショナル版　プレミアム』（4 万 8000 円）、競合するマイクロソフトも DVD-ROM 版の『エンカルタ総合大百科 2000』（オープン価格）、小学館は 2000 年に『スーパー・ニッポニカ 2001　日本百科全書＋国語大辞典 DVD-ROM 版』（発売事前予約価格 3 万 4000 円）を発売した。

　DVD は CD-ROM の約 7 倍の容量を持つため、検索の際に光ディスクを入れ替える手間がいらないというメリットがあったのである。

1.3　電子ブック

　当初、CD-ROM や DVD-ROM はなかなか普及しなかった。なぜなら CD-ROM を利用するためにはパソコンのほかに CD-ROM ドライブやインターフェースボードといったシステムが必要だったからである。三修社が日本で初めて『最新科学技術用語辞典』を発売した当時、CD-ROM ドライブだけでも数十万円もしていた。したがって、当初は図書館や研究所といった機関ユーザーを対象としていたため、発売されるソフトも一般向けではなく、価格も高く設定されていたのである。

　このような制約を乗り越えて一般ユーザー向けの電子出版市場を開拓したのがソニーであった。1990 年にソニーが 8 センチ CD-ROM を活用した小型電子ブックプレイヤー「データディスクマン DD-1」を標準価格 5 万 8 千円で発売し、同時に 13 の出版社が「電子ブックコミッティ」を結成し、『広辞苑電子ブック版』（岩波書店、7500 円）、『現代用語の基礎知識　電子ブック 1990 年版』（自由国民社、3800 円)など 18 タイトルの 8 センチ CD-ROM を発売した。

　データディスクマンは、本体の前面にある電源ボタンを押すと起動し、「単語検索」「条件検索」「メニュー検索」「複合検索」「参照検索」の 5 つの機能が使えるという電子ブックであった。

　ソニーに続いて、三洋電機は 1992 年 4 月に電子ブックプレイヤー「EXB-1」（標準価格 6 万 8 千円）、松下電器産業（現在の Panasonic)は 1992 年 6 月に「KX-FBP1」をそれぞれ発売、さらに 1993 年 11 月に NEC がフロッピーディスクから情報を読み取る装置（標準価格 1 万 2800 円)を取り付けた「デジタルブック」（標準価格 2 万 9800 円)を発売した。

　ところで、この「電子ブック」の機器そのものを電子出版と呼ぶ場合もあり、このような呼称はその後の「電子辞書」や 2004 年に発売された読書専用端末である「Σ（シグマ)ブック」（松下電器・現 Panasonic)や「LIBRIé（リブリエ)」（ソニー)などにも継承された。なお、「電子ブック」はキャノンの登録商標であり、ソニーは「EBOOK」を登録商標としている＊2。

＊2　キャノン株式会社 . 電子ブック . 第 2051620 号 .1988-06-24.
　　ソニー株式会社 .EBOOK. 第 2616249 号 .1994-01-31.

1.4　冊子体から CD-ROM、そしてインターネットへ

　しかしその後、パソコンには CD-ROM ドライブが標準装備されるようになり、CD-ROM 市場は新たな局面を迎えた。つまり、電子ブックプレイヤーではなく、パソコンで百科事典や『CD-ROM 版　新潮文庫の 100 冊』(CD-ROM1枚、定価 1 万 5 千円)などを利用することが一般化したのである。

　さらに、出版コンテンツのデジタル化は CD-ROM や DVD-ROM のようなパッケージ系メディアから、インターネットのようなネットワーク系メディアへと変遷していくことになる。

　例えば、小学館の『日本大百科全書』は 2008 年 11 月、Yahoo! JAPAN と提携し、「Yahoo! 百科事典」として、毎月、新たな項目やマルチメディア・データが追加され、ウェブ・サイト上での無料公開を開始した。

　一方、冊子体で発売されてきた日本書籍出版協会の『日本書籍総目録』が2001 年版をもって刊行を中止し、2002 年版から CD-ROM 化して『出版年鑑　2002 年版』とセットで発売され、「『本の本』が本でなくなる !?」(『朝日新聞』2002 年 1 月 21 日付大阪本社版朝刊)と話題を集めた。

　これは 1997 年 9 月、日本書籍出版協会が書籍検索サイト「Books」(http://www.books.or.jp)を開設し、『日本書籍総目録』のデータを無料公開し、冊子体の販売が激減したためであったが、CD-ROM 版も『出版年鑑　2004 年版』の販売を最後にその刊行を中止した。

　紙から CD-ROM、データが日次更新される「Books」へと移行したという点で、情報検索における CD-ROM の限界を象徴する出来事であった[3]。

*3　なお、冊子体で刊行を続けてきた『出版年鑑』も 2018 年版を最後に廃刊となった。

第2節

ネットワーク系電子出版

2.1　電子書店の誕生

　CD-ROM のようなパッケージ系メディアとしての電子出版の次に出版業界が向かったのは、電子化された出版コンテンツをパソコンや読書専用端末で読むという、ネットワーク系メディアとしてのオンライン出版への道である。

　日本では 1990 年代半ば以降、出版業界の外からの動きとしてベンチャービジネスとしての電子書店の誕生、あるいは印刷会社、広告代理店、家電メーカーから出版社への働きかけによる電子書籍販売事業の設立が相次いだ。

　例えば、フジオンラインシステムは電子書籍のダウンロード配信のさきがけといえる「電子書店パピレス」を 1995 年 3 月から運営している。創業者の天谷幹夫が富士通株式会社の社員の起業を支援する社外ベンチャー制度を利用して、ネットワークによる電子書籍販売を事業とする会社を設立したのである[1]。

　また大日本印刷は 1997 年 3 月、出版コンテンツをインターネット上で提供する専門サイト「Club-D」を実験的に公開した。学習研究社、山と渓谷社の情報誌を中心として、遊園地などのレジャー情報や釣り、料理のレシピなどの情報を PDF データで提供しながら、課金システム、著作権の取り扱い、提供コンテンツの分野などを検討していくというものであった[2]。

　一方、凸版印刷は 1997 年 6 月、出版社のコンテンツをインターネット上で

---

[1]　「パピレス会社案内」https://www.papy.co.jp/info/index.php?page=/com_info_0.htm（参照：2020-03-31）

配信するための有料サイト「BookPark」を立ち上げ、1998 年 2 月に「コンテンツパラダイス」と名称変更し、書籍制作工程のデジタル化によって生まれた出版コンテンツの効率的活用をめざした[*3]。

さらに 1999 年 4 月、広告代理店の博報堂は、米国のイー・パーセル社が開発した配信ソフト「e-Parcel」を使って講談社、集英社、秋田書店などのマンガや画像を中心とした出版コンテンツを配信する「FRANKEN」を開始、2001 年 12 月からは小学館と協力し、『週刊ビッグコミックスピリッツ』で過去に連載した 6 作品を配信、毎日内容を更新するサービスを行った[*4]。

このようにインターネットを利用して、デジタル化した出版コンテンツを読者に配信する新たな流通システムの構築と独自ビューワの開発、さらに少額課金システムの実証実験を行いながら、出版業界は次第に電子出版市場を開拓していくことになった。

その背景には 1996 年をピークに紙媒体の出版物の売上が毎年減少していくという出版業界の危機感があった。しかし、1990 年代半ば以降、業界全体に共有されていた「本が売れない」「返品率が高い」といった課題に対して、電子出版による新たな市場開拓を志向した出版社は必ずしも多くはなかった。むしろ出版業界の周辺領域にいた印刷会社、広告代理店、家電メーカーの働きかけによって、電子出版を試行的に取り組む大手出版社が出現してきたという状況だったのである。

2.2　電子書籍コンソーシアム

1998 年、政府の景気対策のための補正予算枠の中で設定された「先進的情報システム開発実証事業」により 8 億円の政府予算を獲得して「ブック・オン・デマンド総合実証実験」としてスタートしたのが、「電子書籍コンソーシアム」のプ

[*2] 「大日本印刷が PDF のコンテンツ配信や情報交換を WWW で開始　PDF ファイルのオンライン販売も予定」『internet Watch』1997 年 3 月 13 日　https://internet.watch.impress.co.jp/www/article/970313/dnp.htm（参照：2020-07-31）
[*3] 凸版印刷情報・出版事業部メディア販促部「JEPA ネットワーク出版研究セミナー第 2 回配布資料　コンテンツパラダイスと Book Jacket」https://www.est.co.jp/ks/dish/9906nw2bj/conpara/index.htm（参照：2020-07-31）
[*4] 「インディビジオ：旧作漫画を 2 話 70 円で配信」『日本経済新聞』2001 年 12 月 17 日付朝刊 14 面

ロジェクトであった。1998年10月にこれまで先進的に電子出版にかかわってきた出版社が発起人企業となり、設立総会で正式に発足した。

　具体的にはデジタル化された出版コンテンツを通信衛星により全国の書店やコンビニエンスストアなどに配信し、設置された販売端末から「Clik!」という記録媒体にダウンロードして高精細度液晶読書端末で読むという次世代の電子書籍システムとして構想されたのである。

　このプロジェクトの特徴は、以下の通りである。
（1）これまでのCD-ROM出版や電子ブックのようにハードメーカー主導ではなく、出版社主導型のコンソーシアム（連合）を組織したこと。
（2）従来の書籍のもっている特性を継承させるために、安くて持ち運びに便利な高精細度液晶の読書端末を開発したこと。
（3）書籍の電子化を安く大量に行うために既刊書籍をイメージデータとして取り込む技術を使ったこと。
（4）イメージデータの宿命である大容量化に対応するため、情報の配信経路としては通信衛星、光ファイバーを使ったこと。

　実証実験での手順は、（1）電子化センターでは紙の本として発行された書籍を高画質の画像処理をしながらスキャナで画像として取り込み、実証実験期間中に約5000タイトルの電子書籍を用意し、（2）配信センターでは電子書籍の情報を蓄積処理して、衛星やインターネットに配信し、（3）販売端末を書店、コンビニエンスストア、大学生協に20台設置する一方、インターネットで読者のパソコンに直接、配信し、（4）読書端末は、高精細度の液晶を使った専用の読書端末を実証実験期間中に500台用意してモニターに提供する一方、パソコンで読む人のためにはPCビューワを配布すること、であった。

　実証実験の期間は1999年11月1日から開始し、コンテンツの販売期間が2000年1月31日まで、読書端末の利用期間が2000年2月19日まで、PCビューワの利用期間が2000年3月31日までである。また、募集人員は電子書籍リーダー協力読者が500人、PCビューワ協力読者が1000人、コンソーシアムに参加している企業は145社、テスト用データとして販売に提供されたコンテンツ総数は最終的に3464タイトルとなっていた。

　実証実験の結果は、2000 年 3 月 22 日、「電子書籍コンソーシアム成果報告書」として公表され、次のような協力読者の指摘があった[*5]。

　(1)読書端末が重く、片手で持ちにくいこと

　(2)読書端末の充電池の寿命が短いこと

　(3)記憶媒体「Clik ！」の価格が高いこと

　(4)電子書籍の購入手順が煩雑で、購入に要する実時間が長いこと

　(5)読書端末での読書そのものに抵抗があること

　この実証実験の終了後、電子書籍コンソーシアムとしての事業化は見送られることとなった。しかし、この実証実験によって 3464 点の出版コンテンツの画像データを出版社は保有し、これからの事業化を考えるさまざまなアイデアが得られたといってよいだろう。

2.3　電子文庫パブリ

　電子書籍コンソーシアムによる実証実験が行われていた 1999 年 12 月、「電子文庫出版社会」が発足する。

　角川書店、講談社、光文社、集英社、新潮社、中央公論新社、徳間書店、文藝春秋の 8 社が共同で「電子文庫」をインターネット経由でダウンロード販売することに合意し、2000 年にオープンすると発表したのである。出版社が共同で電子書籍を販売することは出版業界では初めての事例で、ネット上のモールの名称を「電子文庫パブリ」とした。

　電子書籍コンソーシアムによる実証実験が 2000 年 3 月に終了し、2000 年 9 月には「電子文庫パブリ」が業務を開始した。電子書籍コンソーシアムの実証実験とは異なり、画像データではなくテキストデータを扱い、パソコンや PDA（携帯情報端末）などの既存のインフラを視野に入れた事業展開を図ったのである。

　ところで、今日では出版契約に「電子的使用」についても明記しておくことが通例である。例えば日本書籍出版協会の出版契約の雛型は次のようになっている[*6]。

---

*5　『電子書籍コンソーシアム成果報告書—1998.10.2 ～ 2000.3.31』（電子書籍コンソーシアム 2000）p.80-86

第2条(出版権の内容)

(1)出版権の内容は、以下の第1号から第3号までのとおりとする。

なお、以下の第1号から第3号までの方法により本著作物を利用することを「出版利用」といい、出版利用を目的とする本著作物の複製物を「本出版物」という。

①紙媒体出版物(オンデマンド出版を含む)として複製し、頒布すること

②DVD-ROM、メモリーカード等の電子媒体(将来開発されるいかなる技術によるものをも含む)に記録したパッケージ型電子出版物として複製し、頒布すること

③電子出版物として複製し、インターネット等を利用し公衆に送信すること(本著作物のデータをダウンロード配信すること、ストリーミング配信等で閲覧させること、および単独で、または他の著作物と共にデータベースに格納し検索・閲覧に供することを含むが、これらに限られない)

(2)前項第2号および第3号の利用においては、電子化にあたって必要となる加工・改変等を行うこと、見出し・キーワード等を付加すること、プリントアウトを可能とすること、および自動音声読み上げ機能による音声化利用を含むものとする。

(3)甲は、第1項(第1号についてはオンデマンド出版の場合に限る)の利用に関し、乙が第三者に対し、再許諾することを承諾する。

しかし、1990年代半ばに電子書籍販売サイトが現れ始めたころにはこのような規定は一般的ではなかった。したがって、文庫を持っていない出版社が既刊の単行本を他社に「文庫化」されてしまう事態と同じように、出版社の頭越しに著者がコンテンツプロバイダーの勧めに従って電子書籍化する契約を結ぶということも起こり得た。

そこで、例えば光文社ではこのような電子書店に対抗すべく、出版総務部内にデジタル制作室を新規に立ち上げ、1997年12月27日に光文社電子書店を

＊6　日本書籍出版協会「2017年版出版契約書－出版権設定契約書ヒナ型1（紙媒体・電子出版一括設定用）」http://www.jbpa.or.jp/publication/contract.html（参照：2020-07-31）

オープンさせただけでなく、同じ問題を抱える他社と連携をとって電子文庫パブリに発展させていくのである。

　つまり出版社が仮にそれほどの売上高にならなかったとしても、既存の自社出版物を電子書籍としてラインアップしておく今日の動向には、このような企業戦略もその背景にあるということである。

　「電子文庫パブリ」はその後、小学館、祥伝社、筑摩書房、双葉社、学習研究社などが加わり、参加出版社は 23 社、総作品数 10 万 2341 冊(2020 年 3 月 6 日現在)となっている＊7。

　つまり、1990 年代後半以降、出版社にとっては新たにサービスを展開する電子書店に対抗して電子出版権を確保することが重要となり、また実際に紙媒体では品切れ・絶版となった書籍もオンライン配信することによって読者の利便性を高める存在となっていった。現在、「電子文庫パブリ」は iPhone・iPad・Android・PC に対応し、運営主体も「一般社団法人日本電子書籍出版社協会」へと発展的解消を遂げ、電子書店・取次であるモバイルブック・ジェーピーが実務を担っている。

2.4　読書専用端末の登場

(1)Σブック(シグマブック)

　2003 年 4 月、松下電器は読書専用端末「Σ(シグマ)ブック」を発表し、出版社や印刷会社は 2003 年 9 月に任意団体「電子書籍ビジネスコンソーシアム」(発起人:勁草書房、松下電器産業・パナソニックシステムソリューションズ社、東芝、イーブックイニシアティブジャパン、大日本印刷、平凡社、旭屋書店、凸版印刷、岩波書店などの 19 社)の発起人会を開催した。

　Σブック(本体希望小売価格 3 万 7900 円・税別)は 2004 年 2 月、全国の 46 書店とその書店の通販サイトなどで発売された。Σ ブックのコンテンツ提供サイトやイーブックイニシアティブジャパンが運営する電子書籍販売サイト「10daysbook」などで購入した小説やマンガなどを SD カードに入れ、端末機で購読するしくみである。当時のカタログによると「持ち運びが便利：A5 判とほ

＊7　「電子文庫パブリ」ホームページ https://www.paburi.com/paburi/　(参照：2020-03-31)

ぼ同じ大きさの約 520g の軽量・コンパクト設計」「目に優しい：約 7.2 インチ
の反射型・液晶モニター」「長時間使える：単 3 電池 2 本で約 3 ヶ月使える日本
初・記憶型液晶採用（1 日約 80 ページ閲覧時）」「大容量メモリー：SD メモリー
カードにお好きな本を記憶。自分だけの書棚が手のひらに！！」の 4 つのポイン
トが強調されていた。

(2) LIBRIé（リブリエ）

　一方、ソニーも読書専用端末「LIBRIé（リブリエ）」を 2004 年 3 月に発表し、
それに先立つ 2003 年 11 月に電子書籍事業会社として「パブリッシングリンク」
（講談社、新潮社、ソニー、大日本印刷、凸版印刷、筑摩書房、朝日新聞社、岩
波書店、角川書店、光文社、文藝春秋などの 15 社が出資）を設立した。

　パブリッシングリンクが提供する電子書籍サービスは「Timebook Town」と呼
ばれ、ダウンロードから 2 カ月間が過ぎると書籍データにはスクランブルがか
かり、読めなくなる期間限定のサービスで、月額 210 円で会員登録を行い、1
冊につき 315 円の利用料金を支払うと、サービスメニューが提供される。

　そして 2004 年 4 月、ソニーマーケティングから LIBRIé（オープン価格、市
場販売推定価格 4 万円前後）が発売された。LIBRIé はパソコンにダウンロードし
た電子書籍データを本体内蔵メモリやメモリスティックに記録して閲覧するも
ので、本体内蔵メモリは約 10MB で、1 冊 250 ページの書籍なら約 20 冊分を
記録することができる。表示部分には新たに開発した「E INK（イーインク）方式
電子ペーパー」技術によって紙のような表示をめざしている。

　2007 年 9 月、パブリッシングリンクは電子書籍配信事業を独立法人化し、新
会社「タイムブックタウン」を発足させたが、これはソニーが LIBRIé の新機種開
発を凍結し、読書専用端末事業から撤退することを受けたものであった。

　なお、米国ソニーは電子書籍「リーダー」の販売を継続していたが、日本にお
いてもソニーは 2010 年 7 月 1 日、凸版印刷、KDDI、朝日新聞社の 3 社と新た
に電子書籍配信事業準備会社を設立し、11 月 4 日付けでブックリスタとして事
業会社化、2010 年 12 月に日本版リーダーを発売と同時に「ReaderStore」をオー

＊8　ソニー報道資料「電子書籍配信事業準備株式会社が株式会社ブックリスタとして事業
　　会社化」2010 年 11 月 24 日
　　http://www.sony.co.jp/SonyInfo/News/Press/201011/10-1124B/（参照：2020-07-31）

プンさせ、日本での電子書籍販売を再スタートさせた[8]。

タイムブックタウンは 2009 年 2 月 28 日にすべてのサービスを終了し、また、パナソニック(松下電子産業が 2008 年 10 月 1 日付で社名変更)システムソリューションズ社も 2008 年 9 月 30 日に「Σ Book.JP、最強☆読書生活(PC 版)」を閉店している。このような読書専用端末の開発と販売中止の経緯を見ると 2004 年はまだ「電子書籍元年」ではなかったことが判明する。それにしてもデバイスの多様化と短命化によって、電子書籍販売サイトの長期的利用が保証されない事態は利用者にとって大きな問題であろう。

2.5 「電子書籍元年」と新たな読書端末の登場

2010 年になると、再び「電子書籍元年」という言葉が出版業界の中で流布することになる。しかし、2010 年の「電子書籍元年」は 2004 年のそれとは大きく異なっていた。時系列順に示すと以下の通りである。

第 1 に、文部科学省、経済産業省、総務省の 3 省が 2010 年 3 月、「デジタル・ネットワーク社会における出版物の利活用の推進に関する懇談会」を開始し、電子出版の円滑な流通を国策として検討する場が設けられた。

第 2 に、アップルから日本国内での発売が予定されていた iPad に対応するため、2010 年 3 月、一般社団法人日本電子書籍出版社協会が講談社、小学館、集英社、新潮社、文藝春秋、角川書店など 31 の出版社により設立された。

第 3 に、アップルが 2010 年 4 月に米国で、5 月には日本でもタブレット型端末である iPad を販売し、電子出版の進展に大きな影響を与えた。

第 4 に、講談社が京極夏彦の新刊文芸書を紙媒体の発売とほぼ同時に iPad、iPhone、携帯電話、パソコン向けに電子書籍として 2010 年 5 月に発売、また 2010 年 6 月には『小田実全集』を電子書籍版で刊行したことが他の出版社に影響を与えた。

第 5 に、2010 年 6 月、国立国会図書館・納本制度審議会は「答申─オンライン資料の収集に関する制度の在り方について」を長尾真・国立国会図書館長に手交し、いわゆる電子納本制度への道すじが示されたことは、知識情報基盤が紙から電子へ移行する象徴的な出来事として図書館界でも受け止められた。

第 6 に、作家の村上龍が、電子書籍の制作・販売会社「G2010」を 2010 年 11

月に設立し、自らの作品を電子出版作品として最適化するためには従来の出版社の仕事とは異なる編集・制作機能が必要であることを実践的に示し、電子出版に消極的な出版社に危機感をもたらした。

　第7に、2010年11月、公正取引員会が電子書籍を「物」ではなく「情報」として、著作物再販適用除外制度の「対象外」とホームページに掲載し、紙媒体を前提とした出版業界の慣行が崩れる可能性が示された。

　以上のような劇的な出来事が2010年に相次いで現れたため、2010年が「電子出版元年」であると言われたのである。

　この中で日本国内における電子出版の進展を一段と高めたのが、2010年5月28日に日本国内で発売されたiPadである。iPadはマイクロソフトのWindowsなどのパソコン用オペレーションシステム(OS)がベースになっているタブレットPCとは異なり、モバイルに特化したOSが使われており、タッチパネルを用いた直感的なインターフェースとインターネットの通信機能によって急速に利用者を増やすこととなった。

　すでに2008年7月、日本で発売されたスマートフォンiPhone 3Gはこれまでの携帯電話とは異なり、キーパッドではなくタッチパネルを採用していた。

　電子書籍を読む場合、iPhone上のiTunesで購入したいタイトルをタップするとAppleのiPhone 3GおよびiPod touch向けに開発された配信チャネルApp Storeが起動し、該当するタイトルのページにジャンプする。そこで画面の指示に従って購入することができる。その後、2010年6月にiPhone 4、そして2012年9月にiPhone 5が日本で発売された。

　ちょうどAppleのiPodと音楽ダウンロードサービスiTunes Storeが従来のCDの販売から音楽配信へと音楽コンテンツの流通を大きく変えたように、iPadの登場は出版コンテンツの世界でも電子書籍の配信ビジネスにシフトしていくと考えられた。そのため出版社が危機感を抱き、その防衛戦略として2010年3月の「日本電子書籍出版社協会」を設立したといえよう。

　この間の歴史的経緯をみると、大手出版社を中心に1999年11月から2000年3月まで行われた次世代電子書籍システムである「電子書籍コンソーシアム」の実証実験を行い、1999年12月に「電子文庫出版社会」を発足させ、2000年9月に共同電子書籍販売サイト「電子文庫パブリ」を開始し、そしてiPadが発売される直前の2010年3月には「電子文庫パブリ」の運営を引き継いだ「日本電子書

籍出版社協会」を設立、というように日本における電子出版ビジネスは着実に進展し、2010 年代に急激に成長していくのである。

　2012 年 7 月、楽天は日本向けの読書端末「Kobo Touch」を発売し、同時に「楽天 Kobo イーブックストア」から出版コンテンツの配信を開始し、その後も楽天は Kobo の新機種を毎年のようにリリースしている。

　またアマゾンは読書端末「Kindle」を 2012 年 10 月に発売し、出版コンテンツ販売サイト「Kindle ストア」によるサービスを開始、Kindle の新機種の発売も続けている。

　しかし、その一方で読書端末の販売を中止するところも現れている。

　例えばソニーから 2006 年 9 月に北米と欧州で発売された電子書籍専用端末「Reader」は、日本国内では 2010 年 12 月に発売された。ところが 2014 年には新モデルを発売しないことが明らかになり、北米と欧州では会員は Kobo へ移行、日本でも 2017 年 5 月 7 日をもって Wi-Fi 機能を搭載した Reader 端末から電子書籍コンテンツを購入できなくなり、PC かスマートフォン等の各 Reader Store で購入するようにという発表が行われた[9]。

　また、2012 年 12 月に凸版印刷のグループ会社である BookLive から発売された電子書籍専用端末「BookLive!Reader Lideo」は、2016 年 5 月には、端末の販売を終了していたが、2020 年 6 月末に書店機能の利用と書籍の購入サービスを終了し、9 月末ですべてのサービスを終了と 2019 年 12 月に公表されたのである[10]。

　このように 1990 年代半ばから始まったネットワーク系電子出版の時代は、2010 年代に至って電子書籍プラットフォームを構築した事業者によって読者を囲い込む手法が激しい競争を生み、いわば乱立と淘汰を重ねて今日に至っているのである。

＊ 9　「電子書籍リーダー "Reader" ご愛用のお客様へ "Reader Store" における電子書籍コンテンツの購入方法の変更について」
　　　https://www.sony.jp/reader/info/20170208.html（参照：2020-07-31）
＊ 10「電子書籍専用端末「BookLive!Reader Lideo」サービス終了のお知らせ」
　　　https://www.booklive.co.jp/archives/6708（参照：2020-07-31）

第3節

アマゾン、アップル、グーグルと電子出版

3.1　アマゾンと電子出版

(1)アマゾン設立とオンライン書店のビジネスモデル

　1995年7月、米国・ワシントン州シアトル市においてジェフ・ベゾスが設立したベンチャー企業がAmazon.com（アマゾン・ドット・コム、以下「アマゾン」）である。アマゾンが確立した新たなビジネスモデルは、物理的な質量をもつハードウェアとしての図書を、インターネットを通じて販売するものであり、「オンライン書店」と呼ばれるようになった。オンライン書店ではこれまでの書店店舗のように、(1)立地、(2)在庫量、(3)人材という要素ではなく、(1)データベース、(2)流通拠点・配送、(3)決済などのしくみが重要となる。

　「オンライン出版」はデジタル化した出版コンテンツを読者に提供するが、「オンライン書店」は紙媒体の本を、インターネットを利用して提供するという違いがある。つまり、書誌情報や物流情報のデジタル化によって、紙の出版物を読者に販売する新しい流通チャンネルがインターネット上に出現したのである。

　アマゾンの特徴は、第1に大規模な図書の書誌データベースを利用者に提供することによって、利用者が自分自身で検索・発注を行うことが可能になったこと、第2にインターネット受注と倉庫・物流機能の充実により迅速な配送を実現したこと、第3に大幅なディスカウントがあること（ただし、日本のように再販制＝再販売価格維持契約制度がある国では図書の定価販売が例外的に認め

られているため、大幅なディスカウントは行われていない)、第4に図書以外に
も CD・DVD、PC ソフトウェア、ゲーム、エレクトロニクス、文房具・オフィ
ス関連用品、ホーム＆キッチン、おもちゃ＆ホビー、スポーツ、ヘルス＆ビュー
ティー、コスメ、時計、ベビー＆マタニティ、アパレル＆シューズ、ジュエリー、
食品＆飲料など、多様な扱い商品があること、第5に利用者の購入履歴から推
奨する商品を提案するレコメンド機能が充実していること、などである。

　1999年8月、日本の書籍宅配便の草分け的存在であったブックサービス株式
会社(1986年に取次の栗田出版販売と宅配便のヤマト運輸が共同出資で設立)に
対して、アマゾンが買収を申し入れ、ブックサービス側はこれを拒否した[1]。

　この時、アマゾンの申し入れに対してブックサービス側は「基本的に買収に応
じる可能性はない。日本市場での書籍通販事業に、外国資本の手助けは必要ない。
日米の政治経済分野では米国の主張が優勢かもしれないが、本の世界では通用
しない」と答えた。これに対してアマゾン側は「米国のいうことはだいたい世界
で通用する」と反論したという[2]。この会話内容の出典は雑誌記事として要約
されたものであるため、やや正確さに欠けるかもしれないが、日本の出版流通
が今後どのように変わっていくのかを示唆する興味深いやりとりであろう。

　2000年11月、アマゾンは日本法人である「アマゾン・ジャパン合同会社」を
設立し、日本の出版業界に大きな影響を与えた。アマゾンはワン・トゥ・ワン・
マーケティングと呼ばれる徹底した顧客指向型販売手法を用いるがゆえに、次
のように日本の出版流通を変革することになったのである。

　(1)長年にわたって在庫の適正化、納期の短縮が実現できなかった出版流通に
　　　おいて、書籍の単品管理を推進することによって物流改善が行われた。
　(2)書籍データベースの構築が出版業界内で進展し、利用者にとって書誌情報
　　　の検索はごくありふれた光景になった。
　(3)大量に販売される新刊書籍だけでなく、いわゆるロングテールと呼ばれる
　　　少部数発行の書籍に対する潜在需要が掘り起こされることになった。

　すなわち委託販売を前提とした店舗中心の配本の流れが、アマゾンの図書デー
タベースによる検索と単品管理による受発注システムによって、既刊図書を短
期間で入手できる新たな流通ルートが生まれ、読者にとってきわめて便利な世

＊1　『新文化』1998年8月20日号
＊2　『週刊朝日』1999年2月12日号

界が出現したのである。

　さらに、アマゾンは 2017 年 9 月、法人向け EC サイト「アマゾンビジネス」を開始、出版物に関しては書店へのいわば「仲間卸」を行い、とりわけ地方の書店などが出版物を仕入れやすくなるという展開になっている。つまり、日本の出版流通における取次会社としての役割も担うという、2000 年当時には想像できなかった状況となっているのである。

(2)アマゾン「なか見！検索」から電子書籍端末「Kindle」発売へ

　アマゾンがもたらした究極の商品情報は 2005 年 11 月から開始された「なか見！検索」サービスである。米国において 2003 年 10 月から「Search Inside the Book」として提供されている検索サービスの日本版である。

　これは書籍の本文中のあらゆる語彙・語句が検索対象となる全文検索サービスであり、出版社を通して著作権者の許諾を得た書籍の本文が横断的に検索できる。検索すると検索語が文中でハイライト表示され、前後 2 ページを確認することが可能である。これまでの書名、著者名、出版社名、ISBN（国際標準図書番号）などの書誌情報だけでなく、本文中の語彙・語句を直接に検索対象とすることによって、これまでの検索では探すことが不可能であった図書も見つけ出すことが可能になったのである。

　「なか見！検索」による全文検索サービスは、「コンテンツ」の領域である。ここからコンテンツそのものの切り売りや定額制による配信サービスへの展開はあと一歩の距離であった。

　2007 年 11 月、アマゾン・コムは、米国において電子書籍端末「Kindle」を 359 ドルで発売した。その特徴は以下の 4 点である[3]。

　（1）読みやすいディスプレイ（電子ペーパー採用）

　（2）直感的インターフェース（取扱説明書不要）

　（3）PC 接続不要（携帯データ通信内蔵）

　（4）豊富なコンテンツ（書籍、新聞・雑誌：18.5 万冊以上）

　ちょうど音楽コンテンツにおけるアップル社の iTunes Store のように、電子書籍をアマゾンのサイトから直接 Kindle を用いてダウンロード購入し、読むこ

＊3　「日本書籍出版協会京都支部・大阪支部主催「アマゾン勉強会」におけるアマゾン・ジャパンによる配布資料「Amazon Kindle について」2008 年 11 月 6 日

とができるのである。

（3）日本版「Kindle」の登場

　米国の Amazon.com は、Kindle 専用電子書籍の購入・貸出を含めた利用回数が合計 1 億回を突破したと発表した[*4]。

　貸出については、同社が 2011 年 11 月に開始した有料会員向けサービス"Kindle Owner's Lending Library" によるものである。これだけの電子書籍が利用されている背景には、次のようなビジネスモデルの構築がある。

　(1) 英語タイトルの電子書籍だけで 140 万点以上が提供されており、紙媒体のラインアップと変わりないこと。

　(2) ベストセラー本も電子書籍として販売されていること。

　(3) 主要な販売価格帯が $2.99 ～ $9.99 と紙の本よりも安価なこと。

　(4) Kindle ストアで本を出版する自費出版サービス「Kindle ダイレクト・パブリッシング」（KDP）により新たな出版コンテンツが生産され、著者は 70% の印税が獲得できること。

　そしていよいよ 2012 年 10 月 24 日、アマゾン・ジャパンは電子書籍端末「Kindle」シリーズの日本国内向けモデルの予約を開始し、10 月 25 日に電子コンテンツ販売サイト「Kindle ストア」をオープンしたのである。

　サービス開始当時、デバイスの Kindle については Wi-Fi のみに対応した「Kindle Paperwhite」と、Wi-Fi と 3G 通信に対応した「Kindle Paperwhite Wi-Fi ＋ 3G」、7 インチタブレット端末の「Kindle Fire HD」（内蔵ストレージ容量 16GB と 32GB の 2 機種）と「Kindle Fire」の 4 モデルとなっていた。

（4）タイトル数のゆくえと再販制

　米国では 2007 年 11 月の「Kindle」発売当初には 9 万タイトルが用意されていた。一方、日本では提供されるコンテンツ数は 5 万タイトル以上とされているが、その中には「無料でダウンロードできる電子書籍 1 万点や漫画タイトル 1 万

＊ 4　「米 Amazon、Kindle 専用電子書籍の購入・貸出回数が合計 1 億回を突破と発表」『カレントアウェアネス -R』2012 年 8 月 29 日 http://current.ndl.go.jp/node/21708（参照：2020-07-31）

5000 点も含まれている」と当時、サービス発表のために来日したアマゾン担当者はインタビューに答えている＊5。

　これまでアマゾン・ジャパンは日本において個々の出版社と交渉し、Kindle ストアで販売する電子書籍のタイトルを揃えようとしてきた。しかし、米国で展開されている価格破壊ともいえる低価格販売を恐れた日本の出版社は、「卸売りモデル」ではなく、出版社が販売主体となり価格を決める「代理店モデル」をアマゾンとの交渉の中で主張するところも現れた。したがって大手出版社がKindle ストアに電子書籍を提供することは実現したものの、価格においてはアマゾンの特徴の一つである大胆な値引きはほとんど行われていないのが現状である。

　公正取引委員会は 2010 年 12 月、電子書籍は著作物再販適用除外制度の対象とはならないとの見解を示している。公正取引委員会のウェブサイトの「よくある質問コーナー（独占禁止法関係）のＱ 14」で次のように記載したのである＊6。

Q. 電子書籍は、著作物再販適用除外制度の対象となりますか。

A. 著作物再販適用除外制度は、昭和 28 年の独占禁止法改正により導入された制度ですが、制度導入当時の書籍、雑誌、新聞及びレコード盤の定価販売の慣行を追認する趣旨で導入されたものです。(中略)また、著作物再販適用除外制度は、独占禁止法の規定上、「物」を対象としています。一方、ネットワークを通じて配信される電子書籍は、「物」ではなく、情報として流通します。したがって、電子書籍は、著作物再販適用除外制度の対象とはなりません。

　つまり電子書籍の定価販売を小売店に要請することは独占禁止法違反に該当する。Kindle ストアの今後の展開によっては日本の出版業界の慣行が崩れていく可能性はきわめて高いだろう。

　アマゾンは ICT を活用した徹底的な顧客志向のマーケティング戦略により、紙・

＊5 「米アマゾンのキンドル担当者に一問一答」『日本経済新聞電子版』2012 年 10 月 25 日。http://www.nikkei.com/news/print-article/R_FLG=0&bf=0&ng=DGXNASFK2402L U2A021C1000000&uah=DF_SEC2 （参照：2020-07-31）

＊6 　公正取引委員会「よくある質問コーナー（独占禁止法関係）」http://www.jftc.go.jp/ dk/qa/index.html（参照：2020-07-31）

電子双方の出版流通を大きく変容させた。実際に出版社はアマゾンとの取引を前提とした出版活動を行っており、出版コンテンツの生産・流通・利用のあらゆる局面において、もはや欠くことのできない主要なプレイヤーなのである。

3.2　アップルと電子出版

(1)アップル「iPad」発売

2010年4月、アップルは米国において「iPad」を発売し、5月の時点ですでに100万台が売れ、「iPad」のために新たに作られた「iBookstore」からは、150万本以上の電子書籍がダウンロードされたという。そして2010年5月7日、アップルはiPadを5月28日に日本、オーストラリア、カナダ、フランス、ドイツ、イタリア、スペイン、スイス、英国で販売開始することを発表した。

アップルの「iPad」はタブレット型コンピュータであり、その特徴は次のとおりである。

(1) 指先で触れるだけのマルチタッチスクリーン。

(2) 680gの軽さと13.4㎜の薄さ。

(3) 高速データ通信が利用可能。Wi-Fi（無線LAN)のみとWi-Fiと第3世代移動通信システム(3G)の機能を搭載した2種類のモデル。

(4) ウェブ、メール、写真、ビデオを見るのに快適。

(5) 「iPad」上の「App Store」からアプリケーションをワイヤレスで閲覧、購入、ダウンロード可能。

(6) 「iBookstore」から電子書籍がダウンロード可能。

日本では5月28日の発売当日、アップル直営店前に徹夜の行列ができたりする様子をテレビや新聞が取り上げるなど、「iPad」の登場は大きな話題を呼んだ。

(2) iPad と日本電子書籍出版社協会

日本の電子出版に変化をもたらしたのは「iPad」である。アップルが著者と直接契約を結ぶことになれば出版社には打つ手がない。そこで講談社など大手出版社31社は2010年3月、「日本電子書籍出版社協会」を設立、「電子文庫出版社会」が運営していた「電子文庫パブリ」を継承し、より主体的に電子書籍に取り組むこととなった。

「iPod」と音楽ダウンロードサービス「iTunes Store」が従来の CD の販売から音楽配信へと大きく変えたように、出版の世界でも電子書籍の配信ビジネスにシフトして行くと考え、防衛戦略が必要となったのである。

『朝日新聞』2010 年 5 月 21 日付け東京本社版朝刊 1 面に「講談社、iPad へ新刊─京極夏彦さん作品、本より安く」としてミステリー小説『死ねばいいのに』に関する記事が大きく取り上げられ、35 面にも関係記事が掲載された。

それは 5 月 15 日に新刊で発売されたこの作品が、5 月 28 日には電子書籍化されるというものであった。電子書籍版は iPad、iPhone、ケータイ、パソコンで読むことができ、紙の本が税別 1,700 円であるのに対して「iPad、iPhone 版は税込で販売開始から 2 週間が 700 円、その後は、900 円」と安くなっている[*7]。

記事では「国内の大手出版社が、新刊の文芸書を電子書籍端末で売るのは初めて。他の出版社も続々と参入しそうで、その第 1 号になる」として、出版社、著者の利害を次のようにまとめていた。

講談社の狙いは、価格決定の主導権を日本の出版社が握ること、さらに自社で出版した作品の電子書籍化の許諾権を得るため、著作者への働きかけを強めること。また著者にとっては、紙の本の印税は 10%だが、電子書籍はこれより高いという利点があること。

つまりここからは、アップルの iPad だけでなく、その後に日本市場に参入してくるアマゾンやグーグルに対抗する日本の出版社の戦略が読み取れるだろう。

大手出版社による新刊の本格的な電子書籍事業は、2010 年に始まったのである。

(3) iBooks から Apple Books へ

2018 年 9 月 18 日、アップルは OS（オペレーティングシステム）「iOS12」移行により、これまでの iBooks を Apple Books に名称変更を行った。アップルの報道資料によると、Apple Books には次のような特徴があるという[*8]。

(1)「今すぐ読むタブ」には、利用者が現在読んでいる(聴いている)ブックが

---

*7　初出記事を朝日新聞記事データベース「聞蔵Ⅱ」により金額を修正した。

*8　Apple Newsroom「Apple Books、iPhone と iPad のために完全に新しくなって、読書を応援」を項目に分けて要約。https://www.apple.com/jp/newsroom/2018/06/apple-books-all-new-for-iphone-and-ipad-celebrates-reading/（参照：2020-07-31）

表示され、「読みたいセクション」には、興味を持ったブックを登録できる。

(2) 「Complete the Series」と「You Might Like」には、最近読み終えた作品に基づく別のタイトルが現れるため、「今すぐ読むタブ」を読書用ナイトテーブルにできる。

(3) 「オーディオブック専用タブ」が初めて用意され、iPhone や iPad を使って自宅でも外出先でも、あるいは自動車での移動中なら CarPlay を使って、本を耳で楽しむことができる。

(4) 「ブックストアタブ」からは、トップランキング、エディターのおすすめ、エディターによるコレクション、特別価格のブック、無料ブックなど、Apple Books が提供するあらゆる情報を簡単に見渡すことができる。

(5) 「ブックストアタブ」を通じてブックを読めば読むほど、「For You タブ」では購入履歴に基づき、パーソナライズされた推奨タイトルを受け取ることができる。

(6) 「ライブラリタブ」には、利用者が自分のデバイスにダウンロードしたタイトルを含む、所有するブックの全コレクションが、そして「読書済みセクション」には過去に読んだタイトルが読み終えた日付と共に時系列順で表示され、大きく見やすいカバーアートと合わせて眺めることができる。

このように、一つのプラットフォームを利用するようになると、読者はそこにすべての記録を委ね、自分の読書アーカイブを持つことができるようになるのである。

3.3　グーグルと電子出版

(1)グーグルによる電子書籍販売、そして「Google Play Books」登場

グーグルは「ブック検索」、後に「グーグル・ブックス」と呼ばれる書籍の全文検索サービスを行っていたが、閲覧できるのは当該書籍の本文の20％までであった。これを100％閲覧できるようにしたのが電子書籍サービス「Google ebookstore」である。

2010年12月、米国にてサービスを開始し、2011年10月には英国でもHachette、Random House、Penguin など数十万点とパブリックドメインのタイトル200万点を提供した。

これは「電子出版」というより「出版コンテンツ・データベース」事業と呼ぶべきだろう。グーグルで検索してヒットしなければ存在しないことになるネットの世界が、電子書籍の世界にも波及する可能性がある。

書籍全文の有料データベース事業はまさに検索エンジンとしてのグーグルの情報検索の適合率を高め、信頼度に足る資料として書籍がグーグルの網の目の中に取り込まれるということである。そして「ebookstore」は2012年3月、「Google Play Books」と改称された。

日本においても2012年9月25日、OS（オペレーティングシステム）「Android4.1」を搭載した7インチ型のタブレット端末「Nexus7」の販売を開始すると同時に、「Google Play Books」の国内サービスを発表した。サービス開始の時点では、角川グループ、主婦の友社、翔泳社、ダイヤモンド社、東洋経済新報社、ハーレクイン、PHP研究所などがコンテンツを提供していた。

(2)グーグルによる書籍全文デジタル化の進展

グーグル・ブックスではすでに次に示す量の書籍がデジタル化され、検索可能な状態になっている[9]。

(1)スキャンされた書籍数：1500万冊

(2)スキャンされたページ数：50億ページ

(3)単語数：2兆

(4)参加図書館：全世界で40以上

(5)参加出版社：3万5000社

(6)言語数：478

(7)最も古い書籍：1473年

まさに国家プロジェクトを超える壮大なスケールである。

実際に国立国会図書館が2009年度補正予算により実施した大規模デジタル化事業では、これまでのデジタル化に関する年間予算の約100倍、つまりほぼ100年分に相当する127億円が計上されたが、それでも1926年から1968年に日本国内で発行された図書75万冊、古典籍約10万冊、雑誌，学位論文、児

---

[9]　2011年11月25日、筆者がコーディネーターとなって開催された「平成23年度国立大学図書館協会シンポジウム　電子書籍と大学図書館」（京都大学）におけるグーグル・ジャパンの佐藤陽一氏の発表資料。

童図書・雑誌等で合わせて約 90 万冊、2 億 6 千万ページしかデジタル化されていない＊10。

国立国会図書館はその後も所蔵資料のデジタル化を進めたが、2009 年度補正予算の「大規模デジタル化」のような予算措置は続かず、2020 年 7 月時点で図書97 万点、雑誌 133 万点など合わせて 274 万点がようやくデジタル化されたという状況である＊11。

グーグルが発表した 2011 年時点の 1500 万冊、50 億ページがいかに壮大なものかが分かるだろう。しかも、グーグルの場合は出版物の版面を画像としてスキャニングしているだけではなく、テキストデータ化を行い、本文からの検索が可能となっているのである。

以上、本節ではアマゾン、アップル、グーグルによる出版コンテンツ流通の新たなプラットフォームが構築され、個々のタイトルを販売する出版ビジネスのイメージが次第に巨大な出版コンテンツのデータベースとして機能し、展開していることが明らかになった。

＊10　2 武藤寿行・国立国会図書館総務部企画課長「国立国会図書館の資料デジタル化について」https://www.ndl.go.jp/jp/international/pdf/theme2_muto.pdf（参照：2020-07-31）
　＊11　「デジタル化資料提供状況」（令和 2 年 7 月時点）https://www.ndl.go.jp/jp/preservation/digitization/index.html（参照：2020-07-31）

第4節

学術出版の電子化

4.1　電子ジャーナルの動向

（1）海外での電子ジャーナルの歴史

　海外では1990年代から学術雑誌分野における電子ジャーナルへの移行が進展していた。例えば1880年に創業し、オランダに本社をもつ学術出版大手のエルゼビア・サイエンスは、1991年から1995年にかけて米国の9つの大学と共同で「TULIP」（The University Licensing Program）と呼ばれる実験プロジェクトを実施し、1995年1月から「EES」（Elsevier Electronic Subscriptions ＝エルゼビア電子購読制度）という電子ジャーナルの購読サービスを開始した。

　この購読サービスが今日、エルゼビアが発行する「科学・技術・医学・社会科学分野の2,500タイトル以上の電子ジャーナルと35,000タイトル以上の電子ブックを搭載する世界最大のフルテキスト・データベース」を提供する「ScienceDirect（サイエンス・ダイレクト）」というサービスに受け継がれているのである[1]。

　エルゼビアによる電子ジャーナル化の動向は瞬く間に他社にも広がった。シュプリンガー、アカデミックプレスなど、学術系出版社において電子ジャーナル事業が急速に展開し、海外の学術雑誌の世界では冊子体を凌駕するまでになった。すなわち電子ジャーナルが「主」で、冊子体が「従」、あるいは電子ジャーナ

---

[1]　「ScienceDirect: ユーザー向け情報」https://www.elsevier.com/ja-jp/solutions/sciencedirect/sciencedirect_for_user（参照：2020-07-31）

ルだけとなり、冊子体の発行を取り止める事態も出現したのである。

　電子ジャーナルは、ただ単に冊子体を電子化しただけではなく、刊行に要する時間や経費を削減し、印刷では不可能な映像、音声などの機能を追加することによって研究者にとっての利用価値を高めていくことになった。

(2)大学図書館と電子ジャーナル

　電子ジャーナルを実際に利用者に提供している大学図書館や研究所などの機関ユーザーは、次のように電子ジャーナルの特徴を肯定的にとらえている。なぜなら、電子ジャーナルは紙媒体の学術雑誌と比較して、情報の入手に要する時間が迅速かつ明らかに利用者の利便性を高めるからである。

　(1)迅速性—印刷、製本に要する時間や発送、受入の時間が不要。

　(2)検索機能の充実—論文へのアクセスが容易。

　(3)利用の制限がないこと—いつでも、複数の利用者の利用可能。

　電子ジャーナルの契約はライセンス形態となっており、例えばエルゼビアの場合は購読中の冊子体タイトルのすべてを電子ジャーナルとして読むことができるコンプリート・コレクションなどユーザーのニーズと予算に合わせて選べる方式になっている。

　しかし、その一方で商業出版社による学術雑誌の寡占化が価格高騰を惹き起こしたため、大学を中心とする学術機関から「シリアルズ・クライシス」と名付けられ問題視された。そしてこれに対抗するため日本国内では、大学図書館コンソーシアム連合(Japan Alliance of University Library Consortia for E-Resources : JUSTICE)を形成して、海外の学術出版社との価格交渉を行う動きが現れ、今日に至っている。

　JUSTICE は国立大学図書館協会コンソーシアム(JANUL コンソーシアム)と公私立大学図書館コンソーシアム(PULC)とのアライアンス(事業提携)による新たなコンソーシアム(共同事業体)として、2011 年 4 月 1 日に発足し、「バックファイルを含む電子ジャーナル等の確保と恒久的なアクセス保証体制の整備」を推進することを主要な目的としている[*2]。具体的には、電子リソースの購入、利用提供、保存等の条件に関する出版社等との交渉を行っているのである。

＊2　「JUSTICE 概要」https://www.nii.ac.jp/content/justice/overview/(参照:2020-07-31)

　また、学会誌や大学紀要に掲載された論文などを無料でネット公開すべきであるという「オープンアクセス」の運動、さらにそもそも国家予算を使って研究した成果は国民に還元すべきであり、学術出版社から高額の電子ジャーナルを購入するのではなく、大学の所属研究者の知的生産物を電子的に収集、蓄積、提供する「機関リポジトリ」（学術機関リポジトリ）というシステムも今日では定着しつつある。

　「オープンアクセス」の具体的事例として「J-STAGE=Japan Science and Technology Information Aggregator, Electronic= 科学技術情報発信・流通総合システム」がある。国立研究開発法人科学技術振興機構（JST）が運営するプラットフォームである。

　J-STAGE は、日本から発表される科学技術(人文科学・社会科学を含む)情報の迅速な流通と国際情報発信力の強化、オープンアクセスの推進を目指し、学協会や研究機関等における科学技術刊行物の発行を支援しており、国内の 1500 を超える発行機関が、3000 誌以上のジャーナルや会議録等の刊行物を、低コストかつスピーディーに公開している。

　主な内容は、研究基盤情報として研究成果、技術開発成果を研究者、技術者向けに広く流布させることを目的として刊行される、原著論文を主たる記事としている雑誌である「ジャーナル」、学協会、大学、企業等が開催する研究集会、シンポジウム、セミナー等の発表概要をまとめた「会議論文・要旨集」、特定の機関の研究、技術開発、調査の中間成果、活動成果を研究者、技術者向けに広く流布させることを目的として刊行される雑誌、報告書等の「研究報告・技術報告」、技術動向や技術応用等を当該分野および境界領域の研究者、技術者に広く流布することを目的として、実用的な知識、技術紹介、製品紹介等の記事を掲載した「解説誌」や一般向けの科学技術理解増進のための啓蒙的記事を掲載したものや業界ニュース誌などの「一般情報誌」などである[*3]。

　コンテンツとしては、25 専門分野の学会誌など 507 万 4803 記事（うち 480 万 9593 記事は無料閲覧可能）、3120 資料（うち 2684 資料は無料閲覧可能）となっている[*4]。

　一方、「機関リポジトリ」とは、『図書館情報学用語辞典』によると「大学や研究

＊3　「J-Stage 概要」http://www.jstage.jst.go.jp/（参照：2020-07-31）
＊4　同上（2020 年 8 月 6 日時点の統計）

機関が主体となって所属研究者の知的生産物を電子的に収集、蓄積、提供するシステム、またそのサービス」を指し、「大学などの学術機関による研究成果の情報発信機能を担うものとして期待されるほか、オープンアクセスを実現する仕組みとしても注目されている。国際的な商業出版社や学協会も機関リポジトリへの学術論文のセルフアーカイビングを許可する傾向にある」とされている。

　このような日本国内の機関リポジトリに登録されたコンテンツのメタデータを収集し、提供しているのが、「IRDB（学術機関リポジトリデータベース：Institutional Repositories DataBase)」である。2020年8月時点で、総件数321万5256件のコンテンツのうち「本文あり」が244万5659件もある＊5。

　いずれにせよ、今日の学術情報流通の世界では印刷資料から電子資料への移行が顕著であり、このような新たな図書館情報資源を扱う電子図書館の動向はまさに電子ジャーナルから始まったともいえよう。

（3）「MedicalFinder」、そして「医書.jp」へ

　日本では欧米と比較して出版社による電子ジャーナル化の動きは鈍かったが、2000年代後半になってようやくその兆しが見られるようになってきた。

　例えば、医学書院は医学・看護の電子ジャーナルサイト「MedicalFinder」のサービスを2009年1月から開始した。このサービスは医学書院と提携するその他の出版社が発行する学術雑誌の電子配信サービスである。

　2009年にサービスを開始した「MedicalFinder」は、学術出版社にとって初の本格的なプラットフォームであり、『生体の科学』『公衆衛生』『medicina—内科臨床誌メディチーナ』など40誌の文献が収録され、それらの文献を瞬時に検索し、PDF形式で閲覧・印刷することができる。「法人サービス」と「パーソナル」の2種の契約方法があり、契約雑誌以外でもネットで決済すれば全文が閲覧可能である。また予約購読をしていない雑誌文献は論文ごとに標準価格が設定され、1論文単位で閲覧することができた。

　このような黎明期を経て2016年6月6日、医学系専門出版社が協同で運営する「医書.jp」（医書ジェーピー）が電子配信を開始した。「医書.jp」は医学教育機関や医療施設などへの販売促進と販売を行うために2014年に設立された医

＊5　「IRDB概要」https://support.irdb.nii.ac.jp/ja（参照：2020-07-31）

学系専門出版社 5 社(医学書院、学研メディカル秀潤社、南江堂、南山堂、医学中央雑誌刊行会)の企業であり、電子配信においても同様の販売方法を実現するという。プレスリリースでは次のように述べている[6]。

　　全国 72 の専門書店が「医書.jp パートナー書店」として登録されており、登録顧客がパートナー書店の外商員に電子コンテンツを注文すると、その場で電子コンテンツが利用可能となります。通常のサイト同様、ネット上からの顧客注文も 24 時間可能ですが、その場合でも顧客が日常的に取引のある書店からの請求による決済が選択できます。

　つまり、複数の出版社が協同で電子配信サイトを運営し、リアル書店と連携すること、さらに医療教育機関や医療施設などの個人と施設に対して電子書籍と電子雑誌を配信するサイトであるという特徴をもっているのである。
　医学系情報を必要としている対象者は、医師、歯科医師、看護師、薬剤師、放射線技師・臨床検査技師・理学療法士・作業療法士・臨床工学技士等の医学・医療関連技師(士)等ならびにその教育機関における学生など、多様な医療関係者が存在する。
　医学系情報の電子化は、多くの症例や最新医学情報を提供する上で必須のことであり、医学系専門出版社は医学専門書籍・雑誌が電子書籍・電子ジャーナルとして配信する共通プラットフォームを構築したのである。
　その後、加盟社が増加し、電子ジャーナル配信サービスでは主要医学出版社 12 社の 94 誌が利用できるようになり、2020 年 6 月現在、収録文献数約 52 万 2000 件、2019 年新規公開文献数約 1 万 8000 件となっている[7]。
　年間価格(税抜)は「医書.jp オールアクセス」に収録されているすべてのタイトルについて、教育機関向けでは「専門学校」80 万円、大学・短期大学(医学部が設置されていない) 160 万円、医科大学・医学部を有する大学(シングルサイト)

＊6　医書ジェービー株式会社プレスリリース「医学系専門出版社が協同で運営する『医書.jp』いよいよ 6 月 6 日、電子配信を開始」(2016 年 5 月 24 日) https://www.isho.jp/wp-content/uploads/2020/02/20160524press.pdf (参照:2020-07-31)
＊7　パンフレット『医書.jp オールアクセス　教育機関・医療施設向け 2021 年版』https://www.isho.jp/wp-content/uploads/2020/06/202006_AA.pdf (参照：2020-07-31)

320万円、医科大学・医学部を有する大学(マルチサイト)個別見積、医療施設向けでは「199床以下」72万円、「200〜399床」90万円、「400〜599床」144万円、「600床以上」180万円、となっており、利用契約終了後も年間5万円(税抜)で契約期間中に発行された論文にアクセス可能である[8]。

4.2 電子学術図書の動向

(1)エルゼビア「ScienceDirect」「eLibrary」

エルゼビアのフルテキスト・データベース「ScienceDirect」には2500誌の電子ジャーナルだけでなく、2007年からは電子書籍の提供も開始し、2020年時点では3万8千タイトル以上のコンテンツが搭載されている[9]。

「ScienceDirect」の電子書籍は、(1)同時ユーザー数無制限、24時間利用可能、(2)「ScienceDirect」の機能を活用して詳細な検索、アラート、参考文献からのリンクなどの便利な利用が可能(3)冊子体を所蔵するスペースを節約できる、(4)フルテキストはPDF版とHTML版の両方で提供、といった特徴がある[10]。

一方、エルゼビアは「Elsevier eLibrary」というプラットフォーム上で電子書籍化されたコンテンツをパソコン、タブレット、スマートフォンで閲覧できるサービスを提供している。

これはElsevier eLibraryへのアクセス権が付属する日本語書籍を購入した利用者に対して、書籍のスクラッチ部分に記載されている「Elsevier eLibrary」専用のPINコードを登録すると、オンラインサービスを利用できるものである。

また、専用のアプリをインストールすることでオフラインでの閲覧も可能となる。ただし、「Elsevier eLibrary」は、オンライン閲覧専用のプラットフォームのため、内容を印刷することができないように設定され、テキストのコピーにも制限がかかっている[11]。

---

[8] 注7に同じ。
[9] エルゼビア「ScineceDirect 電子ブック総合カタログ」https://www.elsevier.com/__data/assets/pdf_file/0009/796446/eBook2015_final.pdf (参照:2020-07-31)
[10] 注9に同じ。
[11] エルゼビア「Elsevier eLibrary」https://www.elsevierjapan.com/elsevier_books/ElseviereLibrary/tabid/381/Default.aspx (参照日:2020-07-31)

(2)「JapanKnowledge」

これまで和書コンテンツの電子化では「JapanKnowledge」に代表されるレファレンス系出版物の横断検索サービスが中心であった。有料会員制の知識探索サイトとして「JapanKnowledge」がスタートしたのが 2001 年 4 月のことである。

1 つのキーワードを入力すると、『日本大百科全書』（13 万項目）、『データパル 1991-2001』（現代用語 8000 項目）のほか『大辞泉』、『プログレッシブ英和中辞典』、『プログレッシブ和英中辞典』など小学館の各種レファレンスブック類、リンク集、書誌データなどが横断検索でき、運営は小学館、富士通、シーエーシーが共同設立したネットアドバンスが担当するプロジェクトであった。

サービス開始当時、画期的であったのは新語コラム「亀井肇の新語探検」と「JK Who's Who」を用意し、毎日更新したことであり、その後も『エンサイクロペディア・オブ・ジャパン』（講談社）、『東洋文庫』（平凡社）、『現代用語の基礎知識』（自由国民社）、『週刊エコノミスト』（毎日新聞社）、『会社四季報』（東洋経済新報社）など企業の枠を超えた「百科空間」を築き上げてきたのである[12]。

すなわち紙媒体をデジタル化しただけの静態的コンテンツではなく、日次更新の動態的コンテンツとして、編集の入った信頼度の高い出版コンテンツを配信する点が評価できるのである。

また「JapanKnowledge」は、（1）ファセット機能（絞り込み機能）によってジャンルや項目の種類など、さまざまな切り口で検索が可能、（2）検索系ページの URL がパーマネントリンクになっているため、検索語や絞込みなど、ある条件で検索した結果ページや本文（項目）ページなどをブックマークしたり、共有したりすることができること、（3）グルーピング表示が採用されており、「東洋文庫」、「新編日本古典文学全集」、「文庫クセジュ」の詳細検索では検索された時が作品名や書目名ごとにまとめられ、表示されること。（4）レスポンシブ Web デザインによるスマートフォン対応がなされていて、デバイス毎に異なる画面サイズに応じて見やすくなるように表示され、さらに誌面画像（PDF）の閲覧も可能、といった利用者にとって使いやすい特徴がある。

『日本大百科全書』など百科事典、『日本国語大辞典第二版』など日本語辞典、『日本歴史地名体系』など歴史・地名関係、『小学館ランダムハウス英和大辞典第 2 版』

＊12　鈴木正則「『百科空間』構築とその社会的共有を目指すジャパンナレッジ・プロジェクト」『電子出版クロニクル』（日本電子出版協会、2009）p.86

など英語辞典、『小学館独和大辞典』などヨーロッパ言語辞典、「ポケットプログレッシブ中日・日中辞典」など東アジア言語辞典、『現代用語の基礎知識 2019』など用語・情報関係、『日本人名辞典』など人名・文化・宗教関係、『岩波数学辞典』など自然科学関係、『日本統計年鑑』など統計・年鑑関係、『東洋文庫』など叢書・日本文学関係を合わせて、2020 年 7 月時点で 74 点 1214 冊のコンテンツが収録されている。ほかに JK ブックスとして『群書類従』（正・続・続々）など、13 点がある[13]。

そして導入機関は、大学 378 校、公共図書館 138 館、中学校・高等学校 123 校、北米その他海外大学 116 校、研究機関その他 20 社、と合わせて 675 機関となっている。

(3) Maruzen eBook Library

2012 年、丸善は大学図書館など学術機関向け和書の電子書籍サービス「Maruzen eBook Library」を開始した。2020 年 7 月末現在、288 出版社の約 80,000 タイトルを国内 817 機関に配信している国内最大級の学術電子図書のサイトとなっている[14]。

このサービスには、以下のような特徴がある[15]。

(1) 1 点からの買い切り型（初期導入費は不要）の電子書籍を提供

(2) タイトル毎に、同時アクセス数（1 または 3）により価格設定

(3) 新刊ハイブリッドモデル（冊子と電子書籍セット）で、年間を通じて継続的に提供

(4) IP アドレスによる認証可能

(5) 全文検索等の便利な機能や、印刷、ダウンロード可能

(6) 外出先・出張先などで使えるリモート・アクセス機能や、学認（学術認証フェデレーション）との連携が可能

(7) ディスカバリーサービスと連携が可能

---

[13]　筆者照会のネットアドバンス提供資料（2020 年 8 月 7 日時点）による。

[14]　2020 年 8 月 6 日付「Maruzen eBook Library 導入提案書」（丸善雄松堂大阪支店学術情報ソリューション事業部大阪営業部）付属資料より引用。

[15]　『Maruzen eBook Library 総合カタログ』より要約。https://kw.maruzen.co.jp/ln/ebl/ebl_doc/mel_catalog20190722latest.pdf（参照 :2020-07-31）

(8)図書館の OPAC からのリンクが可能(MARC は無償提供)

(9)試読サービスで一定期間の試し読みができ、利用者ニーズを把握しながら選書が可能

(10)リクエスト機能を搭載し、リクエストボタンから利用者の購入希望を受け付けることが可能

(11)動画機能・読上機能がスタート

(12)スマホ対応がスタート

(13)サブスクリプションパッケージ(1 年間の有期で購読する年間購読型のモデル)をリリース

つまり、日本においてもようやく電子学術書の本格的なサービスが始まったと言えよう。なお、「新刊ハイブリッドモデル」とは 2014 年 9 月より慶應義塾大学出版会、勁草書房、東京大学出版会、みすず書房、有斐閣、吉川弘文館の 6 社が紙媒体の新刊発売と同時に電子書籍の刊行を開始した国内では画期的な取り組みであった。

2020 年 7 月時点では人文・社会科学系出版社 13 社、理工学系出版社 9 社、医学系出版社 6 社の合計 28 社が参加している。

電子書籍の価格設定については、3 つの購入パターンがあり、(1)冊子体は選書し、電子書籍は全点購入する場合、新刊電子書籍の販売価格を 20% 引きで提供、(2)冊子体は選書し、電子書籍も選書して購入する場合は、10% 引きで提供、(3)電子書籍のみを単体で選書して購入する場合、「新刊カタログ」掲載の「電子書籍価格」を適用、となっている。

例えば、東京大学出版局の『「役に立たない」科学が役にたつ』(エイブラハム・フレクスナー他著、2020 年 7 月刊)は、冊子定価が 2200 円(税抜)、電子書籍定価が 3630 円に設定されており、どのような購入パターンかによって、同じ電子書籍でも販売価格が変わる「一物多価」となるのである[16]。

海外の電子出版の動向と異なり、コンテンツ数や販売額において電子コミックが突出している日本の電子出版市場において、ようやく電子学術図書がビジネスとして成立する可能性が高まってきたといえよう。

[16]　丸善雄松堂『新刊ハイブリッドモデル』2020 年 7 月号（資料 No.MB202007）pp.1-3.

(3) NetLibrary

　紀伊國屋書店と EBSCO が提携して大学などの学術機関に電子書籍を提供したのが NetLibrary であった。

　NetLibrary は学術系 eBook（電子書籍：和書・洋書）を 30 万タイトル以上含むコレクションで、日本・欧米の出版社 500 社が参加して、大学図書館、公共図書館、研究所など全世界で 1 万 8500 の機関が利用していた。そして、2007 年 11 月からこの NetLibrary に和書コンテンツが搭載されたのである。

　『シリーズ〈日本語探求法〉』全 10 巻、（朝倉書店）、『ベルグソン全集』全 9 巻（白水社）、『現代史史料』第 1 期 16 冊、第 2 期 15 冊、第 3 期 15 冊、第 4 期 12 冊（みすず書房）など、人文社会科学系の出版物もついに電子書籍化され、図書館において利用できる環境が整ってきたのである。

　NetLibrary は、次のような利点があった。

　(1)紙媒体に近い利用が可能。

　(2)全文横断検索、書籍内全文検索機能により、必要な情報をすばやく見つ
　　　けることができる。また、付箋をつけるイメージでマーキングできる。

　(3)コンテンツサーバを図書館に確保する必要がない。

　(4)購入した図書目録を OPAC にロードすることにより、紙媒体と電子媒体
　　　を同一プラットフォームから提供できる。

　ところが、2017 年 3 月 17 日付プレスリリースで EBSCO Information Services と株式会社紀伊國屋書店は、2017 年 3 月末日をもって NetLibrary（EBSCO eBooks）の日本における和洋書 eBook の販売総代理店契約を終了すると発表したのである[17]。

　したがって、和書と洋書の電子書籍は「EBSCO eBooks」として EBSCO Information Services Japan が直接販売することになった。なお、EBSCO eBooks の和書タイトル数は 2020 年 4 月 30 日時点で 1 万 1289 タイトル、扱い出版社数は 63 社となっている[18]。

＊ 17　EBSCO Information Services Japan/ 紀伊國屋書店電子書籍営業部「NetLibrary（EBSCO eBooks）について」https://www.kinokuniya.co.jp/03f/oclc/netlibrary/ contents/NetLibray_Notice_20170317.pdf（参照：2020-07-31）

＊ 18　「EBSCO eBooks 和書」http://www.ebsco.co.jp/ebooks/jpbooks.html（参照 :2020-07-31）の出版社一覧、そして筆者による照会に対する 2020 年 4 月 30 日付 EBSCO 提供の全点リストによる。

(4) KinoDen

2018 年 1 月、紀伊國屋書店は学術和書電子図書館サービス「KinoDen（キノデン）」をスタートさせた。2020 年春時点の搭載タイトルは 2 万 5 千点、導入機関は国内外で 235 機関を超えている[19]。

特徴としては、(1)読みやすいビューア、(2)未購入タイトルも含めた全文検索や、ほぼ全点を試し読みできる、ことが挙げられる。

この「未購入タイトルも含めた全文検索」というのが、今日の電子学術書の新しい購入モデルとして注目を集めている DDA である。

4.3　DDA（利用者駆動型購入方式）

「Maruzen eBook Library」のところで引用した「(9)試読サービスで一定期間の試し読みができ、利用者ニーズを把握しながら選書が可能」や「(10)リクエスト機能を搭載し、リクエストボタンから利用者の購入希望を受け付けることが可能」、そして「KinoDen」における「未購入タイトルも含めた全文検索」という文言は、いずれも DDA（＝ Demand-Driven Acqusitions、利用者駆動型購入方式）に関連するサービスである。

例えば、立命館大学が 2016 年 3 月 25 日に国内で初めて導入にした ProQuest の「Mediated DDA」は、非購読タイトルについても学内の保有タイトル同様に 70 万タイトルのすべての電子学術図書の閲覧が 5 分以内であれば無償で利用可能というものであり、閲覧時間から 5 分を超過したタイトルについては、利用者が図書館にリクエスト希望として連絡すれば、図書館が「購入」「貸出」「購入不可」のいずれかを選択するといういわば電子媒体の「見計らいによる購入モデル」である[20]。

米国ではすでに 2012 年 6 月 20 日、米国情報標準化機構(NISO)が、図書館における書籍の DDA に関する推奨事項を検討するプロジェクトを開始すると発表し、DDA によってコスト削減や購入タイトルの利用増が見込めると期待され

＊ 19　紀伊國屋書店電子書籍営業部「KinoDen とは」https://www.kinokuniya.co.jp/03f/ebook/kinoden/index.html（参照：2020-07-31）

＊ 20　「立命館大学、ProQuest の最新 ebook 利用者駆動型サービス Mediated DDA を国内初導入」『ProQuest International News』https://internationalnews.proquest.com/blog/allnews/（参照：2020-07-31）

ているが、図書館側にとってはDDA対象タイトルの管理等の新しい業務が発生するため、関心のある図書館や出版者、個人等の参加を求めていると報道されている*21。

　つまり、学術情報流通の世界では、紙媒体から利便性の高い電子資料に移行しつつあり、大学図書館のコレクションのあり方を根本的に再検討する必要に迫られているのである。

　電子ジャーナルによってすでに図書館における「貸出」という概念が消滅し、閲覧場所を限定することなく、24時間閲覧することが可能になった。

　電子学術図書においても、購入していないタイトルの本文を閲覧することが出来て、必要に応じて利用者が購入ボタンを押すという購入方法が現れたのである。

　立命館大学図書館の調査によると、冊子体の洋図書の利用実態は電子書籍を大きく下回っており、2004年に受入れをした冊子体の洋図書1万929冊について利用実態を調査したところ、58.5%にあたる6389タイトルが1回も館内利用および貸出されておらず、しかも購入費用は相当高額であった。和図書では、1タイトルで最大1176回の館内利用を含む貸出がある一方、受入れ和図書の16.4%にあたる5024タイトルは1回も貸し出されておらず、タイトルによって利用頻度に大きな差があることが判明した*22。

　つまり、学術情報を扱う大学図書館では、新刊図書が刊行された時に近い将来の品切れ・絶版をおそれてあらかじめ一定の予算を充てて購入するよりも、品切れ・絶版のない電子図書の時代には必要になった時に利用者が購入ボタンを押す方式に変えた方がより効率的であるということになる。

　このような紙媒体における「買い切り型」の購入方法とは異なり、電子資料ではさまざまな手法が編み出されており、この変化は学術出版から一般的な出版流通にも大きな影響を及ぼすだろう。

　図書館全体の蔵書のバランスという課題はたしかに過渡期としてはあろうが、図書そのものについて物理的形式をもった単体としてとらえるのではなく、デー

＊21　「米国情報標準化機構（NISO）、紙・電子書籍の"Demand-Driven Acquisition"に関する推奨事項を検討するプロジェクトを開始」（2012年6月22日）『カレントアウェアネス・ポータル』https://current.ndl.go.jp/node/21171（参照：2020-07-31）
＊22　立命館大学図書館管理課「学術情報資料におけるデジタルコンテンツのあり方について（答申）」2016年3月14日、p.19.

タベースからコンテンツを探索し、利用する時に購入するという学術情報流通の世界の変化が、次第に公共図書館、学校図書館、専門図書館に波及していくことになるだろう。

4.4　「学術情報基盤実態調査結果報告」

文部科学省では国公私立大学図書館の現状を把握し、改善の基礎資料とするために、1966年度より毎年5月1日現在で「大学図書館実態調査」を実施してきた。2005年度からは大学におけるコンピュータ及びネットワーク等の実情に関する調査を加えて、「学術情報基盤実態調査」として実施している。ここでは文部科学省研究振興局参事官(情報担当)付『令和元年度　学術情報基盤実態調査結果報告』（令和2年7月）のデータを検証しよう[*23]。

このデータは2019年5月1日現在で調査し、2020年2月28日までに調査票を提出するという方式で得られた調査結果である。なお、調査対象の大学は国立86、公立93、私立613の計792大学で、回答率は100%である。

「電子図書館的機能(Digital Library Functions)」を以下に抽出して整理した。

この調査の中の「電子図書館的機能」には「電子的サービス」と「資料のデジタル化」があり、そのうち「電子的サービス」には、表1の「全文閲覧サービス」と表2の「情報検索サービス」がある。この調査の「電子的サービス」とは、ウェブサイト等を通じてオンラインで電子的に提供される図書館サービスのことである。

次ページの**表1**に示した「全文閲覧サービス」は一次情報あるいは一次情報を主体として提供しているサービスの回答結果である。全文閲覧サービスを提供しているのは792大学のうち、図書446、雑誌513、紀要・学術論文等の学内生産物605、学位論文（修士論文・博士論文）378、教材61、貴重資料等コレクション150大学となっている。

教材が少ないのは、商業出版物を教材にする場合に著作権の関係で全文閲覧

＊23　『令和元年度　学術情報基盤実態調査結果報告』文部科学省研究振興局参事官(情報担当)付（令和2年7月）。なお、この結果報告は2020年7月31日付で「各国公私立大学」学術情報基盤実態調査」担当者宛てに送付されたが、文部科学省ホームページ『学術情報基盤実態調査（旧大学図書館実態調査）』にも全文が掲載されている。https://www.mext.go.jp/b_menu/toukei/chousa01/jouhoukiban/1266792.htm（参照：2020-07-31）

サービスとして提供することが困難なため当然ともいえるが、教員が大学教科書を書き下ろし電子資料として学内で提供することも今後は積極的に視野に入れるべきであろう。

　また**表2**「情報検索サービス」では、792大学のうち、目録所在情報（OPAC）720、ディスカバリーサービス153、二次情報データベース460、その他33大学となっている。ディスカバリーサービスを導入している大学が約20％と、まだかなり少ないことが分かる。これは著作物の利用の観点からはきわめて遅れた状況にあることを示している。

表1　全文閲覧サービスを提供している大学数

区分	図書	雑誌	紀要、学術論文等の学内生産物	学位論文（修士論文、博士論文）	教材	貴重資料等コレクション	その他
国立大学	83	83	84	84	37	58	13
公立大学	43	60	73	48	6	8	6
私立大学	320	370	448	246	18	84	38
合計	446	513	605	378	61	150	57

〈注〉文部科学省研究振興局参事官(情報担当)付『令和元年度　学術情報基盤実態調査結果報告』（令和2年7月）p.70より作成

表2　情報検索サービスを提供している大学数

区分	目録所在情報（OPAC）	ディスカバリーサービス	二次情報データベース	その他
国立大学	84	25	82	9
公立大学	89	15	50	2
私立大学	547	113	328	22
合計	720	153	460	33

〈注〉文部科学省研究振興局参事官(情報担当)付『令和元年度　学術情報基盤実態調査結果報告』（令和2年7月）p.71より作成

表3　資料のデジタル化の実施状況と対象資料

区分	資料のデジタル化を行っている（大学）	構成比（%）	資料のデジタル化を行っていない（大学）	構成比（%）	対象資料				
					図書	雑誌	教材	貴重資料	その他
国立大学	46	53.5	40	46.5	1,608	295	2	22,814	5,328
公立大学	12	12.9	81	87.1	1	6	0	476	123
私立大学	166	27.1	447	72.9	187	1,140	103	7,267	10,364
合計	224	28.3	568	71.7	1,796	1,441	105	30,557	15,815

〈注〉文部科学省研究振興局参事官(情報担当)付『令和元年度　学術情報基盤実態調査結果報告』（令和2年7月）p.72より作成

　表 3「資料のデジタル化の実施状況と対象資料」では、図書 1796、雑誌 1441、教材 105、貴重資料 3 万 0557、その他 1 万 5815 となっている。この調査の「資料のデジタル化」とは紙媒体の図書館所蔵資料をスキャナ等で取り込み、媒体変換したもののことを指す。貴重資料のデジタル化には積極的であるが、図書、雑誌、教材のデジタル化という、とりわけ学部学生の授業支援としての図書館の取り組みが弱い実態が明らかになっていると考えられる。

　もちろん先述のように著作権の制約があるため、現時点では少ないのもやむを得ないが、学内の授業関連資料を学生に向けて発信する LMS（Learning Management System、学修支援システム）における教材のアップロードや、オンライン授業（ライブ型授業、オンデマンド型授業）の今後の展開などを考えると、文化庁が指定する権利者団体「一般社団法人授業目的公衆送信補償金等管理協会」（SARTRAS ＝サートラス）に一括して補償金を支払うなどの手法を用いて、より積極的に資料のデジタル化を推進する必要があるだろう。

　学術出版の世界では、デジタル化とネットワーク化を特徴とする取り組みが1990 年代から進行してきたが、日本における電子出版・電子図書館はまだ不十分な点が多いことがこの調査結果からも分かるのである。

第4章

電子出版と出版産業

本章の内容

　書籍や雑誌など紙媒体の印刷メディアを生産する製造業としての出版は、電子出版の登場によって大きく変化することとなった。出版流通における販売の概念が、電子書籍を閲覧する権利を購入する、すなわち「所有」から「利用」への転換が起こったのである。

　アマゾン、アップル、グーグルのような電子書籍事業の世界的展開は、巨大な出版コンテンツのデータベースを構築することによって従来の出版社―取次―書店といった近代出版流通システムとは別の新たなプラットフォームを誕生させ、出版産業のあり方を変えていこうとしている。また、対応する紙媒体が存在しない、いわゆる「ボーン・デジタル」の出版物に対する表現規制の問題など、出版の自由に関する新たな課題も立ち現れてきた。

　さらに、オンライン授業における教材としての出版物のように、その利用に関して著作権上の壁が立ちはだかることもあり、デジタル・ネットワーク社会にふさわしい著作権法の改正も必要となっている。

　本章では、このような電子出版と電子産業をめぐる課題を取り上げ、解説を行う。

第 1 節

電子出版の流通

1.1　紙媒体とは異なる電子出版の流通概念

　これまで出版とは、書籍や雑誌など紙媒体の印刷メディアを生産することであった。とりわけ商業出版社は 1 点 1 点の出版物を制作し、取次や書店を経由して流通させることによって、その対価を得て再生産活動を行ってきた。

　出版物を読者に届けるための経路やしくみを出版流通と呼ぶ。日本の出版流通は取次・書店経路を中心に、そのほか多くの担い手によって支えられている。

　日本の出版流通の特徴は、「(1)取次が流通の中心的役割を担っている、(2)主として委託販売制によって新刊が流通している、(3)再販制［再販売価格維持契約制度＝引用者注］によって定価販売が一般的である、(4)書籍と雑誌が同じ経路で流通していること」である[1]。

　ところが電子出版の場合、そもそも「販売」の概念が紙媒体の場合とまったく異なるものになっている。

　例えば、アマゾンが運営する電子書籍販売サイト「Kindle ストア」の利用規約には次のように書かれている[2]。

＊1　湯浅俊彦「出版流通と販売」(『出版メディア入門　第 2 版』日本評論社、2012 年、p.148)
＊2　Amazon Services International, Inc.「AMAZON KINDLE ストア利用規約」https://www.amazon.co.jp/gp/help/customer/display.html?nodeId=201014950 (参照：2020-07-31)

Kindle コンテンツの使用。Kindle コンテンツのダウンロード又はアクセスおよび当該料金（適用される税金を含む）の支払いが完了すると、当該コンテンツプロバイダーからお客様に対して、Kindle アプリケーションまたはその他本サービスの一部として許可される形で、Kindle ストアより指定された台数の対象デバイス上でのみ、お客様個人の非営利の使用のみのために、該当の Kindle コンテンツを回数の制限なく閲覧、使用、および表示する非独占的な使用権が付与されます（定額購読コンテンツの場合は、お客様が定額購読プログラムの有効な会員である限り）。Kindle コンテンツは、コンテンツプロバイダーからお客様に<u>ライセンスが提供されるものであり、販売されるものではありません</u>。［傍線は筆者］

つまり、所有権が移転する「販売」ではなく、利用者は単にアマゾンから電子書籍を閲覧する権利を購入する契約をしているに過ぎない。だからこそ、この規約は次のように続いている。

制限。別途に明確な記載がある場合を除き、お客様の Kindle コンテンツまたはその一部に対するいかなる権利も第三者に販売、借用、リース、配信、放送、サブライセンス、ないしは別の方法で<u>譲渡してはならないものとします</u>。［傍線は筆者］

さらに、利用規約では「サービスの変更や修正」について次のように規定されている。

サービスの変更：修正。<u>Amazon は、サービスの全部又は一部を、通知なしにいつでも変更、停止または中断することがあり、これには、サービスに定額購読コンテンツを追加又は削除することが含まれます</u>。Amazon は、その単独の裁量において、Amazon.co.jp のウェブサイト上に修正した条項を掲載することにより、本契約のいずれの条項も修正することができます。お客様は、修正された本契約の条項の効力発生日以降も Kindle アプリケーションまたはサービスを引き続き使用することにより、当該条項に同意したものとみなされます。［傍線は筆者］

　要するに、「電子書籍を購入する」という行為はこれまでの出版における販売の概念、すなわち内容と不可分な物理的形態としての図書を購入することとはまったく異なっている。つまり、出版コンテンツという情報の閲覧権を購入すること、すなわち「所有」ではなく「利用」に過ぎず、その利用についても「通知なしにいつでも変更、停止または中断」される可能性があるということなのである。

　本書第3章第3節「アマゾン、アップル、グーグルと電子出版」の「タイトル数のゆくえと再販制」（⇒ **67 ページ**）で取り上げた公正取引員会による「ネットワークを通じて配信される電子書籍は、『物』ではなく、情報として流通します。したがって、電子書籍は、著作物再販適用除外制度の対象となりません」という判断はまさにこのことを表している。

　したがって、このような電子出版の流通については、これまでの出版社―取次―書店とは異なる新たなプレイヤーが登場することになる。

1.2　出版社 vs. 電子書店

　本書第3章第2節「ネットワーク系電子出版」の「電子文庫パブリ」（⇒ **57 ページ**）で述べたように、かつて出版社から刊行した著作物について著者がコンテンツプロバイダーの勧めに従い、電子書籍化の契約を結ぶことがすでに 1990 年代半ばには始まっていた。コンテンツプロバイダーとは CP と呼ばれ、そのころ立ち上がり始めた電子書店のことである。

　電子文庫出版社会の代表幹事（当時）であった光文社の細嶋三喜は次のように回顧している[3]。

　　事の起こりは、ある著者からの問い合わせ電話からでした。
　　「出版社からではないのだが、光文社で刊行している自分の著書をデジタル化してオンライン販売したい、といってきているのだが OK してもよいものだろうか……」ということでした。
　　よくよく訊いてみると、その契約内容は配信にとどまらず、FD や CD 等

＊3　細島三喜「『やらなきゃ、やられる』―電子文庫パブリの誕生まで」『電子出版クロニクル』日本電子出版協会、2009、p.76.

のパッケージ・メディアを含むすべてのデジタル化権、しかも独占契約であると……。これは大変なことになっているぞ。これまで著者をサポートして、編集者がどれほどの思いで作品をつくってきたか。その成果を出版社を素通りしてサラッと持っていかれて独占される。そんな理不尽な話はない。

「先生、うちでやりますから……」

1996年春のことでした。

　これは当時、新興勢力であった電子書店が著者に対して、大手出版社が品切れ状態のまま放置している著者の既刊図書を、電子書籍化することによって読者に届けることを提案し、これに出版社が危機意識を持ったという状況を端的に示す事例である。

　つまり、著者（著作権者）は複製権や頒布権を持っているが、出版権を契約により出版社に設定することにより、出版社は独占的な出版を行うことができるわけである。もし絶版となれば著者と出版社との間の出版権は消滅し、他の出版社などが新たに出版権を獲得することも可能だが、実際には品切れで重版検討中として放置されている著作物が数多くある。

　電子書店はそのような既刊の著作物を改めて電子書籍にすることで、著作者にとっては自分の著作物が新しい読者に読まれる機会を提供できることを提案したわけである。

　出版社には「著作隣接権」としての「版面権」*4が著作権法上認められていないため、原著の出版を行った出版社が制作した版面を、電子書店がそのまま電子化しても著作権の侵害にならない。

　この背景には日本における著者と出版社の出版権に関する契約上の特異性がある。例えば、米国の出版社は著者と出版契約を結ぶ際、著者から著作権を譲渡してもらい、単に著作物を独占的に発行するだけではなく、刊行後時間を経た出版物の値引き販売や、ドラマ化、映画化などの二次利用についても著者の最大利益を追求する目的のために、出版社が著作権者となって権利行使を行うことができる。

---

*4　版面権＝出版者保護のための「版の権利、版面の権利」をかりに「版面権」といっている。
（『日本大百科全書』JapanKnowledge）

　ところが、日本ではそもそも出版社が著者と正式な書面契約を結んでいない場合や、契約していても出版権を取り決めているだけなので、電子化に関する権利を有していない。つまり電子化の許諾を著者から得ることができれば、原著の出版社に断りなしに、電子書店や、アマゾン、アップル、グーグルのようなプラットフォーマーが、出版社が制作した版面を使った電子出版ビジネスを行うことが可能なのである。

　2010年12月に始まった文化庁の「電子書籍の流通と利用の円滑化に関する検討会議」でも、この議論は行われていた[*5]。この検討会議は、2010年3月に総務省、文部科学省、経済産業省による「デジタル・ネットワーク社会における出版物の利活用の推進に関する懇談会(三省懇)が2010年6月にまとめた報告書の中で、文部科学省として取り組むべき具体的な施策の実現に向けた検討を進めることを目的として設置されたものである。つまり、文部科学省としては著作権法を管轄している文化庁に検討会議を設置し、「出版物の権利処理の円滑化に関する事項」｜出版社への権利付与に関する事項」を検討することになったということである。

　この検討会議の第10回(2011年7月11日開催)では、「出版社への権利付与に関する事項」が検討され、具体的には海外の出版契約の実態について日本書籍出版協会から以下の内容の資料が説明された。

　つまり諸外国においては、(1)契約の基本は出版者に対する著作権の実質的な譲渡契約　(2)契約期間は著作権の存続期間中が原則　(3)出版物の発行だけでなくほとんどすべての二次利用についての権利も出版者に移転　(4)出版物利用による収益は出版者から著作権者に配分される　(5)電子書籍の発行をはじめとする電子的利用に関する権利も含めて契約されるようになっている、ことが報告されたのである[*6]。

　しかし、今日に至っても出版社に「版面権」は認められておらず、いわば出版

＊5　日本書籍出版協会「欧米における出版契約の実態について」『電子書籍の流通と利用の円滑化に関する検討会議　資料』(2011年7月11日) https://www.bunka.go.jp/seisaku/bunkashingikai/kondankaito/denshishoseki/10/pdf/shiryo_4_1.pdf (参照：2020-07-31)

＊6　「電子書籍の流通と利用の円滑化に関する検討会議(第10回)」配布資料 4https://www.bunka.go.jp/seisaku/bunkashingikai/kondankaito/denshishoseki/10/index.html (参照：2020-07-31)

業界の悲願となっている。

　そこで日本書籍出版協会では、出版業界として著作権者と紙媒体の出版契約を締結する際、電子出版の出版権も併せて契約する「出版権設定契約書ヒナ型（紙媒体・電子出版一括設定用）」の活用を会員出版社に勧めている。

　この契約書のヒナ型をもう一度引用しておこう[7]。

第2条（出版権の内容）

（1）出版権の内容は、以下の第1号から第3号までのとおりとする。なお、以下の第1号から第3号までの方法により本著作物を利用することを「出版利用」といい、出版利用を目的とする本著作物の複製物を「本出版物」という。

① 紙媒体出版物（オンデマンド出版を含む）として複製し、頒布すること

② DVD-ROM、メモリーカード等の電子媒体（将来開発されるいかなる技術によるものをも含む）に記録したパッケージ型電子出版物として複製し、頒布すること

③ 電子出版物として複製し、インターネット等を利用し公衆に送信すること（本著作物のデータをダウンロード配信すること、ストリーミング配信等で閲覧させること、および単独で、または他の著作物と共にデータベースに格納し検索・閲覧に供することを含むが、これらに限られない）

　つまり、紙媒体出版物、パッケージ型電子出版物、ネットワーク型電子出版物の3種の出版形態を包括して、出版契約を結んでおき、出版社の権利を確保しようとするものなのである。

3.3　グーグルブック検索訴訟

　2005年にグーグルが図書館の蔵書を全文スキャンし、デジタル化する図書館プロジェクトをハーバード大学、スタンフォード大学、ミシガン大学、オック

＊7　日本書籍出版協会「出版権設定契約書ヒナ型（紙媒体・電子出版一括設定用）」https://www.jbpa.or.jp/pdf/publication/hinagata2015-1.pdf（参照：2020-07-31）

スフォード大学、ニューヨーク公共図書館の参加を得て開始し、その年の9月に米国作家協会(Authors Guild)と米国出版社協会(Association of American Publishers)は著作権侵害を理由にグーグルを提訴していた。図書をスキャンすることが著作物の複製にあたり、著作権者の複製権を侵害すると主張したのである。

これに対してグーグルは図書館の資料をデジタル化し、その一部を閲覧できるようにすることは著作権上認められたフェアユースにあたると反論した。

和解案では、グーグルは引き続き著作権のある書籍をスキャンし、書籍データベースを作成し、図書館や大学をはじめさまざまな団体、企業、組織が購入して利用できるようにすること、消費者に個別に書籍を販売すること、書籍のページに広告を表示することが認められる。また、出版社や作家から成る非営利組織が「版権レジストリ」を作り電子データの扱いを登録することで公開の仕方をコントロールする。グーグルは全収益の63% を「版権レジストリ」に支払うことが示された。

これが実現すると品切れ・絶版になったものも含め書籍の巨大なデータベースが出来上がり、無料プレビュー表示か、有料で全文を販売するかなどを著作権者が設定できることになる。つまり人類がこれまで蓄積してきた書物というメディアが検索可能な書籍データベースに変容する可能性がある。

グーグルは2009年2月24日、『朝日新聞』と『読売新聞』に「米国外にお住まいの方へ：本和解は米国外で出版された書籍の米国著作権の権利も包括しているため、貴殿にも影響することがあります」[*8]という法定通知を出した。

これに対して、日本文藝家協会と日本書籍出版協会はこの和解案を一旦承認し、その上で非表示にする戦術を採用した。一方、出版流通対策協議会と日本ビジュアル著作権協会は和解案を全面的に否定する立場をとった。

そうした中で、日本ペンクラブは次のような趣旨の反対声明を2009年4月24日付けで発表した[*9]。

(1) 著作権上の問題として、日本の著作権上明白な複製権違反であるにも

＊8　『朝日新聞』2009年2月24日付け朝刊.p.30、『読売新聞』2009年2月24日付け朝刊.p.13
＊9　日本ペンクラブ声明「グーグル・ブック検索訴訟の和解案について」
　　http://www.japanpen.or.jp/statement/2008-2009/post_134.html（参照：2020-07-31）

かかわらず、米国内ルールである「フェアユース(公正利用)」条項を「世界基準」として事実上容認することになること。

(2)　手続き上の問題として、申請しなければ権利が保護されないという「オプト・アウト(離脱)」方式が採用されれば権利者の立場が弱体化すること。

(3)　情報流通独占の問題として、グーグルという私企業の事実上の独占状態が生じること。

そして、日本ペンクラブは団体としては著作権を代表するものではないことから、会長以下理事・言論表現委員会委員 22 名(言論表現委員会副委員長である筆者もその一人である)の連名の形で提案和解案の拒否と日本と海外を含んだクラスの認定の拒否を求める異議申立てを 2009 年 9 月 8 日、米国のニューヨーク南部地区連邦地方裁判所宛に行った[10]。

この異議申立書では、「提案和解案が表現の自由と日本と世界の出版文化に与える重大な脅威に鑑み、日本ペンクラブの本書面参加メンバーは、提案和解案とそれに基づく集団と下位集団の認定に、異議を申し立てる」とその目的を述べている[11]。

とりわけ、米国連邦地裁には日本の権利保持者を拘束する管轄権がないことを示すために、次の 8 項目の要素を上げている[12]。

(a)　本件における合意内容を課すことは、日本の権利保持者の権利と行為に重大な影響を与える。

(b)　本件の合意内容は、日本のほぼ全ての著者と出版社に影響を与えるが、これら権利保持者の多くはアメリカと何の関係も有さない。

(c)　日本当局は、日本の出版業界の規制に関し、そして日本のほぼ全ての

---

*10　異議申し立て当事者は以下のメンバーである。阿刀田高（日本ペンクラブ、会長）、中西進（副会長）、下重暁子（副会長）、浅田次郎（専務理事）、堀武昭（常務理事）、松本侑子（常務理事）、高橋千劔破（常務理事）、吉岡忍（常務理事）、山田健太（理事:言論表現委員会委員長）、相澤与剛（理事）、大原雄（理事）、清原康正（理事）、辻井喬（理事）、野上暁（理事）、篠田博之（言論表現委員会委員）、湯浅俊彦（同）、加藤弘一（同）、元木昌彦（同）、中西秀彦（同）、植村八潮（同）、宇田伸夫（同）、吉田司（同）。

*11　「グーグルブック検索訴訟和解案ペンクラブ意義申立て日本語版」2009 年 9 月 8 日付、p.4

*12　同上、p.11

　　　著者と出版社に影響を与える支配的な体制が出来る際には発言をする
　　　ことに、利益を有している。

(d) 今回の提案合意内容は、著作権が付された文献については明示的な許
　　可なしに配布されることはない、という全世界の著者と出版社におけ
　　る正当な期待を裏切り、破壊することになる。また、異国の裁判所が
　　一方的に全ての本の全面的な出版許可を、特にクラスアクションとい
　　う他国では存在しないシステムによって直接の通知も無しに強制する
　　ことは出来ない、という正当な期待をも破壊する。

(e) 出版業界、著者と出版社に関連する規制や制度は、国際政治・司法・
　　経済において重要なことであり、一裁判所や、ましてや限定された一
　　部の利益団体・企業・個人に任せられるものではない。

(f) 強制される合意内容は、国際社会のシステムの伝統に真っ向から、内
　　容(許可なしのライセンス)においても手続(アメリカ型のクラスアク
　　ション)においても、反対するものだ。

(g) 日本には、本件で問題になっている行為、(必ずしもアメリカにおける
　　個々のスキャン行為ではないが)特に日本のほぼ全ての著者と出版社に
　　対する特定の商業的合意の強制については、規制をする利益がある。

(h) 提案和解契約においてはアメリカを中心とした行為を列記しているが、
　　日本のほぼ全ての書籍を(それをはっきりと禁ずる指示が無い限り)ス
　　キャンをしてよいという包括的な許可の強要は日本の著作権法の根本
　　的な目的に反するものだ。

　その後、グーグルと米国の著作権者で構成する和解団は新たな和解案を提示
し、英語圏で出版された絶版書籍(米国著作権局に登録されたものと、イギリス、
オーストラリア、カナダの絶版書籍)のみを対象として範囲を狭めたが、2011
年3月22日、ニューヨーク連邦地方裁判所は和解案を認めないとした。

　さらにその後、米国作家協会がグーグルについて控訴していた裁判では、
2015年10月16日、連邦第二巡回区控訴裁判所は、グーグルブック検索はフェ
アユースにあたるとした米国ニューヨーク南地区連邦地方裁判所の判決を支持
し、原告側の主張を退けている[*13]。

　このようなグーグルの動向、とりわけ2009年2月の日本の新聞に掲載され

た「法定通知」は、日本の出版社に大きな影響を与えた。

　なぜならば、日本の出版社はその当時、著作権者から電子化権の許諾を契約上受けている事例がほとんどなく、版面権も著作権法上認められていないことから、グーグルのような海外企業のプラットフォームによって大きな打撃を受ける危機に直面したのである。

　一方、国内で刊行された出版物を網羅的に収集する国立国会図書館のデジタル化事業よりもグーグルブック検索の方が進展することになれば、国立図書館としての機能と役割についても問われることとなる。

　電子出版の流通において、グーグルブック検索訴訟はプラットフォームを構築した者がすべてを支配する可能性を示唆した点できわめて象徴的な出来事であったといえよう。

1.4　電子出版ビジネスにおける「官」と「民」

　アマゾン、アップル、グーグルの電子書籍事業の世界的展開によって、和書コンテンツがこのような米国企業のプラットフォーム経由でなければ読めなくなる可能性もあることが明らかになった。

　このような危機意識から 2012 年 4 月に設立されたのが出版デジタル機構である。講談社、集英社、小学館、光文社、新潮社、文藝春秋、角川書店、筑摩書房、有斐閣、インプレスホールディングス、勁草書房、版元ドットコム、平凡社の出版社、そして大日本印刷、凸版印刷、さらに官民ファンド「産業革新機構」が出資している。

　出版デジタル機構は、電子書籍における出版社向けサービス「Pubridge（パブリッジ）」を開始し、5 年間で 100 万点の電子書籍を配信し、2000 億円市場をつくる計画を発表した* 14。

　出版デジタル機構は、政府が 90 ％を出資する国内最大級の投資ファンドである産業革新機構から総額 150 億円の出資を受けている。つまり、電子書籍事

* 13　「連邦第二巡回区控訴裁判所、Google ブックスは著作権法に違反せずと判断」『カレントアウェアネス・ポータル』（2015 年 10 月 19 日）http://current.ndl.go.jp/node/29682（参照：2020-07-31）
* 14　「官民ファンド、電子書籍市場拡大へ出資、出版業界の共同設立会社に」『日本経済新聞』2012 年 3 月 30 日付東京本社版朝刊 42 面

業に踏み出せないでいる日本の多くの出版社に対して国費を投じ、従来の印刷会社による電子化をめぐる市場競争ではなく、出版デジタル機構を中心に国内コンテンツの電子化のしくみを整備する計画である。

　2012 年 5 月 29 日に策定された内閣府知的財産戦略本部による「知的財産推進計画 2012」にも、「株式会社出版デジタル機構の創設を始め、ボーンデジタルを含む電子書籍市場の進展を踏まえ、民間事業者による協同の取組に対する支援を通じて、著作物のデジタル化やコンテンツ流通の一層の促進を図る。」（短期・中期）（総務省、経済産業省）と明記されていることからも、アマゾン、アップル、グーグルに対抗するいわばオールジャパンの取り組みであることが分かる[15]。

　ちょうどその前年の 2011 年 12 月 2 日、経済産業省は「コンテンツ緊急電子化事業」を発表していた。

　この事業は被災地の復興等を目的として、国が補助事業者を通じて出版社の電子書籍制作費用のうち 1/2（東北の出版社が保有する書籍及び東北関連書籍については 2/3）を補助するというものであり、予算は約 10 億円であった。

　この事業を受託する要件としては、(1)東北・被災地域で書籍のデジタル化作業を行うこと、(2)被災 3 県の中心的な図書館に対して、デジタル化対象書籍を 1 冊ずつ献本すること、(3)複数社の共同出資等により、事業規模や雇用規模が大きく、我が国電子書籍産業全体にとって重要な役割を果たす企業であること、(4)互換性ある標準フォーマットを採用している等、電子書籍流通を促進させる上で適切な形式でデジタル化を行うこと、(5)各電子書籍にメタデータ付与等、検索及び販売の用に供する電子書籍情報データベースを構築することとなっており、最終的にこの事業は日本書籍出版協会や日本雑誌協会などによって構成される日本出版インフラセンター（JPO）が受託した[16]。

　そして、2012 年 4 月に設立された出版デジタル機構と契約すれば、電子化の費用を出版デジタル機構が立て替え、その売上げで相殺するため初期費用が

＊ 15　内閣府知的財産戦略本部「知的財産推進計画 2012」p.29　https://www.kantei.go.jp/jp/singi/titeki2/kettei/chizaikeikaku2012.pdf（参照：2020-07-31）
＊ 16　「被災地等での電子書籍制作を活性化させる経済産業省『コンテンツ緊急電子化事業』を日本出版インフラセンターが受託」『カレントアウェアネス・ポータル』（2012 年 2 月 22 日）https://current.ndl.go.jp/node/20217（参照：2020-07-31）

無料になるという。コンテンツ緊急電子化事業は経済産業省が進めるのであるから当然、税金が投入された事業である。出版デジタル機構にとって官民ファンドからの出資とコンテンツ緊急デジタル化事業はまさに追い風となるはずであった。

　しかし、この事業は必ずしも順調に進展しなかった。多くの出版社がほとんど無償で電子書籍化できるチャンスであったにもかかわらず慎重な対応を見せたのである。

　そこで、2012 年 7 月より当初の条件を大幅に緩和し、「上限を年間発行点数の 2 倍まで」という制限を廃止し、図書寄贈の義務化も「可能な範囲での寄贈」とした。それでも 12 月 20 日の申請締切日までの目標 6 万点に対して 2012 年 8 月 28 日で 2273 点、10 月 1 日で 3700 点の本申請しかない状況であった[17]。

　最終的に日本出版インフラセンターの報告によれば、出版社は約 8.7 億円を拠出し、国からの補助金約 9.5 億円を合わせて約 18 億円をかけて約 6 万 5 千点の書籍の電子化という事業を行った[18]。

　しかし、この補助金事業の審査委員を担当した編集者の仲俣暁生は、次のように書いている[19]。

　　予算を消化し、「6 万点」という目標を達成したことは確かだが、数合わせのために無理が行われたことも一目瞭然である。例えば電子化された書目に占めるマンガ（コミックス）の比率が異様に高いこと（全体の 46％）、現在の電子書籍の主流であるリフロー型が少ないこと（25％）、さらに東北関連書が極めて少ないこと（3.5％）などが直ちに見てとれる。途中から対応フォーマットに EPUB が追加されたが、最終的に制作された電子書籍のうち EPUB が 3 分の 2 を占め、.book［ドット . ブック＝引用者注］と XMDF の合算の 2 倍以上となっているのも特徴的だ。これは軌道修正がうまく行った証拠と見なせるかもしれない。

＊ 17　2012 年 10 月 11 日付『新文化』
＊ 18　永井祥一日本インフラセンター専務理事・事務局長「コンテンツ緊急電子化事業（緊デジ）とは何であったのか」『出版ニュース』2014 年 6 月上旬号． http://www.jpo.or.jp/topics/data/20140529_jpoinfo.pdf（参照：2020-07-31）
＊ 19　仲俣暁生「さようなら、『電子書籍』」2013 年 8 月 2 日 17 時 00 分『WIRED』https://wired.jp/2013/08/02/farewell-ebooks/（参照：2020-07-31）

　出版デジタル機構を介した「代行」方式（事実上の無償）による電子書籍も、のべ 1 万 5997 点と全体の 25％にとどまった。そもそもこの事業が「コンテンツ緊急電子化事業」と銘打たれたのは、震災復興の緊急度ゆえではなく、アマゾン、アップル、グーグルなどの外資系の電子書籍プラットフォームの襲来に「緊急に」対抗するためだった。だが、多くの出版社はそうした危機意識には反応しなかったことになる。今後の電子書籍の主役は間違いなくリフロー型となるが、こちらも直接申請分（出版社が半額を自費で負担）を含めて、制作実績は、1 万 6374 点でしかない。

　ここには日本の出版産業における電子書籍の位置づけを象徴する内容が記されている。つまり、経済産業省による「コンテンツ緊急電子化事業」、産業革新機構から 150 億円の出資を受けて設立された「出版デジタル機構」など、「国策」としての電子書籍事業を受け入れた出版業界であったが、じつは日本国内の多くの出版社は自社のタイトルを電子化することにそれほど熱心ではないことが明らかになったのである。少なくとも、すでに電子出版ビジネスを展開している大手出版社と戦列を組んでアマゾン、アップル、グーグルに対抗する意識は希薄であろう。

　2015 年 10 月 2 日、会計検査院の調査により、この東日本大震災の復興予算を使った「コンテンツ緊急電子化事業」で電子化した書籍のうち、少なくとも約 1700 冊が著作権者の許諾を得られないなどを理由に配信できない状況になっていたこと分かり、電子書籍の流通を促すように会計検査院が経済産業省に要望する事態となった[20]。

　これを受けて、日本出版インフラセンターは経済産業省の指示により出版社への調査を実施し、その結果、総タイトル数 6 万 4833 タイトルのうち、未配信が 5173 タイトルであることが判明した[21]。国民の税金を使って電子化した

---

[20]　「復興予算利用の電子書籍、1700 冊配信できず　検査院調べ」『日本経済新聞』2015 年 10 月 2 日 21:38『日経速報ニュースアーカイブ』https://www.nikkei.com/article/DGXLASDG02HA7_S5A001C1CR8000/

[21]　日本出版インフラセンター（JPO）プレスリリース「コンテンツ緊急電子化事業（緊デジ）の配信状況の調査結果について」http://www.jpo.or.jp/topics/data/20151130a_jpoinfo.pdf（参照：2020-07-31）

だけで、実際に流通していなかったということである。

　このように、これまでは基本的には自分たちの力でそれぞれの出版事業に取り組んできたことを自負してきた日本の出版業界だったが、電子出版ビジネスに関しては「官」の力に依存する姿勢が顕著になったことが、2010 年代の特徴であった。

　その後、出版デジタル機構は、2013 年 7 月、電子取次大手ビットウェイの全株式を凸版印刷から約 20 億円で取得し、完全子会社化し、10 月には統合している[22]。

　さらに 2017 年に入ると、今度は電子書籍取次のメディアドゥが約 80 億円を投じて、産業革新機構から出版デジタル機構の約 70% の株式を取得し、子会社することをプレスリリースしている[23]。

　アマゾン、アップル、グーグルに対抗するため、日本では出版デジタル機構が「官」の支援を受けて設立された。本来は「民」による自由な電子出版ビジネスがより強力に展開し、その一方で「公」としての図書館による電子コンテンツのデジタルアーカイブ化が進展していくことが必要であるが、どちらもきわめて不十分な状況のままである。

　電子出版の流通を考える時、出版社、取次、書店といった紙媒体中心の時代に形成された近代出版流通システムが次第に制度疲労を起こしていることがより鮮明になる。そして、新たな流通への挑戦はアマゾン、アップル、グーグルといった海外企業によって開始され、日本の出版業界は守勢となっている。図書館における日本語タイトルの電子出版コンテンツの利用についても、公共図書館、学校図書館などではきわめて遅れた状況にある。

　電子出版の生産・流通・利用・保存のうち、コンテンツ流通の観点からの大胆な変革が日本の出版業界と図書館界には必要であろう。

＊ 22　「出版デジタル機構、ビットウェイ統合を完了」『日経産業新聞』2013 年 10 月 2 日付 3 面。
＊ 23　メディアドゥ 2017 年 2 月 28 日付プレスリリース．「株式会社出版デジタル機構の株式取得（子会社化）に関するお知らせ」https://mediado.jp/corporate/1429/（参照：2020-07-31）

第2節

電子出版と出版の自由

2.1 出版の自由とはなにか

　言論・出版・表現の自由は歴史的に見れば西欧民主主義社会の成立と不可分に結びついており、近代的な人権の展開の中でも重要な、中心的な存在である。

　日本では憲法第21条に、「集会、結社及び言論、出版その他一切の表現の自由は、これを保障する」「検閲は、これをしてはならない。通信の秘密は、これを侵してはならない」と規定されており、出版の自由は憲法によって保障されている。

　また、出版の自由は出版流通の自由によって実質的に具現化されている。例えば、出版社がタブーを恐れず、さまざまな少数意見を書籍や雑誌として出版しても、取次店や書店がこれを排除し、流通させないとすれば、出版の自由は形骸化してしまうのである。

2.2 ボーン・デジタル出版物と表現規制

　ボーン・デジタルとは、作成された時にすでにデジタルの形態をとっている情報であり、ボーン・デジタル出版物は対応する紙媒体が存在しない、デジタル化された出版コンテンツのことである。厳密には「物」の概念はないが、紙の図書や雑誌に相当するものとしてここでは「出版物」と呼ぶことにする。

　従来から自費出版など、出版社の編集過程を経ない出版物が存在していたの

は事実である。一方、出版社が刊行している出版物は出版社名を著作物に印刷し、明示することによって、校閲などの編集過程を経たことが担保されているといってよいだろう。

ところが今日では、編集過程を経ない「生産＝発信」というボーン・デジタル出版物が数多く出現している。また、その流通に関しては、従来の取次や書店を経ない電子出版の流通経路が新たに形成されている。すなわちコンテツプロバイダー（電子書店）や携帯電話キャリアがこれまでの書店や取次に取って代わっているのである。このとき、紙媒体が中心であった時代の書店における「出版販売倫理綱領」や取次の「出版物取次倫理綱領」は無効となり、新たな基準が作られることとなる。

紙の出版物の流通は、「出版社→取次→書店」といういわゆる取次ルートが主流であったが、電子出版ではサーバを管理する出版社やコンテンツプロバイダー、インターネットのプロバイダーや携帯電話キャリアなどのモバイル関連企業が出版コンテンツの流通を担うことになる。従来の出版でいえば取次や書店にあたるコンテンツプロバイダーや携帯電話キャリアに対する表現規制が働くため、これまで以上に表現の自由に重大な制約がもたらされる可能性がある。

例えば、2007年12月10日、増田寛也総務大臣（当時）が携帯電話・PHS事業者（株式会社エヌ・ティ・ティ・ドコモ、KDDI株式会社、ソフトバンクモバイル株式会社及び株式会社ウィルコム）4社及び法人電気通信事業者協会に対して「青少年が使用する携帯電話・PHSにおける有害サイトアクセス制限サービスの導入促進」を要請した。具体的な内容は次の3項目である[1]。

(1) 青少年におけるフィルタリングサービスの導入促進活動の強化を図ること
ア　新規契約時にフィルタリングサービスの利用を原則とした形で親権者の意思確認を行うなど導入促進を図ること
イ　すべての18歳未満の既存契約者に関し、フィルタリングサービスの利用を原則とした形で意思確認を実施し、利用を望まない場合には親

---

[1]　総務省ホームページ「青少年が使用する携帯電話・ＰＨＳにおける有害サイトアクセス制限サービス（フィルタリングサービス）の導入促進に関する携帯電話事業者等への要請」（2007年12月10日）総務省HP存在せず。国立国会図書館WARPにてHP保存。http://warp.ndl.go.jp/info:ndljp/pid/3192936/www.soumu.go.jp/menu_news/s-news/2007/071210_4.html（参照：2020-07-31）

権者の意思確認を行うこと

ウ　18歳未満の使用者に関し、親権者である既存契約者に対して、フィルタリングサービスの利用の意思確認を実施すること

エ　以上について、代理店等への指導を徹底すること

(2) 上記の導入促進活動に併せて、引き続き、フィルタリングサービスに関し、効果的な周知・啓発を行っていくこと

(3) フィルタリングサービス利用者数に関し、業界として定期的に公表するとともにその評価に努めること

　ここでいうフィルタリングサービスについて、当初は携帯電話事業者が独自に定めた掲載基準に合致したサイトのみアクセスを可能とする方式（ホワイトリスト方式）を採用することが要請されたが、関係業界の反対を受けて、特定の違法・有害サイトおよびカテゴリに属するとして、リストに掲載されたサイトへのアクセスを制限する方式（ブラックリスト方式）が採用されることとなった。

　ブラックリスト方式が出会い系サイトやギャンブル系サイト、SNSなど特定のカテゴリやサイトを個別にリストアップして、そのサイトへのアクセスを制限するしくみであるのに対して、ホワイトリスト方式は携帯キャリアが定めた基準を満たしたサイトだけが閲覧できるしくみであり、これでは「公式サイト」しかアクセスできなくなる可能性が高く、「魔法のｉらんど」*2や「モバゲータウン」（当時）*3も規制対象となってしまう。

　出版コンテンツの自由な流通の観点からみれば、小説投稿サイトにアップ

＊2　1999年より株式会社ティー・オー・エス（TOS）がｉモードとインターネット向けに無料ホームページ作成サービス「魔法のｉらんど」を開始し、2000年3月、「BOOK」（小説執筆機能）によりケータイ小説の黎明期を築く。2013年10月より吸収合併されたアスキー・メディアワークスがKADOKAWAに統合され、KADOKAWAのブランドとなる。2009年4月7日時点で10万5840点、2014年4月26日時点で19万8950点の作品が公開されていた。

＊3　2006年2月にサービスを開始した「モバゲータウン」は当時の名称。2011年3月より「Mobage（モバゲー）」にサービス名称を変更している。モバゲーの小説やコミック作品を提供する「E★エブリスタ」では、2014年10月17日時点で小説、コミック、俳句、川柳、短歌、写真、イラスト、レシピなどの作品数220万6148作品としていた。株式会社ディー・エヌ・エー（DeNA）が運営する携帯電話向けソーシャル・ネットワーキング・サービス（SNS）。

ロードされている「ケータイ小説」作品の流通が遮断される可能性もあったといえよう。

　つまり、日本国憲法 21 条に規定された「言論・出版・表現の自由」を保障する観点から紙媒体のうち青少年に「有害」と考えられる出版物に対しては、地方公共団体が制定する青少年保護育成条例による「有害図書」指定などの手順を踏み、小売書店段階で 18 歳未満への販売を規制することがこれまで行われてきた。

　ところがデジタル化された出版コンテンツの流通に関しては、携帯電話・PHS 事業者に対して総務大臣名でフィルタリング強化を要請し、そのフィルタリングの方法が「ケータイ小説」全般をその表現内容にかかわらず一律に青少年から閲覧できないように措置する事態も起こりえたのである。

2.3　モバイル関連企業の自主規制

　2008 年 4 月、青少年の発達段階に応じた主体性を確保しつつ、違法・有害情報から保護し、健全なモバイルコンテンツの発展を促進することを目的とする第三者機関として、一般社団法人モバイルコンテンツ審査・運用監視機構（略称：EMA）が設立されている。

　具体的には「コミュニティサイト運用管理体制認定基準」を策定し、サイトが満たすべき水準として例えば以下のような項目を定めている*4。

目視・システム抽出等によるサイト監視と問合せ・通報対応の実施

　事業者は、ユーザー（会員・非会員）による投稿等サイト内で公開される情報について、常時、目視・システム抽出確認等を実施し、規約違反投稿等について必要な対応(削除、注意・警告、経過確認等)を行わなければならない。また、ユーザー（会員・非会員)による問合せ・通報についての対応も常時、実施しなければならない。

　なお、サイト内のメッセージ機能を監視する場合には、利用規約とは別に通信当事者からの明確な同意を得るよう措置を講じなければならない。

＊4　一般社団法人モバイルコンテンツ審査・運用監視機構「コミュニティサイト運用管理体制認定基準」(2013 年 11 月 14 日) p.5　http://ema.mcf.or.jp/dl/communitykijun.pdf（参照：2020-07-31）

　そして、「認定を受けた Web サイトやアプリケーションは、『青少年インター
ネット環境整備法』において携帯電話会社が青少年に原則提供するフィルタリ
ングの制限から解除」されるのである[5]。

　EMA は 2018 年 5 月 31 日をもって解散したが、モバイルコンテンツ審査・
運用管理体制認定制度の運用監視については 2019 年 4 月末まで実施した。解
散の理由については「青少年のインターネット環境の様々な変化に対応し、近
年では、スマートフォン時代に適した青少年保護の新たな体制整備の必要性に
ついて携帯電話事業者等と数年にわたり協議を進めて参りましたが、これまで
に新たな体制整備の見通しが立たず、安定的に活動の実効性を確保した事業を
継続することが困難となったため、EMA 理事会において EMA の事業を終了
することを決定」としている[6]。

　そして、NTT ドコモ、au、SoftBank は連名で、「一般社団法人モバイルコ
ンテンツ審査・運用監視機構は 2019 年 4 月 26 日をもって認定をすべて終了い
たしました。今後は各キャリアサイトをご参照ください。」とアナウンスしてい
る[7]。モバイルコンテンツ審査・運用監視機構の解散後、一般社団法人モバイル・
コンテンツ・フォーラムがホームページ等の管理を引き継いでいる[8]。

　なお、自主規制団体としてはほかにも一般社団法人インターネットコンテン
ツ審査監視機構（略称：I-ROI、アイ・ロイ）があり、I-ROI は表現基準を設け
ず、コンテンツをコントロールできる人をサイトに置くという活動を行ってい
る。具体的には、企業や自治体・病院・学校など、さまざまな事業主体が組織
内部にウエブサイト評価の責任者を置き、自主的にウエブサイトを規制するシ
ステム構築を、教育と資格認定を通して支援しているのである[9]。

---

[5]　一般社団法人モバイル・コンテンツ・フォーラム　ホームページ http://ema.mcf.
　　or.jp/ema.html（参照：2020-07-31）
[6]　一般社団法人モバイルコンテンツ審査・運用監視機構「モバイルコンテンツ運用管理
　　体制認定制度の審査受付終了のお知らせ」（2018 年 4 月 3 日）http://ema.mcf.or.jp/
　　press/2018/0403_01.pdf（参照：2020-07-31）
[7]　一般社団法人モバイル・コンテンツ・フォーラム　ホームページ http://ema.mcf.
　　or.jp/ema.html（参照：2020-07-31）
[8]　同上
[9]　一般社団法人インターネットコンテンツ審査監視機構（略称：I-ROI）https://www.
　　i-roi.jp/（参照：2020-07-31）

2.4　デジタルコミック協議会の自主規制

　一方、コミック出版社 30 社で構成するデジタルコミック協議会では、総務省からの要請が出される前の 2008 年 2 月にはすでに以下の「業界自主規制ガイドライン」を策定していた[10]。

第 1（目的）
「デジタルコミック協議会」加盟者は、表現の自由を守り、青少年の健全な育成を図るため、デジタル化されたコミックの配信に関して、当該作品に著しく性的、暴力的ないし残虐な表現があり、青少年に不適当であると思われる作品には、以下に定める判定基準に従って自主的に、別に定める識別マーク（以下「マーク」という）を表示する（**図1**）。

第 2（マーク表示の方法）
識別マークは、当該作品の冒頭に表示するものとし、当該作品が複数のファイルから構成される場合は、各ファイルの冒頭にすべて表示するものとする。

第 3（マーク表示の判定基準）
デジタルコミック協議会が、マーク表示が適当であると認める判定基準は

図1　デジタルコミック協議会　業界自主規制ガイドライン　識別マーク

* 10　デジタルコミック協議会「業界自主規制ガイドライン」
　　http://www.digital-comic.jp/info/guideline.php（参照：2020-07-31）

次の通りとする。

著しく性的な表現があり青少年に不適当であると認められるデジタル化されたコミック。
全裸もしくはこれに近い状態での性交またはこれに類する性行為を描写した絵を含む内容が、当該作品の大半を占めるもの。
性器・恥毛をあからさまに描写した絵が相当数含まれているもの。ただし医学的もしくは美術的目的のものを除く。
全裸もしくはこれに近い状態での性交またはこれに類する性行為や性器・恥毛をあからさまに描写したシーンを含む作品。
著しく暴力的ないし残虐な表現があり青少年に不適当であると認められる作品。
殺人・拷問・暴行・私刑など残虐な感じを与える行為を誇大または刺激的に描写した内容が、当該作品の相当部分を占めるもの。
自殺や犯罪を肯定的にあるいは賛美かつ唆す意図で描いたものが、当該作品の相当部分を占めるもの。

これは従来から紙媒体の雑誌やコミックに表示されている「成年マーク」と同様の措置を電子コミックにも導入することによって、出版の自由を確保しようとしたものである。

2.5　「魔法のiらんど」の投稿ガイドライン

小説投稿サイト「魔法のiらんど」は1999年12月から始まった携帯電話、PCから無料でホームページが作成できるサービスであり、ケータイ小説を日本国内に定着させる一方、サービス開始当初からアダルト系コンテンツを投稿してくるユーザーへのアプローチを行い、自主規制の方向性を探求していた。
　筆者が国立国会図書館の委嘱を受けて2008年9月9日に行ったインタビュー調査では、ケータイ小説の表現について、「表現の自由を奪わず、作者と読者のコミュニケーションを最大限に配慮しながらサイト全体を運営し、また公序良俗に反する内容や誹謗中傷や違反行為などを『アイポリスシステム』（3000

語にも及ぶ禁止語句の自動チェックと警告・削除）により管理している」と報告
している[11]。

　この当時の「アイポリス」は「魔法のｉらんど」のセキュリティシステムであり、
「2008 年には青少年が安心・安全にモバイルサイトを利用できる環境を作るた
めの第三者機関【一般社団法人モバイルコンテンツ審査・運用監視機構（EMA）】
の設立に寄与しました。EMA では青少年に配慮した管理体制が取られている
か『コミュニティサイト運営管理体制認定基準』を定めていますが、この基準策
定にも『魔法のｉらんど』でのアイポリスの取り組みが反映されています」と述
べていた[12]。

　「魔法のｉらんど」は 2011 年 1 月よりアスキー・メディアワークスに吸収合
併され、2013 年 10 月にはアスキー・メディアワークスが KADODAWA に吸
収合併されたため、「魔法のｉらんど」は KADOKAWA のブランドとなり、ア
イポリスの運営は現在では終了している。2020 年 7 月 31 日時点で「魔法のｉら
んど」はコンテンツ数 300 万タイトル、読者 250 万人という巨大な小説投稿サ
イトであり[13]、「投稿ガイドライン」として次の 5 つの表現に関して注意喚起
を行っている[14]。

（1）性に関する表現
意図的に刺激的に表現しているもの、必要以上に具体的に描写しているもの
（2）暴力に関する表現
行為を助長する内容、読者に不快感を与える具体的な描写があるもの
（3）自殺に関する表現
自殺、自傷行為等を助長し、行為が再現出来るような具体的な描写がある

＊11　　国立国会図書館「日本における電子書籍の流通・利用・保存に関する調査研究イン
　　　　タビューまとめ　魔法のｉらんど」『電子書籍の流通・利用・保存に関する調査研究』
　　　　国立国会図書館図書館研究リポート No.11、2009 年、p.251　　https://current.ndl.
　　　　go.jp/files/report/no11/lis_rr_11_rev_20090313.pdf（参照：2020-07-31）

＊12　　魔法のｉらんど「アイポリス」http://ipolice.jp/（参照：2019-06-28、2020 年 7 月 31
　　　　日現在存在せず）「魔法のｉらんど」ガイド　https://maho.jp/guide（参照：2020-07-
　　　　31）

＊13　　魔法のｉらんど「投稿ガイドライン」https://maho.jp/help/entry/guideline（参照：
　　　　2020-07-31）

＊14　　筆者による「『魔法のｉらんど』のアイポリスに関するインタビュー」（2010 年 6 月 7 日、
　　　　魔法のｉらんど本社・安心安全インターネット推進室長）。

もの
(4) 犯罪に関する表現
犯罪行為を助長する内容、行為が再現出来るような具体的な描写があるもの
(5) その他の表現
ホラー・オカルト等の具体的な情報やそれらを利用して不安感、恐怖心喚起・助長する内容、行為が再現出来るような具体的な描写や、他者に対する差別表現、権利を侵害する行為

　上記についての過剰な表現や、表現・描写の割合が大きいものについては、修正依頼等のご連絡をする場合や作品の非公開・削除を行う場合があります。
　「18 歳の飲酒・喫煙」など、法律で禁止されている行為について、物語の表現上やむをえず描写する場合は、そういった描写のある作品の紹介文の末尾に『この物語は、法律・法令に反する行為を容認・推奨するものではありません』など、行為の非推奨コメントを記載してください。

2.6　セルフレイティングによる自律的コントロール

　2010 年 2 月、「魔法のｉらんど」は 2009 年度総務省「ICT 先進事業国際展開プロジェクト」のうち「ICT 利活用ルール整備促進事業(「サイバー特区」事業)の一環として、コンテンツ・レイティングに関する実証実験を実施した。これは「表現の自由を尊重しつつ、利用者が自らの価値観に合致するものを選択できるようにしていくことが重要」との立場から取り組む事業であった。
　この実証実験は第三者機関等が規定する基準によるコンテンツ・レイティングとは異なり、ケータイ小説の作者が自らの作品を公開する際にレイティングを実施する。そのページにどんな内容が書かれているのか、利用者がページにアクセスする前に判断できる仕組みを作ることが実験の目的であるとしている。(1)性表現、(2)暴力表現、(3)自殺表現、(4)犯罪表現、(5)その他の青少年の健全な育成を著しく阻害しうる表現の 5 項目について、レベル 0 からレベル 3 という 4 つのレベル設定が可能となっている(**図 2**)。
　具体的には作者は「ラベルを受けたい作品を選択」→「自分の作品に適したラ

図２　セルフレイティングのラベル

ベルを選択して更新ボタンを押す」→「BOOK 表紙に選択したラベルが表示される」という手順となる。そして「魔法のｉらんど」でリリースされるケータイ小説を検索すると、検索結果にもラベルが表示されていたのである。

　例えば『Six Days』（ナナセ著）のセルフレイティングでは、「性に関する表現がレベル１」となっているので、(1)性表現に関する表現項目の「キス、下着、水着、胸（身体の一部の強調）、性行為、性風俗など」が、「一部使用されているが、単語の使用や日常見られる範囲での描写などに限定され、最小限にとどまっているもの」というレベルであり、キス表現を例に挙げれば「額や頬、手の甲へのキス（≒挨拶）、唇を触れ合うだけのキスの描写」程度の表現を含むことを意味している（図３）。

　また、「年齢は 12 歳以上」と示されているので、おもに中学生を想定しており、この対象年齢では「暴力・残酷表現は最小限に抑制され、性器の名称や直接的な性表現は含まれない」「犯罪誘因行為や非行・反道徳行為の表現は含まない」ことが前提と規定されている。

http://s.maho.jp/book/bf6232g0477ed383/5614966001/
（参照：2014-10-17、現在存在せず。2020 年 7 月 31 日時点では「セルフレイティング：性描写」という記述に変更されている）

図３　ナナセ著『Six Days』のセルフレイティング

　2010年2月までの実証実験の期間中に1万4000コンテンツ、2010年6月時点ですでに2万4000コンテンツにマークが付与されたが[*15]、これは現在では確認できない。

　「魔法のiらんど」におけるセルフレイティングの試みは、書き手の側に自分の作品を読んでもらいたい読者層の設定がある程度できていることを示している。

　ボーン・デジタル出版物という新しい器に、セルフレイティングを作者自身が付与する新しい表現が盛られることによって、国や地方公共団体による青少年保護条例による表現規制ではない、自律的に表現をコントロールする道筋が生まれつつある。これは紙媒体の出版メディアにおける出版倫理とは異なる新たな展開であったといえよう。

2.7　電子出版における出版倫理の課題

　日本において「出版倫理」という言葉は、おもに出版社が発行する出版物の表現内容に関して、出版メディア企業として課せられた社会的な義務や責任を示す用語として定着してきた。とりわけ第二次世界大戦後、マスコミュニケーションとしての出版が産業として著しく発展したことにより、その影響力を高めたことがその背景にある。

　日本の出版界ではそれまで出版することが困難であった性表現を内容とする出版物が第二次世界大戦後に数多く刊行され、行政の対応としてこれらを取り締まるべく1950年に岡山県で「青少年の保護育成に関する条例」が制定されたのを契機に、全国的規模で青少年保護育成条例による青少年に有害と思われる出版物の規制強化が実施された。これに対して出版関係団体から示されたのが各種の「倫理綱領」である。

　1957年に日本雑誌協会と日本書籍出版協会が「出版倫理綱領」、1962年に日本出版取次協会が「出版物取次倫理綱領」、1963年に日本雑誌協会が「雑誌編集倫理綱領」、1963年に日本出版小売業組合全国連合会が「出版販売倫理綱領」を制定し、青少年保護育成条例のような法規制に対して自主規制によって対処し

＊15　筆者による「『魔法のiらんど』のアイポリスに関するインタビュー」(2010年6月7日、魔法のiらんど本社・安心安全インターネット推進室長)。

ようとした。そして、1963年には上記4団体が「出版倫理協議会」を結成するのである。

　日本雑誌協会と日本書籍出版協会が制定した「出版倫理綱領」では、前文に「われわれ出版人は，文化の向上と社会の進展に寄与すべき出版事業の重要な役割にかんがみ，社会公共に与える影響の大なる責務を認識し，ここに，われわれの指標を掲げて，出版道義の向上をはかり，その実践に努めようとするものである」として、その第2項に次のように規定した＊16。

　　出版物は，知性と情操に基づいて，民衆の生活を正しく形成し，豊富ならしめるとともに，清新な創意を発揮せしめるに役立つものでなければならない。
　　われわれは，出版物の品位を保つことに努め，低俗な興味に迎合して文化水準の向上を妨げるような出版は行わない。

　つまり出版社の社会的責任を考慮すれば、需要があるから生産するという論理ではなく、出版内容に関して「品位」が求められるという意思表明を行い、「低俗」な出版物に対しては法規制ではなく出版業界の自主規制によって対応すると宣言したのである。

　それではこれまで紙媒体が中心であった出版メディアが、デジタル化とネットワーク化を特徴とする社会環境の中で次第にデジタル化され、電子出版時代を迎えつつある現在、出版倫理の局面ではどのようにすればよいのだろうか。

　当面考えられることは、次の3点である。

　第1に、必ずしも「出版社」が出版コンテンツの中心的な生産者ではなくなり、多くの「出版者」が編集過程を経ずに電子出版活動を行う中で、電子出版の流通に関しては新たな表現のガイドラインが必要であること。

　第2に、かつては国や地方公共団体といった公権力による出版統制や出版弾圧が出版の自由を語る際に最も大きなテーマであったが、今日では名誉毀損、プライバシー、差別的表現など基本的人権に依拠した表現への抗議が増える傾向にあり、さまざまな事例に対応した表現のガイドラインを文化的多様性の観

＊16　日本書籍出版協会ホームページ「出版倫理綱領」https://www.jbpa.or.jp/ethic.html（参照：2020-07-31）

点から策定する必要があること。

　第 3 に、電子出版時代においても憲法第 21 条の「出版の自由」を保障する観点は、基本的人権を確保するために継承することが重要であり、国や地方公共団体からの表現内容を理由とする制約については認めない姿勢が出版者側に求められること。

　いずれにせよ、紙媒体を中心としてきた出版メディアが電子媒体へと次第に移行していく中で、それが出版の自由を拡大し、より豊かな表現活動が進展することが期待されるのである。

第 3 節

電子出版と著作権

3.1　著作権とはなにか

出版産業について考えるときに、きわめて重要なテーマが著作権である。

著作権の解説をしている文化庁のホームページから、まず簡単にその概要をまとめておく＊1。

第 1 に、著作権は知的財産権（知的所有権）の 1 つであり、著作者の権利と著作隣接権によって構成されている。また、著作権以外の特許権、実用新案権、意匠権、商標権といった知的財産権は「申請」や「登録」などの手続きが必要であるが、著作権はこうした手続きは一切必要とせず、著作物が創られた時点で自動的に付与する「無方式主義」が国際的ルールとなっている。

第 2 に、著作権制度は 15 世紀中頃の印刷術の発明に始まり、ヨーロッパ諸国では 18 世紀から 19 世紀にかけて著作権の保護に関する法律が制定され、1986 年 9 月には 10 か国がベルヌ条約（文学的及び美術的著作物の保護に関するベルヌ条約）を締結した。一方、日本では 1869 年（明治 2 年）に制定された「出版条例」が先駆であり、1899 年（明治 32 年）には「著作権法」（いわゆる旧著作権法）が制定され、この時にベルヌ条約を締結している。この著作権法は数度の改正がなされ、1970 年に至って全面改正が行われ、現在の著作権法が制定されたが、新しい技術の開発・普及に迅速・適切に対応するため、現在は毎年

＊1　文化庁「著作権の概要」https://pf.bunka.go.jp/chosaku/chosakuken/naruhodo/outline/1.html（参照：2020-07-31）

のように改正されている。

　第3に、著作権は「著作者の権利」と「著作隣接権」に分けられるが、そのうち「著作者の権利」は「著作者人格権」と「著作権（財産権）」、また「著作隣接権」は「実演家人格権」と「著作隣接権（財産権）」によって構成されている。

　第4に、「著作者人格権」には「公表権」「氏名表示権」「同一性保持権」があり、一方、「著作権（財産権）」には「複製権」、「上演・演奏権」「上映権」「公衆送信権」「公の伝達権」「口述権」「展示権」、「譲渡権」「貸与権」「頒布権」、「二次的著作物の創作権」「二次的著作物の利用権」がある。著作権（財産権）でいう○○権とは、「他人が無断で○○すること」を止めることができる（使用料などの条件を付けて、他人が○○することを認める）権利（許諾権）という意味である。

　第5に、「著作隣接権」には、「実演家の権利」「レコード製作者の権利」「放送事業者の権利」「有線放送事業者の権利」がある。このうち例えば「実演家の権利」では、さらに「許諾権」と「報酬請求権」があり、「許諾権」では「複製権」「送信可能化権」「譲渡権」「貸与権」、「報酬請求権」では「CD等の『放送』『有線放送』について使用料を請求できる権利」「CD等の『レンタル』について使用料を請求できる権利」がある。

　第6に、「著作者の権利」によって保護されている「著作物」について、著作権法の規定では「思想又は感情を創作的に表現したものであって、文芸、学術、美術又は音楽の範囲に属するもの」と定義されている（第2条第1項第1号）。

　第7に、「著作物」の種類の中で、「一般の著作物」には「言語の著作物」（講演、論文、レポート、作文、小説、脚本、詩歌、俳句など）、「音楽の著作物」（楽曲、楽曲を伴う歌詞）、「舞踊、無言劇の著作物」（日本舞踊、バレエ、ダンス、舞踏、パントマイムの振り付け）、「美術の著作物（絵画、版画、彫刻、マンガ、書、舞台装置など）、「建築の著作物」（芸術的な建築物）、「地図、図形の著作物」（地図、学術的な図面、図表、設計図、立体模型、地球儀など）、「映画の著作物」（劇場用映画、アニメ、ビデオ、ゲームソフトの映像部分などの「録画されている動く影像」）、「写真の著作物」（写真、グラビアなど）、「プログラムの著作物」（コンピュータ・プログラム）がある。

　第8に「著作物」の種類の中で、「創作的な加工」によって創られる「二次的著作物」は、ある外国の小説を日本語に「翻訳」した場合のように、1つの著作物を「原作」とし、新たな創作性を加えて創られたものは、原作となった著作物と

は別の著作物として保護される。なお、二次的著作物を創る場合には、原作の著作者の了解が必要である。

　第 9 に、「著作物」の種類の中で「創作的な組合せ」によって創られる「編集著作物」と「データベースの著作物」は、詩集、百科事典、新聞、雑誌のような「編集物」は、そこに「部品」として収録されている個々の著作物などとは別に、「全体」としても「編集著作物」として保護される（第 12 条）。

　第 10 に、「著作者」とは、「著作物を創作した人」のことである（第 2 条第 1 項第 2 号）。また、「法人著作（職務著作）」は、会社や国の職員などによって著作物が創作された場合などは、その著作物をつくる企画を立てるのが法人その他の使用者であるなど要件を満たす場合には、その職員が著作者となるのではなく、会社や国が著作者となることがある（第 15 条）。一方、「映画の著作物」については、「プロデューサー」「監督」「撮影監督」「美術監督」など、映画の著作物の「全体的形成に創作的に寄与した者」が著作者となる。

　著作権についての基礎知識は以上の通りであるが、文化庁では情報技術の発達、普及等に対応した著作権制度の整備を行うため、文化審議会著作権分科会を設置し、検討を行っているところであり、毎年のように著作権法が改正されていることに留意しなければならない[2]。

　例えば、漫画などの海賊版対策を強化する改正著作権法である「著作権法及びプログラムの著作物に係る登録の特例に関する法律の一部を改正する法律」が、第 201 回通常国会において、2020 年 6 月 5 日に成立し、2020 年 6 月 12 日に「令和 2 年法律第 48 号」として公布された。インターネット上の海賊版による被害が深刻さを増してきており、早急に対策を講じないと、クリエイターやコンテンツ産業に回復困難な損害が生じるおそれがあるとして、侵害コンテンツへのリンク情報等を集約してユーザーを侵害コンテンツに誘導する「リーチサイト」や「リーチアプリ」を規制（5 年以下の懲役等の刑事罰）、違法にアップロードされた著作物のダウンロード規制（私的使用目的であっても違法とする）について、これまでの音楽・映像から著作物全般（漫画・書籍・論文・コンピュータプログラムなど）に拡大し、刑事罰の対象としている[3]。

[2]　文化庁「著作権」https://www.bunka.go.jp/seisaku/chosakuken/index.html（参照：2020-07-31）

[3]　文化庁「令和 2 年通常国会　著作権法改正について」。https://www.bunka.go.jp/seisaku/chosakuken/hokaisei/r02_hokaisei/（参照：2020-07-31）

　また、出版物を取り巻く社会の情勢変化による改正も行われている。例えば、著作物等の保護期間は原則として著作者の死後 50 年までとされていたが、環太平洋パートナーシップ協定の締結及び環太平洋パートナーシップに関する包括的及び先進的な協定の締結に伴う関係法律の整備に関する法律（平成 28 年法律第 108 号。略称「TPP 整備法」）による著作権法の改正により、2018 年 12 月 30 日より著作者の死後 70 年に延長された[*4]。

　一方、「新型コロナウイルス感染症（Covid19）」拡大の影響により顕在化した学校その他の教育機関における遠隔授業等のニーズに対応するため、2018 年の著作権法改正で創設された「授業目的公衆送信補償金制度」について、2020 年 4 月 10 日に施行期日を定める政令を閣議決定し、当初の予定を早め、2020 年 4 月 28 日から施行した。これにより、学校の授業の過程における資料のインターネット送信については、従来は個別に権利者の許諾を得る必要があったが、改正著作権法により個別の許諾を要することなく、様々な著作物をより円滑に利用できることとなった。

　基本的には著作権者と利用する側の協議によって、著作権法が改定され、著作権者の権利と著作物の円滑な利用の調整が図られているのである。

3.2　著作権法改正と授業目的公衆送信補償金制度

「著作権法の一部を改正する法律（平成 30 年法律第 30 号）」（以降、2018 年改正著作権法）は、デジタル・ネットワーク技術の進展により、新たに生まれる様々な著作物の利用ニーズに的確に対応するため、著作権者の許諾を受ける必要がある行為の範囲を見直し、情報関連産業、教育、障害者、美術館等における次の 4 項目に係る著作物の利用をより円滑に行えるようにするために公布された[*5]。

　（1）デジタル化・ネットワーク化の進展に対応した柔軟な権利制限規定の

---

*4　「著作物等の保護期間の延長に関する Q&A」https://www.bunka.go.jp/seisaku/chosakuken/hokaisei/kantaiheiyo_chosakuken/1411890.html（参照：2020-07-31）

*5　文化庁「著作権法の一部を改正する法律の概要」（施行期日：2021 年 1 月 1 日）https://www.bunka.go.jp/seisaku/chosakuken/hokaisei/h30_hokaisei/pdf/r1406693_01.pdf（参照：2020-07-31）

整備
(2) 教育の情報化に対応した権利制限規定等の整備
(3) 障害者の情報アクセス機会の充実に係る権利制限規定の整備
(4) アーカイブの利活用促進に関する権利制限規定の整備等

具体的には、それぞれの項目について以下のような事例が挙げられている[*6]。
(1) 例えば、著作物の所在を検索し、その結果と共に著作物の一部分を表示するなど、無許諾で利用可能となる。
(2) 学校等の授業や予習・復習用に、教師が他人の著作物を用いて作成した教材をネットワークを通じて生徒の端末に送信する行為等について、許諾なく行える。
(3) 肢体不自由等により書籍を持てない者のために録音図書の作成等を許諾なく行えるようにする。
(4) 美術館等の展示作品の解説・紹介用資料をデジタル方式で作成し、タブレット端末等で閲覧可能にすること等を許諾なく行えるようにする。国会図書館による外国の図書館への絶版等資料の送付を許諾無く行えるようにする。

ここでは、「(2)教育の情報化に対応した権利制限規定等の整備」の事例を中心に、著作権法と著作物の利用がどのような関係にあるのかを考える。
2018年5月25日に公布された「2018年改正著作権法」では、第35条(学校その他の教育機関における複製等)が改定された。
新旧の条文を以下に示す[*7]。(傍線の部分は改正部分)

(改正後)
(学校その他の教育機関における複製等)
　第三十五条　学校その他の教育機関(営利を目的として設置されている

＊6　注5に同じ
＊7　「著作権法」(昭和45年法律第48号) 施行日：令和2年4月28日「著作権法施行令の一部を改正する政令　新旧対照表」https://www.bunka.go.jp/seisaku/chosakuken/hokaisei/h30_hokaisei/pdf/r1406693_04.pdf (参照：2020-07-31)

ものを除く。)において教育を担任する者及び授業を受ける者は、その授業の過程における利用に供することを目的とする場合には、その必要と認められる限度において、公表された著作物を複製し、若しくは公衆送信(自動公衆送信の場合にあっては、送信可能化を含む。以下この条において同じ。)を行い、又は公表された著作物であって公衆送信されるものを受信装置を用いて公に伝達することができる。ただし、当該著作物の種類及び用途並びに当該複製の部数及び当該複製、公衆送信または伝達の態様に照らし著作権者の利益を不当に害することとなる場合は、この限りではない。

2　前項の規定により公衆送信を行う場合には、同項の教育機関を設置する者は、相当な額の補償金を著作権者に支払わなければならない。

3　前項の規定は、公表された著作物について、第一項の教育機関における授業の過程において、当該授業を直接受ける者に対して当該著作物をその原作品若しくは副生物を提供し、若しくは提示して利用する場合又は当該著作物を第三十八条第一項の規定により上演し、演奏し、上映し、若しくは口述して利用する場合において、当該授業が行われる場所以外の場所において当該授業を同時に受ける者に対して公衆送信を行うときには、適用しない。

(改正前)
(学校その他の教育機関における複製等)
第三十五条　学校その他の教育機関(営利を目的として設置されているものを除く。)において教育を担任する者及び授業を受ける者は、その授業の過程における使用に供することを目的とする場合には、必要と認められる限度において、公表された著作物を複製することができる。ただし、当該著作物の種類及び用途並びにその複製の部数及び態様に照らして著作権者の利益を不当に害することとなる場合は、この限りでない。
(新設)
2　公表された著作物については、前項の教育機関における授業の過程において、当該授業を直接受ける者に対して当該著作物をその原作品若しくは複製物を提供し、若しくは提示して利用する場合又は当該著作物

を第三十八条第一項の規定により上演し、演奏し、上映し、若しくは口述して利用する場合には、当該授業が行われる場所以外の場所において当該授業を同時に受ける者に対して公衆送信（自動公衆送信の場合にあっては、送信可能化も含む。）を行うことができる。ただし、当該著作物の種類及び用途並びに当該公衆送信の態様に照らし著作権者の利益を不当に害することとなる場合は、この限りでない。

　つまり、著作権法を改正することにより、学校その他の教育機関においてオンライン授業等で著作物を教材として利用する際、これまで個別に著作権者の許諾を得て対価を支払う必要があったものが、著作権者の権利制限により「無許諾」で利用できるようになったのである。

　そして、その実施は2018年5月25日の公布の日から起算して3年以内で政令で定める日、すなわち2021年5月24日までに施行ということが公布された時に決められていたのである。

　ただし、「無許諾」で利用できるが「無償」ではなく、「補償金」支払いを条件とする「有償」での教材利用が原則である。

　ところが、2020年の新型コロナウイルス感染症の拡大による遠隔授業等のニーズに対応するため、「授業目的公衆送信補償金制度」に基づいてこの「補償金」を決定して認可申請する「一般社団法人授業目的公衆送信補償金等管理協会」（SARTRAS）は2020年度に限り、「無償」として文化庁に認可申請し、2020年4月24日に文化庁の認可を受けたのである。しかも、改正規定の施行日が前倒しとなり、2020年4月28日に決定した。

　従来から教育機関の授業の過程における著作物の利用は、無許諾で可能であったが、同時中継の遠隔合同授業以外の公衆送信は権利者の許諾が必要であったため、教育関係者から権利処理が煩雑であり、学校等におけるICTを活用した教育において著作物が円滑に利用できないと見直しの声があった。

　そこで、対面授業とは異なり、遠隔授業等において他人の著作物を利用する場合には、「授業目的公衆送信補償金制度」に基づき、各学校園が補償金を一般社団法人授業目的公衆送信補償金等管理協会（Society for the Administration of Remuneration for Public Transmission for School Lessons、略称SARTRAS［サートラス］）に支払う著作権法の改正がなされたのである。

この著作権法第 35 条の改正によって、どのような教育効果が考えられるのだろうか。「一般社団法人授業目的公衆送信補償金等管理協会」は次のように述べている[8]。

Q/「公衆送信が制限されたことによってどんな教育効果があるのですか」
A/ 情報通信技術(ICT)の進展により、ICT を活用した教育が今後も拡大していくと考えられています。

その場合に、他人の著作物等を教材として活用する必要性も高まると思われますが、例えば、権利者に相談しても利用を断られる、権利者の連絡先が不明で了解が得られない、高い使用料を請求されるなどの理由から契約処理を円滑に行うことができず、場合によっては利用を断念せざるを得ないこともあります。

改正著作権法 35 条では、ICT を活用した教育が拡大しつつあるという状況を踏まえ、対面授業の同時公衆送信以外の著作物等の公衆送信についても権利制限が拡大されました。

この改正により、授業に必要な範囲であれば、著作権者等の利益を不当に害することのない範囲で、教育機関は権利者の了解なしに、条約上保護義務のある外国の著作物等も含め公表されている全ての著作物等について授業目的の公衆送信ができるようになり、教材作成の円滑化や教育の質的向上に貢献すると考えています。

このように今日のデジタル・ネットワーク社会の ICT 活用型教育に有効な著作物の利用に向けて、著作権法が改正されたということなのである。

3.3　授業目的公衆送信補償金制度と SARTRAS

著作権者に許諾を得なければならない状況を著作権法によって変えることによって、著作物の利用を促進することは、次世代の文化形成にも大きな役割をはたすことが期待できる。

---

[8]　一般社団法人授業目的公衆送信補償金等管理協会「よくある質問」。
https://sartras.or.jp/faqs/（参照：2020-07-31)

　2018 年改正著作権法によって、「授業目的公衆送信補償金制度」が施行されることとなったが、その主な要件は具体的には次のとおりである[9]。

(1) 対象施設 学校その他の教育機関(営利を目的としないもの)
　　　※ 塾・予備校(認可なし)は×
(2) 対象主体 教育を担任する者(教員等)＋ 授業を受ける者(児童・生徒・学生等)
　　　※ 教員等の指示の下、事務職員等の補助者が行うことも可
　　　※ 教育委員会等の組織が主体となるのは×
(3) 利用の目的・限度「授業の過程」における利用に必要と認められる限度
　　　※教育課程外の教育活動(例：部活動)も含まれるが、職員会議などは×
　　　※その授業と関係のない他の教員・教育機関と共有するのは×
　　　※その授業で取り扱う範囲を超えてコピー・送信するのは×
(4) 対象行為 複製、公衆送信、公衆送信を受信して公に伝達
(5) 権利者利益への影響 その著作物の種類や用途、複製の部数などから判断して、著作権者の利益を不当に害しないこと
　　　※ドリル・ワークブックなど、児童生徒等の購入を想定した著作物のコピー・送信は×
　　　※授業を受ける者に限らず誰もが見られるようにインターネット上に公開するのは×

　国立大学協会、公立大学協会、日本私立大学団体連合会及び全国公立短期大学協会の推薦による参加委員一同による「改正著作権法 35 条の施行(令和 2 年 4 月 28 日)に関する高等教育関係者向け説明資料」によれば、改正著作権法に

＊9　岸本織江・文化庁著作権課長「平成 30 年著作権法改正（授業目的公衆送信補償金制度）の早期施行」（2020 年 4 月 17 日）https://www.nii.ac.jp/news/upload/20200417-1_Kishimoto.pdf（参照：2020-07-31）
＊10「著作物の教育利用に関する関係者フォーラム」大学関係者有志（国立大学協会、公立大学協会、日本私立大学団体連合会及び全国公立短期大学協会の推薦による参加委員一同）「改正著作権法 35 条の施行（令和 2 年 4 月 28 日）に関する高等教育関係者向け説明資料」（2020 年 5 月 12 日）https://www.janu.jp/news/files/20200512-wnew-chosakuken.pdf（参照：2020-07-31）

よって教育機関において、以下のように遠隔授業での著作物の公衆送信について無許諾で利用可能となるとされている*10。

(1) スタジオ型オンライン授業における公衆送信(同時送信)

　スタジオ型オンライン授業とは，教員の眼前には受講生がいない状態でリアルタイムに受講生に配信される授業のことです。教員が研究室や自宅などから各受講生に対してこのような授業を実施する際に，リアルタイムで授業に必要な著作物を送信することについて許諾が不要です。

(2) オンデマンド型授業などにおける公衆送信(異時送信)

　a) 著作物を用いた授業そのものを録画し，受講生に対して，オンデマンド授業として送信することについて許諾が不要です。

　b) 授業(事前事後学習を含む)に必要な資料等教材を，授業とは別のタイミングで LMS (学習管理／支援システム)などを通じて受講生に対して送信することについて許諾が不要です。

そして、具体的に以下の例が示されている。

(エ)「比較文学論」の授業で，教員が様々な文学作品に出現する恋愛感情に関する表現を抜き出して教材としてまとめ，あらかじめ受講生に対して送信しておく。

(オ) 教員および受講生がオンライン会議システムに参加する形で「日本文学演習」の授業をする際，各受講生が自分が担当する文学作品の一部をスキャンして，あらかじめ教員や他の受講生にメールで送信しておく。

(カ)「表象文化論」の授業をスタジオ型オンライン授業で実施し，そのレポート課題のために様々な映画の一部，その部分に該当する脚本や原作といった著作物を LMS に掲載して，日本映画の特質について論じたレポートを執筆させる。

じつはここに至るまでには大学図書館関係者の取り組みがあった。

2014 年 5 月、国立大学の図書館関係の教員が中心になって大学学習資源コ

ンソーシアム（CLR ＝ Consortium for Learning Resources）が設立され、千葉大学アカデミック・リンク・センターに事務局が置かれた。

設立趣旨に次のように書かれている*11。

> 　学習、教育を目的とする電子的学習資源の利用は、高等教育の公共性に鑑み、可能な限り自由に行うことができてしかるべきです。しかし同時に、著作権者に対しては敬意を払い、その権利を尊重することも、継続的かつ安定的に教育、学習に資する著作物を生み出す環境を維持する上で重要です。また大学組織のコンプライアンスのためにも、著作物の利用に関して、大学としての組織的な対応が必要です。
>
> 　このような状況に鑑み、本コンソーシアムは、現下の電子情報環境下において、電子的学習資源の製作、共有化を促進し、また学習・教育において著作物を最適に利用できる環境を整備するための検討を行い、具体化することを目的とします。このような取り組みは、広く学術出版文化の発展に貢献するとともに、知識基盤社会における学術情報基盤の強化にも資するものであります。

このコンソーシアムには 21 の大学が参加、私学では慶應義塾大学、立命館大学、関西大学聖路加国際大学が会員となっている*12。

実際の活動としては、(1)著作物利用手続きの簡略化、(2)教材、著作物利用状況データ等の共有、(3)アカウンタビリティの確立などに取り組んできていた。

大学図書館を中心としたこのような地道な活動が、2018 年改正著作権法における「授業目的公衆送信補償金制度」の施行につながっていることを忘れてはならないだろう。

ところで、「授業目的公衆送信補償金制度」は、SARTRAS に支払うことによって機能するものである。

この SARTRAS は 2019 年 1 月 22 日、著作権法第 104 条の 11 第 1 項に定め

＊ 11　大学学習資源コンソーシアム「CLR について　設立趣旨」http://clr.jp/about/index. html（参照：2020-07-31）

＊ 12　大学学習資源コンソーシアム「会員」http://clr.jp/about/member.html　（参照：2020-07-31）なお、筆者は立命館大学在籍中にこのコンソーシアム事務局から打診を受けて、学内でコンソーシアム加入協議にかかわっている。

る権利者のために授業目的公衆送信補償金を受ける権利を行使することを目的
とする権利管理団体として、文化庁長官の指定を受けた、法律上日本唯一の権
利管理団体である。新型コロナウイルス感染症により、多くの学校・大学が休
校措置をとったことから、SARTRAS は予定を繰り上げて対処した。

　SARTRAS の土肥一史理事長はこの経緯について次のように述べている[13]。

　　弊協会は先の予定を繰り上げ、今年4月20日、文化庁長官に授業目的
　公衆送信補償金の額を零(無償)とする認可申請を今年度に限って致しまし
　た。24日に認可を受け、28日に制度が施行されました。これにより現場
　の先生方が教育支援システム等を活用した遠隔授業とその準備を安心して
　進められることを念願しております。
　　この繰上げ措置で先生方にはさまざまな著作物等を利用して頂きますが、
　これによる著作物等の利用は権利者の利益を不当に害しない利用であるこ
　とが大前提です。どういう利用が権利者の利益を害することなく可能とな
　るのかは、フォーラムが策定した35条運用指針とこれから弊協会で一層
　充実して参りますFAQをご覧頂き、権利者の正当な利益を守りつつ、生
　徒・学生に有用な授業を進めて頂きたいと切望する次第です。

3.4　紙媒体の電子化とボーン・デジタル出版物の利活用

　ここまで学校その他の教育機関における複製等を規定した著作権法第35条
について、その改定の経緯をみてきた。それは紙媒体の出版物が電子化される
ことや、電子書籍や電子ジャーナルなどボーン・デジタル出版物が生産される
ことを、著作物の利活用という観点から考えていく必要があるからである。
　著作者も出版社も著作物が利用されることによって、利益を得ることができ
る。しかし、紙媒体しかなかった時代と異なり、電子化された出版コンテンツ
の流通を考えた時、遠隔授業における教材としての出版物のように、その利用
に関して著作権上の壁が立ちはだかることが増える傾向にある。仮に電子資料

＊13　SARTRAS ホームページ「理事長挨拶」(2020年4月28日) https://sartras.or.jp/
　　aisatsu/ (参照：2020-07-31)

の方が利用しにくいという事態になれば、利用者からすれば技術の進展にともない、より不便になるという、まさに本末転倒の状況となるだろう。

　青空文庫が「誰にでもアクセスできる自由な電子本を、図書館のようにインターネット上に集めようとする活動」であるとすれば、学校その他の教育機関における電子化された出版コンテンツの利用や、電子出版やデータベースの利用の際にも、もっと自由に使える出版ビジネスのモデルを考える時期に来ているといえるだろう。

　今日の日本の出版現場に起こっていることは旧来の紙媒体のビジネスモデルから脱却できず、デジタル・ネットワーク社会における新たな電子出版の取り組みが遅れていることにある。そのことは出版業界だけの問題ではなく、いわば日本の文化的発信力の低下にまで至っているのである。

　実際に、海外の東アジア関連の研究資料を所蔵している図書館関係者からは日本関係資料がデジタル化されていないことへの不満がさまざまな場面で聞くことができる。江上敏哲はそのことについて著書『本棚の中のニッポン』に次のように記している[14]。

　　　海外の日本研究ライブラリアンと話をしていると、誰も変わらず異口同音に、日本資料のデジタル化がまったくと言っていいほど進行していないことを嘆かれます。例えば中国や韓国は国を挙げて威信を賭けるかのようにして、資料のデジタル化やデータベースの構築、インターネットでの発信を精力的に行っています。それは、古典籍のような文化遺産や著作権切れ資料のデジタル化についてもそうですし、現代出版物としての電子ジャーナル・電子書籍などもそうです。

　そして、次ページの**表 1** を示している。

　江上が示した資料によると、中国語約 10 万タイトル、韓国語約 1 万タイトル、日本語約 1 千タイトルと、北米における東アジア図書館での電子書籍の所蔵数が見事に 1 桁ずつ違っていることがはっきりと見て取れる。

[14]　江上敏哲『本棚の中のニッポン—海外の日本図書館と日本研究』笠間書院、2012、p.120. この図書自体が電子書籍としてオープンアクセスとなっており、だれでも自由に閲覧・印刷することができる。　https://kasamashoin.jp/shoten/ISBN978-4-305-70588-4.pdf(参照：2020-07-31)

表 1　北米・東アジア図書館での図書・電子書籍・電子ジャーナル所蔵数 (2010)

	図書	電子書籍(購入タイトル)	電子ジャーナル(誌)
中国語	9,286,632	97,469	269
日本語	5,568,202	1,244	69
韓国語	1,328,615	11,703	171
それ以外(英語など)	1,431,586	7,864	31
合計	17,615,035	118,280	540

出所：江上敏哲『本棚の中のニッポン』p.120) https://kasamashoin.jp/shoten/ ISBN978-4-305-70588-4.pdf(参照：2020-07-31)

　結局、海外の研究者が東アジア研究を行うとき、日本研究に関しては電子資料が少ないことから紙媒体に頼らざるをえず、学術情報流通のデジタル化の動向からすると、研究資料にアクセスしやすい日本以外の国や地域にシフトしていくことを江上は指摘しているのである。また、飯野勝則は、米国の大学図書館で日本語コンテンツを日本語で検索した結果、他のアジア諸国のコンテンツに埋もれる現状を次のように報告している(**表 2** 参照)[15]。

　　　例として、以下に米国ミシガン大学図書館の「Summon」[電子ジャーナル、電子書籍、データベースなどを含めてフルテキスト内を一括して検索することができディスカバリーサービスの名称＝引用者注]で 2014 年 5 月 30 日に、『枕草子』を検索した場合の上位 7 レコードの内容を示す。なお、この時点でヒットレコードは 144 件であった。

　筆者も海外の図書館関係者から日本語タイトルの電子書籍が少ないことをさまざまな場面で聞いている。例えば、2013 年 10 月 31 日に開催された「図書館総合展 2013」のフォーラム「本格化する図書館の電子書籍配信サービス」（図書館総合展実行委員会主催）では筆者がコーディネーターをつとめ、パネルディスカッションを行ったが、このとき会場からベルリン国立図書館の図書館員から次のような発言があった[16]。

＊ 15　飯野勝則「ウェブスケールディスカバリと日本語コンテンツをめぐる諸課題―海外における日本研究の支援を踏まえて」『カレントアウェアネス』No.321、2014.9、p.3. https://current.ndl.go.jp/ca1827（参照：2020-07-31）
＊ 16　「図書館総合展 2013」レポート「本格化する図書館の電子書籍配信サービス」。なお、明らかな誤字・脱字は訂正した。http://2013.libraryfair.jp/node/1970（参照：2020-07-31）

表2　『枕草子』の上位7レコード

表示順	言語	コンテンツタイプ	作者	レコードタイトル	図書／雑誌／叢書名等
1	中国語	雑誌論文	清少納言[日]	枕草子	視野
2	中国語	雑誌論文	清少納言[日]	枕草子	文苑
3	中国語	雑誌論文	宋茜茜	枕草子》与《浮生六記》中"趣"之比較	华北水利水电学院学报：社会科学版
4	日本語	電子ブック		枕草子	新編日本古典文学全集
5	日本語	参考文献		枕草子	日本大百科全書
6	中国語	雑誌論文	涂云帆	又宁静又美好——《枕草子》读书小记	小溪流：成长校园
7	中国語	雑誌論文	姚继中林茜茜	日本文学理念(五)「枕草子」之和雅——「をかし」	日语知识

出所：飯野勝則「ウェブスケールディスカバリと日本語コンテンツをめぐる諸課題—海外における日本研究の支援を踏まえて」『カレントアウェアネス』No.321、2014.9、p.3. https://current.ndl.go.jp/ca1827)

フラッヘ氏（ベルリン国立図書館）／
ヨーロッパの立場から見ると、日本の電子書籍化は遅れている。中国のイーブックスは何千冊も入っている。日本の電子書籍はコレクションに入っていない。海外の研究者は待っている。フルテキストデータなら OPAC [オンライン閲覧目録＝引用者注]などから取り出すこともできるので、たくさん電子書籍を出版してほしい。現代の書籍はデジタル制作でテキストデータもあるはずでしょ。なぜできないのか。学術的な本は紙かどうかよりも、テーマによって売れるか決まる。そろそろ日本の出版界が電子書籍化を進めてくれないと、日本学ができなくなる。

　同じ東アジアに位置する韓国や中国と比較して、日本における電子学術書が海外の図書館で利用できないことは、この時のフォーラムの基調講演でも紀伊國屋書店の高井昌史・代表取締役社長（当時）がやはり「『本棚の中のニッポン』を紹介しながら、北米での東アジア図書館に所蔵されている電子書籍の所蔵数、2010年段階で中国語10万点、韓国語1万点、日本語1千点。一桁ずつ違う」

と指摘している。

　このフォーラムの前年、2012 年 11 月 21 日に筆者が企画し、コーディネーターをつとめた「第 14 回図書館総合展」の主催者フォーラム「デジタル環境下における出版ビジネスと図書館」においても、会場からハーバード大学燕京図書館 (Harvard-Yenching Library) 日本語書籍コレクション司書のマクヴェイ山田久仁子が「研究者が朝の 2 時にどうしてもほしい論文とか本があって、それが電子コンテンツだったらすぐその場で取れる」と海外で日本語タイトルの電子学術書を必要としている状況をユーザー側の視点からパネリストに質問している[*17]。

　2018 年改正著作権法によって「アーカイブの利活用促進に関する権利制限規定の整備等」が行われ、「国会図書館による外国の図書館への絶版等資料の送付を許諾無く行えるようにする」ことはすでに取り上げた。

　ここでいう絶版等資料とは、著作権の保護期間を満了した著作物だけでなく、市場における入手困難性が認められた資料を指し、これを国立国会図書館が海外に送信することが著作権者の許諾なく行うことがようやくできるようになったのである。

　今後は、このような日本語タイトルの出版コンテンツの電子化が進展し、海外でも日本の授業現場でも活用できるように、著作権法改正などの手助けを借りながら、著作権者や出版社の理解を得ていくことが重要であろう。

　著作権法第 1 条には、「この法律は、著作物並びに実演、レコード、放送及び有線放送に関し著作者の権利及びこれに隣接する権利を定め、これらの文化的所産の公正な利用に留意しつつ、著作者等の権利の保護を図り、もって文化の発展に寄与することを目的とする」と規定されている。

　つまり、著作権法の目的は「文化の発展に寄与すること」であり、そのために著作物について著作権者の権利の保護と公正な利用のバランスを取っているのである。

　その基本を忘れると電子出版のような著作物が利用されにくくなり、文化が停滞する事態を引き起こすことに留意する必要があるだろう。

＊ 17　第 14 回図書館総合展 2012「デジタル環境下における出版ビジネスと図書館 −競合から協同へ」第 2 部パネルディスカッション「電子出版ビジネスの新展開とこれからの図書館の役割」（コーディネーター：湯浅俊彦）2012 年 11 月 21 日、パシフィコ横浜、YouTube 動画　https://www.youtube.com/watch?v=oJXc-pme2Yg（参照：2020-07-31）

第5章

電子出版と読書環境

本章の内容

　紙媒体から電子媒体へと出版メディアが移行する中で、読書環境に大きな変化が現れた。

　第1に、国際的な動向として視覚障害等を有する人々の読書アクセシビリティを実現することが重要な課題となり、日本でもいわゆる「読書バリアフリー法」の施行により、アクセシブルな電子書籍等の販売や図書館利用を促進する体制整備が基本施策として示されたことである。

　第2に、出版メディアの電子化が進展することによって、作家による電子出版制作や小説投稿サイトなど新たな電子出版流通システムが生まれ、紙媒体の時代とは異なる著者と読者の関係が始まったことである。

　第3に、電子図書館による本文検索機能など、出版メディアへのアクセスが根本的に変化することによって、紙媒体とは異なる文献の探索や利活用の方法が進展したことである。所蔵資料のデジタル化とボーン・デジタル出版物の収集によって、図書館は電子図書館的機能の充実が大きな課題となっているのである。

　本章では、このような「電子出版と読書環境」をめぐる課題を取り上げ、これからの出版メディアのゆくえを展望する。

第 1 節

電子出版と読書アクセシビリティ

1.1　読書アクセシビリティとはなにか

　最初に「読書アクセシビリティ」の用語について検討する。

　日本図書館情報学会用語辞典編集委員会『図書館情報学用語辞典　第 5 版』（丸善、2020）や日本図書館協会用語委員会編『図書用語集　3 訂版』（日本図書館協会、2003）には「読書アクセシビリティ」もしくは「アクセシビリティ」の用語は収録されていない。

　この用語は ICT （情報通信技術）にかかわる各種の事業の中で使われ始めたという経緯がある。例えば総務省の委託事業として「電子出版環境整備事業（平成 22 年度　新 ICT 利活用サービス創出支援事業）」が行われたが、その一つに一般社団法人電子出版制作・流通協議会のプロジェクト「アクセシビリティを考慮した電子出版サービスの実現」があり[1]、2011 年 3 月に報告書がまとめられている[2]。

　この報告書では日本規格協会が 2010 年に刊行した『高齢者・障害者等配慮設計指針—情報通信における機器、ソフトウェアおよびサービス—』にある「アクセシビリティ」の定義、すなわち「様々な能力をもつ最も幅広い層の人々に対す

---

*　1　総務省「電子出版環境整備事業（新 ICT 利活用サービス創出支援事業）」https://www.soumu.go.jp/menu_seisaku/ictseisaku/ictriyou/shinict.html（参照：2020-07-31）
*　2　『総務省委託事業　平成 22 年度 新 ICT 利活用サービス創出支援事業　アクセシビリティを考慮した電子出版サービスの実現調査報告書』電子出版制作・流通協議会、2011、https://aebs.or.jp/itc/EPublishing_accessibility_report.pdf（参照:2020-07-31）

る製品，サービス，環境又は施設(のインタラクティブシステム)のユーザビリティ」、さらに「ユーザビリティ」の定義である「ある製品が，指定された利用者によって，指定された利用の状況下で，指定された目的を達成するために用いられる場合の，有効さ，効率及び利用者の満足度の度合い」を引用して、障害者だけでなく高齢者や腕を骨折した者、メガネをなくした者、暗い環境にいる者などが挙げられていることを強調している*3。

　そして、電子出版のアクセシビリティの実態把握とアクセシブルな電子出版環境を実現するための仕様案やガイドラインを策定することを事業の目的に掲げているのである。

　このように「読書アクセシビリティ」はICT分野から生まれ、電子出版との親和性が高いことを示す用語といえよう。

1.2　障壁としての紙媒体

　これまで視覚障害者、あるいはディスレクシア*4など「読書障害者」の多くは、印刷された書籍や雑誌を読むことができなかった。つまり「読書障害者」にとって、紙の本は「本」ではなかったということができる。

　公共図書館ではこのような「読書障害者」に対する利用者サービスを「障害者サービス」と位置づけて、さまざまな取組みを行ってきた。しかし、ここで注意しなければならないことは、図書館が積極的に障害者サービスを開始したのではなく、視覚障害者からの要求があって初めて実現したということである。

　1960年代までの状況は点字図書館に専門資料がほとんどなく、文部省(当時)管轄の公共図書館は視覚障害者が利用できない状況が続いていた。そこで、不用になった点字図書や録音図書を一か所に集めて目録を作り、後輩の「盲学生」に貸出しようと1967年11月に結成された「盲学生図書館SL（スツーデント・ライブラリー）」のメンバーが、1969年6月に東京都・日比谷図書館と国立国会図書館を訪問して門戸開放を求め、1970年から正式に対面朗読などが事業

＊3　注2に同じ、pp.11-12.
＊4　「知的能力自体に障害はないが、読み間違えたり鏡文字を書くなど、文字の読み書きだけに困難がある学習障害。『読字障害』と訳されることも多い。」『図書館情報学用語辞典』第5版、2020.

化されたことが、日本の公共図書館における障害者サービスの始まりである[*5]。

　その後、1971 年に開催された全国図書館大会岐阜大会で視覚障害者読書権保障協議会(視読協)が大会参加者に「視覚障害者の読書環境整備を—図書館協会会員に訴える」というアピール文を配布し、この大会の公共図書館部会では翌日の全体会で障害者サービスの推進が決議された[*6]。

　さらに 1986 年の IFLA (国際図書館連盟)東京大会、1990 年の国際識字年を経て、障害者サービスはコンピュータなどの新たな情報技術の導入に伴い、パソコン点訳、自動朗読機の開発など新たな進展があった[*7]。

　現在では、文部科学省の「公立図書館の設置及び運営上の望ましい基準」(2012年 12 月 19 日改正・施行)に「障害者に対するサービス」の項目があり、「点字資料、大活字本、録音資料、手話や字幕入りの映像資料等の整備・提供、手話・筆談等によるコミュニケーションの確保、図書館利用の際の介助、図書館資料等の代読サービスの実施」を求めている[*8]。

　しかし、これまでの著作権法では点字図書館による点訳、録音図書の作成など主体が限定され、公共図書館において録音資料を作成する際には著作権者の許諾を得なければならなかった。

　例えば、作家の筒井康隆は次のように書いている[*9]。

　　「(略)最近増加しはじめたものに、各地の図書館からの身体障害者用無料
　　貸し出しテープの録音許可願いがある。あなたのこれこれの作品をボラン
　　ティアに吹きこませ、そのテープを難聴者 [原文のママ] に貸し出したい。
　　ついては作品の使用を無料で許可していただきたいというものである。返
　　信用のはがきが同封してあるが、おれは最近ではこれに返事を出したこと
　　がない。出すとすれば誤解なきようだらだらと説明を書かねばらならず、
　　その時間が惜しいからだ。以前には承諾の返事を出していたのだが、ボラ

＊5　日本図書館協会障害者サービス委員会編『障害者サービス　補訂版』、日本図書館協会、2003、pp.26-27.

＊6　同上、p.22、p.27.

＊7　同上、p.30.

＊8　「図書館の設置及び運営上の望ましい基準」(平成 24 年 12 月 19 日文部科学省告示第172 号) https://www.mext.go.jp/a_menu/01_l/08052911/1282451.htm (参照：2020-07-31)

＊9　筒井康隆『断筆宣言への軌跡』光文社、1993 年、pp.151 ～ 152.

ンティアの主婦らしき人から折り返し問い合わせの手紙や電話があり、これに相当な時間がとられると知ったからだ。

さらに、筒井康隆は次のように続けている＊10。
「どうせ各地の方言で吹き込まれているに決まっているから別段聞きたくもない。大阪弁の小説を大阪弁で吹き込むのならいいが『文学部唯野教授』を変なアクセントでやられてはたまらないのである。」

　図書館における視覚障害者のための録音図書サービスに協力すること自体、自分の時間を取られる余計な仕事に感じられ、またそれぞれの地域の言語について「変なアクセント」にしか聞こえない作家からすれば、紙の本を読むことができない人は本を読まなければよいではないかと考えるのであろう。本来ならば自分の作品を読むことができなかった読者が、図書館の利用者サービスによって作品とめぐりあえる、とは考えず、音声訳のためのふりがなを振る作業などを面倒だと感じる作家の資質はおよそ表現者のものとは思えない。しかし、許諾するか、許諾しないかの権利を著作権者は有していたのである。
　このような事態を避けるために 2004 年 4 月、日本図書館協会と日本文藝家協会は「公共図書館等における音訳資料作成の一括許諾に関する協定書」を締結し、日本文藝家協会が管理委託を受けた著作権者にかかわる著作者のリストに掲載された著作者の作品については、例外的に事前の許諾を必要とせずに参加図書館は音訳資料の作成を開始できることになった。音訳資料作成に対して理解の深い著作者も多く存在するのである。

1.3　著作権法改正による複製権・公衆送信権の制限

　2010 年 1 月 1 日から改正著作権法の施行に伴い、「公共図書館等における音訳資料作成の一括許諾に関する協定書」は終了し、図書館は許諾を求めることなく障害者用音訳資料の作成が可能となった。すなわち「著作権法の一部を改正する法律」が，第 171 回通常国会において，2009 年 6 月 12 日に成立し，6 月

＊10　注 9 に同じ、p153.

19日に「平成21年法律第53号」として公布されたのだが、これによって次の
ことが可能になったのである* 11。

（改正前）
○主体が点字図書館等に限定。
○録音図書の作成や、放送番組のリアルタイム字幕の作成・送信等、限ら
　れた行為のみが可能。
○視覚障害者、聴覚障害者のみが対象。

（改正後）
○主体を公共図書館にも拡大(政令で規定)
○デジタル録音図書(デイジー図書)等の作成や、映画・放送番組への字幕・
　手話の付与等、幅広い行為が可能に。
○発達障害者等も広く対象に。

　つまり、著作権法によって著作権者が有する「複製権」と「自動公衆送信(送信
可能化を含む)」の権利を制限することよって、「視覚障害者その他視覚による
表現の認識に障害のある者」の新たな読書機会が確保されたのである。
　第37条第3項に図書館が視覚障害者等に対して著作物の複製や自動公衆送
信を行うことができることが規定されているので、以下に新旧の変更部分を傍
線で示した。

（改正後）
（視覚障害者等のための複製等）
第三十七条　公表された著作物は、点字により複製することができる。
2　公表された著作物については、電子計算機を用いて点字を処理する
　方式により、記録媒体に記録し、又は公衆送信(放送又は有線放送を除き、
　自動公衆送信の場合にあっては送信可能化を含む。)を行うことができる。

＊11　文化庁「著作権法の一部を改正する法律 概要：障害者の情報利用の機会の確保」
　　　http://www.bunka.go.jp/chosakuken/pdf/21_houkaisei_horitsu_gaiyou.pdf（参照：
　　　2020-07-31）

3　視覚障害者その他視覚による表現の認識に障害のある者(以下この項
及び第百二条第四項において「視覚障害者等」という。)の福祉に関する事業
を行う者で政令で定めるものは、公表された著作物であって、視覚により
その表現が認識される方式(視覚及び他の知覚により認識される方式を含
む。)により公衆に提供され、又は提示されているもの(当該著作物以外の
著作物で、当該著作物において複製されているものその他当該著作物と一
体として公衆に提供され、又は提示されているものを含む。以下この項及
び同条第四項において「視覚著作物」という。)について、専ら視覚障害者等
で当該方式によつては当該視覚著作物を利用することが困難な者の用に供
するために必要と認められる限度において、当該視覚著作物に係る文字を
音声にすることその他当該視覚障害者等が利用するために必要な方式によ
り、複製し、又は自動公衆送信(送信可能化を含む。)を行うことができる。
ただし、当該視覚著作物について、著作権者又はその許諾を得た者若しく
は第七十九条の出版権の設定を受けた者により、当該方式による公衆への
提供又は提示が行われている場合は、この限りでない。

(改正前)
(視覚障害者等のための複製等)
第三十七条　公表された著作物は、点字により複製することができる。
2　公表された著作物については、電子計算機を用いて点字を処理する
方式により、記録媒体に記録し、又は公衆送信(放送又は有線放送を除き、
自動公衆送信の場合にあっては送信可能化を含む。)を行うことができる。
3　点字図書館その他の視覚障害者の福祉の増進を目的とする施設で政令
で定めるものにおいては、公表された著作物について、専ら視覚障害者向
けの貸出しの用若しくは自動公衆送信(送信可能化を含む。以下この項に
おいて同じ。)の用に供するために録音し、又は専ら視覚障害者の用に供す
るために、その録音物を用いて自動公衆送信を行うことができる。

この著作権法改正を受けて、2010年2月18日に「図書館の障害者サービス
における著作権法第37条第3項に基づく著作物の複製等に関するガイドライ
ン」(国公私立大学図書館協力委員会、全国学校図書館協議会、全国公共図書

館協議会、専門図書館協議会、日本図書館協会)が策定された。

　ガイドラインを要約すると、以下のような取扱いが示されている* 12。

(1)ガイドラインの対象となる図書館
　著作権法施行令第2条第1項各号に定める図書館。

(2)資料を利用できる者
　視覚著作物をそのままの方式では利用することが困難な者。

視覚障害、聴覚障害、肢体障害、精神障害、知的障害、内部障害、発達障害、学習障害、いわゆる「寝たきり」の状態、一過性の障害、入院患者、その他図書館が認めた障害。

(3)図書館が行う複製(等)の種類
　視覚障害者等が利用しようとする当該視覚著作物にアクセスすることを保障する方式。録音、拡大文字、テキストデータ、マルチメディアデイジー、布の絵本、触図・触地図、ピクトグラム、リライト(録音に伴うもの、拡大に伴うもの)、各種コード化(SPコードなど)、映像資料のサウンドを映像の音声解説とともに録音すること等

(4)図書館間協力
　視覚障害者等のための複製(等)が重複することのむだを省くため、視覚障害者等用資料の図書館間の相互貸借は積極的に行われるものとする。また、それを円滑に行うための体制の整備を図る。

　このガイドラインが画期的であったのは、資料を利用できる読書困難者の定義がきわめて広範である上に「その他図書館が認めた障害」と図書館現場の判断に委ねている点である。さらにガイドラインの別表には「障害者手帳の所持」や「医療機関・医療従事者からの証明書がある」などの項目以外に「活字をそのままの大きさでは読めない」「活字を長時間集中して読むことができない」「目で読んでも内容が分からない、あるいは内容を記憶できない」「身体の病臥状態

---

* 12　「図書館の障害者サービスにおける著作権法第37条第3項に基づく著作物の複製等に関するガイドライン」(国公私立大学図書館協力委員会、全国学校図書館協議会、全国公共図書館協議会、専門図書館協議会、日本図書館協会) http://www.jla.or.jp/portals/0/html/20100218.html (参照：2020-07-31)

やまひ等により、資料を持ったりページをめくったりできない」「その他、原本をそのままの形では利用できない」とじつに広範囲の障害を対象としていることが分かる。

1.4　障害者差別解消法と電子出版

　図書資料のテキストデータ化は、読書障害者にとってきわめて重要な意味を持つ。テキストデータであれば、スクリーンリーダーを備えたパソコンによって紙媒体のメディアに記された内容を聴くことができるからである。

　しかし、紙媒体の書籍や雑誌をイメージスキャナと OCR ソフトを用いてテキストデータ化するには時間とコストがかかりすぎる。そもそも今日では紙媒体の書籍や雑誌もその製版データはデジタル化されたものであり、デジタル化された製版データから紙媒体の出版物を制作し、その紙媒体の版面をまたスキャニングしてデジタル化するのは不合理であろう。

　「自炊」と呼ばれる書籍や雑誌をイメージスキャナによってデジタル化する行為について、著者や出版社は権利侵害として危惧と批判を強めているが、むしろアクセシビリティ保障の観点からも自らが電子出版事業を積極的に進展させることによって解決する道すじを考える時期に来ていることは疑いえない。

　米国の電子書籍市場では健常者も障害者も本を「読み」、「聴く」ことができる段階に至っている。すでに 1996 年 9 月に公布された「著作権法を改正する法律」（Copyright Law Amendment,1996:P.L.104-197）によって、米国では次のようなことが実現している[13]。

　　従来は、視覚障碍者のために無料で著作物のコピーや録音図書を 1 部作成することはフェアユースとして認められてきたが、一般に配布するための多数のコピーを作成することには著作権者の許諾が必要であった。NLS〔=National Library Service for the Blind and Physically Handicapped、盲人・身体障碍者全国図書館サービス＝引用者注〕も許諾を得て図書を作成していた。この改

---

[13]　『総務省委託事業　平成２２年度 新ＩＣＴ利活用サービス創出支援事業　アクセシビリティを考慮した電子出版サービスの実現調査報告書』電子出版制作・流通協議会、2011、p.92-93.

正により、一般の文字情報を得ることのできない障碍者のための点訳・録音に際して著作権者の許諾が不要となったのである。

　日本で同様の著作権法改正が施行されたのは前述の通り 2010 年 1 月からであり、日本は 13 年以上遅れていることが分かる。

　日本の電子書籍市場では、多種多様のデバイスとサービスが混在し、「聴く」ことが出来る電子書籍のタイトル数はそれほど多くはない。アップル社の iPad、iPhone、iPod touch には VoiceOver 機能が搭載されており、また Android 搭載のスマートフォンやタブレット、さらに Amazon Kindle Store で購入した電子書籍を iOS 用アプリ「Kindle for iPad」によって iPad の日本語音声読み上げ機能を用いて読み上げさせることが可能になっているものの、提供されている電子書籍がまだまだ少ないのが現状である。

　2013 年 6 月、「障害を理由とする差別の解消の推進に関する法律」（通称：障害者差別解消法）が成立し、公布された。これは 2006 年 12 月の国際連合総会本会議で採択され、2008 年 5 月に発効している「障害者の権利に関する条約」に批准するために必要な措置であった。障害者差別解消法の公布により、2013 年 12 月、この条約への批准が参議院本会議で承認されている。

　この法律の目的は、「障害を理由とする差別の解消の推進に関する基本的な事項、行政機関等及び事業者における障害を理由とする差別を解消するための措置等を定めることにより、障害を理由とする差別の解消を推進し、もって全ての国民が、障害の有無によって分け隔てられることなく、相互に人格と個性を尊重し合いながら共生する社会の実現に資すること」（第 1 条）にある。

　ここでいう「障害者」とは「障害者　身体障害、知的障害、精神障害（発達障害を含む。）その他の心身の機能の障害（以下「障害」と総称する。）がある者であって、障害及び社会的障壁により継続的に日常生活又は社会生活に相当な制限を受ける状態にあるもの」（第 2 条第 1 項）と定義されている。

　読書アクセシビリティに関連する条文は次の第 7 条第 2 項に規定されている「合理的配慮」である。（傍線、引用者）

（行政機関等における障害を理由とする差別の禁止）

第七条　行政機関等は、その事務又は事業を行うに当たり、障害を理由として障害者でない者と不当な差別的取扱いをすることにより、障害者の権利利益を侵害してはならない。

2　行政機関等は、その事務又は事業を行うに当たり、障害者から現に社会的障壁の除去を必要としている旨の意思の表明があった場合において、その実施に伴う負担が過重でないときは、障害者の権利利益を侵害することとならないよう、当該障害者の性別、年齢及び障害の状態に応じて、社会的障壁の除去の実施について必要かつ合理的な配慮をしなければならない。

一方、事業者については第8条第2項に以下のように規定されている。（傍線、引用者）

（事業者における障害を理由とする差別の禁止）

第八条　事業者は、その事業を行うに当たり、障害を理由として障害者でない者と不当な差別的取扱いをすることにより、障害者の権利利益を侵害してはならない。

2　事業者は、その事業を行うに当たり、障害者から現に社会的障壁の除去を必要としている旨の意思の表明があった場合において、その実施に伴う負担が過重でないときは、障害者の権利利益を侵害することとならないよう、当該障害者の性別、年齢及び障害の状態に応じて、社会的障壁の除去の実施について必要かつ合理的な配慮をするように努めなければならない。

つまり、読書アクセシビリティに関して、行政機関等については「合理的配慮」が義務となり、事業者（国、独立行政法人等、地方公共団体及び地方独立行政法人を除く、商業その他の事業を行う者）については努力義務ということになる。

国公立大学図書館や公立図書館が、視覚障害等を有する者から資料リクエストがあり、その音声読み上げ対応を求められた場合、それぞれの図書館はこれを保障しなければならない。障害者サービスに消極的であった図書館も、「障

害者差別解消法」施行以降は合理的配慮を行う義務が生じるのである。

　また事業者は努力義務となっているが、実際にこのような図書館に電子書籍貸出サービスを提供する事業者も、顧客である図書館からその対応が求められることになるだろう。

　米国では 2009 年 6 月、視覚障害者団体の National Federation of the Blind (NFB) と American Council of the Blind (ACB) が連名でアリゾナ州立大学 (ASU) に対して訴訟を提起している。アリゾナ州立大学が学生に Kindle DX を配布して電子教科書と読み上げ機能についての実証実験を行おうとしたことについて、Kindl DX にはテキスト読み上げ機能はついてはいるが、書籍の選択や購入のメニューが視覚障害者向けにはなっていないため教科書のダウンロードが困難であり、連邦法違反であるとする訴訟である[*14]。2010 年 1 月に両者の和解が成立したが、このような事例は今後日本でも起こりうるだろう。

　日本における「障害者差別解消法」の成立は、これまでの図書館における障害者サービスを大きく発展させる可能性があるという意味で画期的であった。これからの出版ビジネスや図書館事業にとって、読書アクセシビリティの保障は必須のものとなるからである。

1.5　マラケシュ条約・読書バリアフリー法

　2018 年 4 月 25 日の第 196 回通常国会において、マラケシュ条約(「盲人、視覚障害者その他の印刷物の判読に障害のある者が発行された著作物を利用する機会を促進するためのマラケシュ条約(日本政府公定訳)」)の批准が承認されるととともに、2018 年 5 月 18 日に「著作権法の一部を改正する法律」が成立、5 月 25 日に「平成 30 年法律第 3 号」として交付、2019 年 1 月 1 日に施行された。

　すなわちマラケシュ条約の締結に向けて、音訳等を提供できる障害者の範囲

＊14　Wauters, Robin/Takahashi, Nob 訳「視覚障害者団体とアリゾナ州立大、Amazon Kindle DX 差別訴訟で和解」http://jp.techcrunch.com/2010/01/12/20100111nfb-acb-asu-amazon-kindle-dx/ (参照：2020-07-31)
　　　なお、和解に関するプレスリリースは下記。
　　　"Blindness Organizations and Arizona State University Resolve Litigation Over Kindle" http://www.prnewswire.com/news-releases/blindness-organizations-and-arizona-state-university-resolve-litigation-over-kindle-81131122.html (参照：2020-07-31)

について、それまで視覚障害者等が対象となっていた著作権法第 37 条関係の規定を見直し、肢体不自由等により書籍を持てない者のために録音図書の作成等を著作権者の許諾なく行えるようにし、さらに権利制限の対象とする行為について、自動公衆送信に加えて新たにメール送信等を対象として、ようやくマラケシュ条約は 2019 年 1 月 1 日に日本においても効力が発生するところとなった。

　マラケシュ条約は、プリントディスアビリティ（様々な理由により通常の印刷物へのアクセスが困難な者）を対象に著作物利用の機会を促進するため、締結国にアクセシブルな複製物の製作、配布などに関する著作権法上の権利制限規定や例外規定などの整備を求めるものである。

　これを受けて 2019 年 6 月 21 日、読書バリアフリー法（「視覚障害者等の読書環境の整備の推進に関する法律」）が第 198 回通常国会において可決、成立し、6 月 28 日に公布、施行された。

　読書バリアフリー法では、「アクセシブルな電子書籍等（デイジー図書・音声読上げ対応の電子書籍・オーディオブック等）が視覚障害者等の利便性の向上に著しく資することに鑑み、その普及が図られるとともに、視覚障害者等の需要を踏まえ、引き続き、アクセシブルな書籍（点字図書・拡大図書等）が提供されること」「アクセシブルな書籍・電子書籍等の量的拡充・質の向上が図られること」が規定されている（第 3 条）[15]。

　そして、以下のような基本施策が示されている[16]。

　①視覚障害者等の図書館利用に係る体制整備等（9 条）
　・アクセシブルな書籍・電子書籍等の充実
　・円滑な利用のための支援の充実・点字図書館における取組の促進など
　②インターネットを利用したサービス提供体制の強化（10 条）
　・アクセシブルな書籍・電子書籍等の利用のための全国的ネットワーク（サピエ図書館を想定）の運営への支援
　・関係者間の連携強化など

---

[15]　厚生労働省「読書バリアフリー法について」https://www.mhlw.go.jp/content/12601000/000520873.pdf（参照：2020-07-31）

[16]　同上。

③特定書籍・特定電子書籍等の製作の支援(11 条)

・製作基準の作成等の質の向上のための取組への支援　※特定書籍・特定電子書籍等：著作権法 37 条により製作されるアクセシブルな書籍・電子書籍等

・出版者から製作者に対するテキストデータ等の提供促進のための環境整備への支援など

④アクセシブルな電子書籍等の販売等の促進等(12 条)

・技術の進歩を適切に反映した規格等の普及の促進

・著作権者と出版者との契約に関する情報提供

・出版者から書籍購入者に対するテキストデータ等の提供促進のための環境整備に関する検討への支援など

⑤外国からのアクセシブルな電子書籍等の入手のための環境整備(13 条)

・相談体制の整備など

⑥端末機器等・これに関する情報の入手支援(14 条)

⑦情報通信技術の習得支援(15 条)

・講習会・巡回指導の実施の推進など

⑧アクセシブルな電子書籍等・端末機器等に係る先端的技術等の研究開発の推進等(16 条)

⑨製作人材・図書館サービス人材の育成等(17 条)

　このように読書アクセシビリティのために有効なツールとして、電子書籍は位置付けられるようになってきていることはもっと注目されてよいだろう。

　2016 年 4 月 1 日の障害者差別解消法の施行を間近に控えた 2016 年 3 月、日本図書館協会はこの法律に関するガイドラインを作成し、東京と大阪の 2 か所でガイドラインの解説と、図書館が具体的に行うべきことなどに関して共通理解を深めるためのセミナーを開催した。

　筆者は 2016 年 3 月 4 日に大阪府立中央図書館で開催された「障害者差別解消法施行に向けた図書館のサービスセミナー」に参加し、ここで初めて紹介された「図書館における障害を理由とする差別の解消の推進に関するガイドライン」に対して、次のような意見を述べた[*17]。

湯浅：このガイドラインの「4. 合理的配慮」の「(6) サービス」の各項目の構成に疑問がある。ここでは「アクセシブルな電子書籍の配信サービス等」が「⑦その他、図書館により実施できるもの」の１つに過ぎない扱いになっている。館内サービスである「①閲覧」では読書支援機器などが示され、「②対面朗読」では「印刷物を利用するのが困難な人が対象」とあり、非来館型サービスとして「③一般図書・視聴覚資料の郵送貸出」や「④点字・録音資料の郵送貸出」、「⑤職員による宅配サービス」とあるのに、なぜ ICT を活用した非来館型サービスである「電子書籍の配信サービス」が「⑦その他」として辺境の、すみっこに置かれているのか、お聞きしたい。

回答 (日本図書館協会障害者サービス委員会)：現時点では図書館向けの電子書籍の配信サービスは TRC-DL も含めてアクセシブルなものがない。したがって、その他に入れてある。

河村宏 (ゲスト講師)：確かに「その他」にあるのはさびしい。公的な出版物は EPUB でアクセシブルなものに積極的にする必要がある。また国会図書館の支部図書館では各省庁の出版物を、大学出版部もアクセシブルなものにしていくことが大事。それを DRM という鍵をかけてしまうのが問題であり、作家が心配していると出版社が鍵をかけるが、著作権法には刑罰規定があるのだから、その上に鍵をかけるのは問題である。

湯浅：さきほどの障害者サービス委員会からの回答は、日本図書館協会が作成するガイドラインが「公立図書館向け」ということなら、現時点ではアクセシブルな電子書籍配信サービスが実現できていないという理由になるかもしれないが、これは公立図書館だけではなく、大学図書館なども関係があるのではないか。大学図書館ではさまざまな電子書籍サービスがあり、またそれが「その他」というのはいかがなものかということである。

回答 (障害者サービス委員会)：このガイドラインは公立図書館だけでなく学校図書館も大学図書館も対象としている。ガイドラインも３年くらいをメドに見直す予定である。

＊17　「ガイドラインの解説と具体的な取り組み」における筆者の記録より。(日本図書館協会主催「障害者差別解消法施行に向けた図書館のサービスセミナー」2016 年 3 月 4 日、大阪府立中央図書館大会議室)。

　このやりとりがあって、2016年3月18日に日本図書館協会から公表された「図書館における障害を理由とする差別の解消の推進に関するガイドライン」では、「5.基礎的環境整備」の「(6)サービス」に「⑥アクセシブルな電子書籍の配信サービス」（注13）」がしっかりと記載されていた。つまり、「電子書籍」が「その他」ではなくなったのである＊18。

　さらに同じく「5.基礎的環境整備」の「(5)障害者サービス用資料」に「①主な資料」の中に「アクセシブルな電子書籍」が記載された。

　そして、ガイドライン末尾の「注13　アクセシブルな電子書籍」を見ると、「多くの障害者や高齢者も使える電子書籍のこと。残念ながら現状ではアクセシブルなものがほとんどないが、改良を進めているベンダーもある。アクセシブルな電子書籍の配信は自宅でそのまま利用できるため、障害者にとって大きな可能性を持っている」と書かれていた。

　いずれにせよ2016年3月、日本図書館協会のガイドラインに「アクセシブルな電子書籍」が記載され、そして2019年6月に公布、施行された「読書バリアフリー法」にも「アクセシブルな電子書籍」が大きく取り上げられたことにより、電子出版活用型読書アクセシビリティの実現へと大きく道が拓かれたと言えるだろう。

1.6　音声読み上げ機能を有する電子図書館サービス

　大日本印刷、図書館流通センター、日本ユニシス、ボイジャー、立命館大学による共同研究「音声読み上げ機能を活用した公共図書館における電子書籍貸出サービス」の実用化が2016年4月、兵庫県・三田市立図書館において実現した＊19。

　これまでの点字資料、大活字本、録音資料だけでなく、音声読み上げ機能を

＊18　日本図書館協会「図書館における障害を理由とする差別の解消の推進に関するガイドライン」（2016年3月18日）https://www.jla.or.jp/portals/0/html/lsh/sabekai_guideline.html（参照：2020-07-31）

＊19　当時、筆者は立命館グローバル・イノベーション研究機構（R-GIRO）研究プログラムのIRIS（Integrated Research of Accessible Ebooks：Interfaces & Services＝電子書籍普及に伴う読書アクセシビリティの総合的研究）のメンバーとしてこのプロジェクトに参加し、2014年からの実証実験を経て、2016年4月の実用化を実現した。

活用した電子書籍の貸出サービスが国内で初めて開始されたのである。

　その2年前の2014年4月に三田市の直営から指定管理者が運営することになった三田市立図書館では、さっそく8月から指定管理者の図書館流通センターが提供する電子図書館システム「TRC-DL」が導入された。三田市広報紙『伸びゆく三田』（2014年7月1日付1面）では次のように障害者サービスへの利用について触れている。

　　　今後は従来の書籍との役割分担をしながら、電子書籍の収集にも努めます。また、市の歴史・文化に関わる資料の電子化や、障がいのある人向けの朗読機能の付加などについても導入に向けた研究を進めていきます。

　そして、『伸びゆく三田』（2016年2月15日付1面）では、「今回の視覚障がい者の利用支援システムは、現行の電子図書館サービスに、テキスト版サイトを追加するものです。追加後はパソコンの音声読み上げソフトの利用により、本の検索が簡単に行えるようになります。システム開発は、電子図書を活用した視覚障がい者の読書環境整備の研究に取り組む立命館大学の研究グループや、利用者となる視覚に障がいのある皆さんの協力も得て進めてきました。（中略）図書館では、ボランティアの皆さんの協力を得ながら、対面朗読やマルチメディア資料の提供なども行っています。引き続き、より多くの人が図書館を利用し、本を楽しんでもらえるようサービス充実への取り組みを推進していきます」としている。

　三田市立図書館から始まったこのテキスト版サイトは2020年6月10日時点で、60自治体210館にまで広がっている[20]。3300館を超える公共図書館数からすれば10%に満たないが、読書バリアフリー法の施行を背景にさらに進展していくと考えられる。

　今後は全国の公共図書館に音声読み上げ機能を有した電子書籍貸出サービスの導入を図るとともに、地方公共団体が著作権者になっている刊行物をテキストデータ化し、ディスカバリーサービスによって発見されやすくし、これをPC、タブレット端末、スマートフォンなどの音声読み上げ機能を用いて"聴く"

---

[20]　図書館流通センターより入手した「電子図書館（LibrariE & TRC-DL）導入実績」（2020年6月10日現在）による。

ことができるようにすることが重要である。

　このことは視覚障害者や発達障害者だけでなく、日本語を母語としない外国人、さらには指先で図書のページをめくりにくい状態にある人などさまざまな「読書困難者」にも有効であろう。出版マーケットの拡大という意味では、運転中や料理中などでも、小説やレシピが読み上げられることによって、著作物を利用することが可能になるであろう。

　つまり社会福祉としての障害者サービスではなく、図書館や出版社は印刷物のままでは著作物が利用できない人々に対してプリントディスアビリティを解消する義務を負っており、そのためには電子書籍などのICTを活用したサービスが提供されなければならないという発想の転換が必要なのである。

　従来の障害者サービスのように利用者側に障害があると考えるのではなく、提供者側の"障害"が利用を阻んでいるという認識を図書館や出版社が持つことが重要である。

第2節

電子出版と読書の変容

2.1　書物の歴史と電子出版

　人類は文字をさまざまな媒体に記録してきた。メソポタミアの粘土板、エジプトのパピルス、中国の竹簡や木簡、インドなどで用いられた貝多羅葉（ばいたらよう）というように、人々は書物の原型となるさまざまな書写材料に文字を記録し、テクスト＝原典を保存し、伝えてきた。その後、ヨーロッパでは羊皮紙が用いられ、折って綴じる冊子体の書物が誕生する。一方、東アジアでは後漢の時代に蔡倫が製紙法を発明したと伝えられており、この製紙法がイスラーム社会からヨーロッパに広がり、書写材料にもっとも適した今日の紙の図書が一般化することになった。また、東アジアを中心とする漢字文化圏では木版印刷の長い歴史がある。

　書物の文化における文明史的事件は1455年頃、ドイツのグーテンベルクによる活版印刷術の発明である。同じテクストを大量に印刷することを可能にしたという意味で、まさに人類にとって革命的な出来事であった。グーテンベルクが印刷したといわれる『42行聖書』は、新しい技術としての印刷術が社会を大きく変えていく上で象徴的な図書なのである。よく知られているように活版印刷術の伝播により、今日の書物の体裁が整い、音読から黙読への移行が見られるようになり、なによりもルターによる聖書のドイツ語訳、そして宗教改革へとつながっていくのである。

　ところで、今日ではこれまでの「活字文化」に対して「デジタル・ネットワー

ク文化」とでも呼ぶべき新たな文化状況が出現し、「電子書籍」に代表されるオンライン系電子資料が登場して、紙の書物の地位を相対化しつつある。ちょうど写本の時代に活版印刷が現れ、次第に活版印刷物が主流になったように、電子出版もまた、著作を伝達し、継承し、保存していくという観点からすれば新たな、そして大きな転換期をもたらすものである。「書き写す」時代から、「複製」の時代へ、そして物質を離れたクラウド・コンピューティングによる出版コンテンツの「巨大データベース」の時代へと、歴史的にみれば出版メディアは大きな変貌を遂げつつあるといえよう。

2.2　電子化する書物

　人類の知的遺産は長く写本によって伝えられてきた。例えば、『プラトン著作集』の伝承は次のような経緯をたどっている*1。

　　ここで伝承事情の詳細にわたるゆとりはないが、二千数百年前に書かれたものが今日まで伝えられることの困難は容易に想像できよう。さしあたり伝承媒体で見れば、おおよそ最初の 1000 年間はパピュロスに筆写された古代巻子本、つづく 1000 年間は羊皮紙に筆写された中世冊子本によって、ようやくグーテンベルクの時代にたどり着くのである。この間、とりわけパピュロスの耐久性は脆弱であったから、初期の 1000 年ほどは、少なくとも 100 年に一度くらいの割で、どこかで新たに筆写されることが系統的に連続しなければ、その中途で湮滅していたはずである。同じギリシア哲学分野から一、二の例をあげれば、われわれの手にしうる『アリストテレス全集』とは、実際には、複雑な経路を辿って伝わった彼の「講義ノート集」のようなものだけと言っていい。比較的若いころに彼が公刊した多数の著作は、(紀元後 1 世紀のキケロなどが熱心に読んでいたことまでは分かっているにもかかわらず)すべて失われた。

＊1　内山勝利「『ステファヌス版』以前以後―『プラトン著作集』の伝承史から」『京都大学附属図書館　静脩』40 巻 2 号、2003、p.3
　　https://repository.kulib.kyoto-u.ac.jp/dspace/bitstream/2433/37717/1/s400201.pdf(参照：2020-07-31)

　つまり人類の書物史における写本の時代はきわめて長く、写本によって著作が後世に伝わってきたのである。一方、活版印刷の時代は始まってまだ 600 年に満たない。また実態としては「活版印刷」の時代はほぼ終焉しているといってよい。なぜなら今日では電算写植等のコンピュータ技術を利用した印刷に移行し、活字による組版はほとんど姿を消しているからである。そして近年、世界的規模で進展しつつあるのが電子出版である。

　例えば 2007 年に亡くなった作家の小田実の全集についてみてみよう。講談社は 2010 年から PC と iPhone 向けに電子書籍として『小田実全集』(全 82 巻)の刊行を開始した。そして紙の本で読みたい読者には「オンデマンド出版」と呼ばれる、注文に応じてその都度、印刷・製本する方式で対応したのである。電子版が全 82 巻で 7 万 5 千円(税別)という価格であるのに対して、紙版は 30 万 7 千円(税別)と 4 倍以上も高くなっている[2]。

　通常、著名な作家が亡くなり著作集が刊行された場合、都道府県立の図書館や各市の中央図書館はその蔵書に加えることが当然のように行われていた。『小田実全集』の場合はオンデマンド出版によって紙版の入手可能性も確保されていたが、その後に続く『ノベリスク五木寛之』(講談社、2011 年刊行開始)や『三浦綾子全集』(小学館、2013 年刊行開始)では電子書籍のみの発行となっている。

　このように生まれながらにして電子出版である、いわゆる「ボーン・デジタル(Born-digital)出版物」の増加に図書館はどのように対応することになるのであろうか。従来から新設の公共図書館で新たに蔵書を形成する際、過去に出版された個人著作集などが出版社に在庫がないため、欠本が生じ、収集しづらいといった悩みを抱えてきたが、電子書籍化の動向は、そもそも「紙版での発行がない」という事態を生み出したのである。長期的に見れば、紙媒体で発行される出版コンテンツは減少していくことだろう。

　つまり出版ビジネスの変化は、図書館の資料収集・提供機能に変化をもたらさざるを得ないということである。

　従来であれば、作家が雑誌に小説作品を連載し、それが単行本化され、文庫

---

* 2　『小田実全集』公式サイト「電子書籍版、オンデマンド版について」
　　http://odamakoto.jp/edition.html (参照：2020-07-31) なお、オンデマンド版の販売は
　　2018 年 4 月 30 日をもって終了している。

となり、著作集に収録されるといった一つの出版サイクルが存在した。文学研究の視点からいえば「初出─初刊単行本─改定本─全集」ということになる。そこで出版ビジネスの産業的実態に対応して図書館ではその基本的な収集方針として、同じ著作者の同一タイトル作品であっても雑誌、単行本、文庫、著作集と外形式が異なれば、そのそれぞれを収集してきたわけである。

　ところが今日では最初から文庫や新書の形態で発刊され、比較的短期間で品切れや絶版になってしまう出版コンテンツが数多く存在し、その一方でそれらを電子書籍化する動きも顕著である。

2.3　作家による電子出版制作

　さらに作家が自ら電子書籍の販売サイトを立ち上げる動きも 2010 年代初めから進展してきた。

　2010 年 6 月 17 日に瀬名秀明や桜坂洋らが立ち上げた iPad、iPhone 向け電子書籍販売サイト「AiR」は新作小説、エッセイ、評論を発表し、場合によっては紙の書籍化するという新たな作品発表システムを形作っていた。その設立趣旨は次の通りである[*3]。

> 　本が実体から解放され、もはや流通と頒布の手段が、作品の発表のハードルではなくなった。これこそが電子書籍の魅力ではないかと自分は思います。これが一番の魅力であるならばどんなことがやれるようになるんだろう。今までになかったようなことが出てくるんじゃないだろうか。その答えを見つけようとして、とにかくまずやってみたのがこの「AiR［エア］」です。

　また、2010 年 11 月 4 日に作家の村上龍は自ら電子書籍制作会社「G2010」を設立し、芥川賞受賞作の『限りなく透明に近いブルー』などを電子書籍化したが、

[*3]　「電子書籍 AIR」公式サイト http://electricbook.co.jp/（参照：2012-10-05、2020 年 7 月 31 日時点で存在せず）

[*4]　村上龍「G2010 設立の理由と経緯」『Japan Mail Media』2010.11.4.
http://ryumurakami.jmm.co.jp/g2010.html（参照：2020-07-31）

制作会社設立の経緯を、次のように書いている*⁴。

　　わたしは、電子書籍の制作を進めるに当たって、出版社と組むのは合理
　的ではないと思うようになりました。理由は大きく２つあります。１つは、
　多くの出版社は自社で電子化する知識と技術を持っていないということで
　す。「出版社による電子化」のほとんどは、電子化専門会社への「外注」です。
　わたしのアイデアを具体化するためには、まず担当編集者と話し、仲介さ
　れて、外注先のエンジニアに伝えられるわけですが、コストが大きくなり、
　時間がかかります。『歌うクジラ』制作チームの機動力・スピードに比べる
　と、はるかに非効率です。２つ目の理由は、ある出版社と組んで電子化を
　行うと、他社の既刊本は扱えないということでした。いちいちそれぞれの
　既刊本の版元出版社と協力体制を作らなければならず、時間とコストが増
　えるばかりです。

　そこで村上龍は小説作品のために音楽家の坂本龍一に作曲を依頼し、音楽
とアニメーションを加えた文字情報、音声情報、映像情報を併せ持つ「リッチ
コンテンツ」としての電子書籍作品『歌うクジラ』を制作するのである。この
「G2010」には趣旨に賛同して瀬戸内寂聴や吉本ばななも作品を提供している。
　このような事態は、近代日本の小説作品が出版社による刊行を前提として書
かれ、取次や書店という近代出版流通システムによって読者に購われ、読まれ
てきたことが今や「空洞化」していることを意味している。出版社が担ってきた
編集機能は、校正や校閲だけでなく、どの著者に何を書いてもらうのか、また
どのくらいの分量で、刊行のタイミングはいつか、といったプロデュース的機
能を担ってきた。ところが紙の本が持っていた制約、すなわち初版３千部の書
物をいかに書店に配本するのかといった「物」流を前提とした近代出版流通から、
電子メディアのような「情報」流のポスト近代の出版コンテンツ流通システムへ
移行すると、生産段階にも大きな変容をもたらすようになったのである。
　かくして著作者が生産した著作を直接、読者に届ける新たな動向は、出版社
の編集機能、取次の配本機能、書店の販売機能がなくても読者に届けられると
いう出版流通上の「中抜き」現象を惹き起こし、一つの出版経路として定着する
ことになった。そこではどれだけ著名な作家であっても、販売見込みによって

印刷する初版部数が異なるといった「制作冊数」の概念はなく、無名の作家と同じスタートラインに立ち、最初は0冊からスタートし、購入されるたびにその部数がカウントされる販売システムが適用される。

　このような出版物の生産や流通システムの変容の中で、もし図書館が紙版の出版物しか収集せず、電子版は図書館の収集対象ではないという収集方針を採用するとすれば、図書館は紙の本や雑誌を保管する「正倉院」的存在となり、現在の利用者ニーズとはかけ離れていってしまうだろう。

2.4　ケータイ小説と「電子納本制度」

　携帯電話を使って小説を書いた「ケータイ小説家」の誕生は、2005年に刊行された『天使がくれたもの』（スターツ出版）で、Chacoがデビューしたときだという[5]。

　ホームページ作成サービスを行っていた「魔法のiらんど」に「BOOK」（小説執筆機能）と呼ばれるサービスが提供されたのは2000年3月からである。ケータイを使って簡単に小説作品を書くことのできるこのサービスは急速に人気を増し、多くのケータイ小説が「魔法のiらんど」にアップロードされることになった。

　インターネット上で無料で読むことができるにもかかわらず、「魔法のiらんど」のケータイ小説が書籍化された最初のきっかけは、熱烈な読者が出版社に泣きながら電話をかけてきて「出版してほしい」と訴え、それが実現したからである[6]。

　魔法のiらんどの最初のケータイ小説『天使がくれたもの』は2005年に刊行され、47万部が販売された。その後、2006年に刊行され大ヒットした『恋空〜切ナイ恋物語』（美嘉著、スターツ出版）の200万部をはじめ、書籍化された小説は数多い。さらに『恋空』は2007年に映画化され、2008年にはTBS系で連続テレビドラマとして放映されるなど、この時代を語る上では欠かせない文芸

----

[5]　七沢潔「表現メディアとして展開するケータイ〜ケータイ小説流行の背景を探る」『放送研究と調査』2007年5月号、p.17.
[6]　『電子書籍の流通・利用・保存に関する調査研究』国立国会図書館、2009、p.250頁。2008年9月9日、筆者によるインタビュー。http://current.ndl.go.jp/files/report/no11/lis_rr_11_rev_20090313.pdf（参照：2020-07-31）

作品であろう。

　ところが筆者が2008年9月に行った「魔法のｉらんど」へのインタビュー調査では、「魔法のｉらんど」に投稿され、アップロードされているケータイ小説は、常にユーザである作家が編集・削除可能な状態にあることが分かった[7]。どの時点で作品が完全に完結し、保存するべきかの判断は、作家であるユーザに一任している、というのが「魔法のｉらんど」の見解である。つまり作品は作家自身が管理運営するホームページ上で公開されているので、作家自身がいつでも作品を書き始めたり、また書き直したりすることが可能である。作品がすべて完結してから公開する場合と、途中段階のものでも随時公開していく事例などさまざまである。またひとつの作品を公開し、それにまつわるサイドストーリーや続編を公開する作者も多い。

　このような事態は文学研究において、いわゆる生存している作家はテクスト＝本文（ほんもん）が確定しないといったレベルのものではない。毎日、というより毎分ごとに加筆や削除が繰り返される小説作品データベースが実在していることを意味しているのである。「魔法のｉらんど」で読むことのできる小説作品は2020年8月時点で300万タイトルを超えているが[8]、じつはそこに収録されている作品群はまるで株価のようにその時々で変動するデジタル情報となっているのである。

　それでは後世の文学研究者は、紙媒体でわずかに遺されたケータイ小説作品しか読むことはできないのであろうか。

　筆者もその審議に加わった国立国会図書館の納本制度審議会では2010年6月7日、「答申　オンライン資料の収集に関する制度の在り方について」を国立国会図書館長に手交し、いわゆる「電子納本制度」の導入への道すじを次のように示した[9]。

　　（略）今日オンラインによる出版は、知識・情報の主要な流通形態になっており、私人の出版物を文化財として蓄積し、今日及び将来の人々の利用に

---

[7]　注6に同じ、p.p.250-251.
[8]　「魔法のｉらんど」ガイド　https://maho.jp/guide（参照：2020-07-31）
[9]　「国立国会図書館・納本制度審議会「答申　オンライン資料の収集に関する制度の在り方について」（2010年6月7日）p.31. http://www.ndl.go.jp/jp/aboutus/data/s_toushin_5.pdf （参照：2020-07-31）

供す役割をもつ国立の図書館にあって、オンラインの出版物を収集、蓄積しないことは、納本制度の目的を果たすことができない。また、オンラインの出版物は、紙媒体など有形の著作物と比較し、きわめて脆弱な出版形態であり、消去等で失われやすいだけでなく、技術環境の発展、変化等によって再現性の確保が困難となることが考えられる資料群である。また、デジタル資料の特徴として、内容の変更、追加修正、複製、改ざん等が容易であることもあり、公的な機関が収集保存することによる真正性の確保も求められる。館が、国の出版文化を包括的に収集し、保存する機関として、このようなオンライン資料を制度的に収集することは、我が国の出版文化の保存にとっても重要な意義をもつものであり、早急に取り組むべき課題だと考えられる。

そしてオンライン資料、すなわち「ネットワーク系電子出版物のうち、インターネット等により利用可能になっている情報で、図書、逐次刊行物に相当する情報」について、国立国会図書館が制度的な収集を行うべきであると答申したのである。

この答申にもとづいて「オンライン資料の収集等に関する国立国会図書館法の一部改正法案」が2012年6月15日に成立し、2013年7月1日から施行されることになった＊10。いわゆる「電子納本制度」の誕生である。

その内容は、現行の納本制度に準じて、私人が出版するオンライン資料について、国立国会図書館への送信等を義務付け、送信等に関して必要となる費用を補償する。国立国会図書館又は送信等の義務を負う者が、オンライン資料を複製することができるように著作権法の改正を行う（著作権法第42条4項）というものである。

しかし、有償又はDRM（Digital Rights Management System＝技術的制限手段）が付されたものについては、費用補償に関する検討等を行っていることから、当分の間、納本義務を免除することとなった。電子出版のうち有償の商

＊10　国立国会図書館2012年6月15日付けプレスリリース「オンライン資料の収集等に関する国立国会図書館法の一部改正について」
http://www.ndl.go.jp/jp/news/fy2012/__icsFiles/afieldfile/2012/06/15/pr120615.pdf
（参照：2020-07-31）

業出版についてはほとんど収集することはできず、きわめて不完全な形での出発となったが、制度が作られたこと自体は大きな前進であった。

2.5　電子出版とデジタルアーカイブ

　これまでの紙媒体を前提とした「書物」の文化は電子出版の出現により、大きく変容しつつあることは、ここまで見てきたとおりである。既存の紙媒体の著作物に対応する 1 点 1 点の電子書籍ではなく、巨大なデータベースのようなイメージでとらえる方が今日の出版コンテンツの実態を反映しているように思えるのである。

　紙媒体の出版物でも太宰治の作品は今日の若年層にもよく読まれており、『人間失格』の文庫本など装丁が変わるたびに話題となり、その都度売り上げを伸ばしている。例えば集英社文庫が 2007 年 6 月新装版を発売したが、『ヒカルの碁』や『DEATH NOTE』の作画を担当した小畑健が表紙イラストを描くと、爆発的に購読されている。

　また、電子出版ではアマゾンが提供する『太宰治全集』Kindle 版が、電子媒体の特性を活かして 272 作品を 1 冊にまとめ、200 円で販売している[11]。

　その一方で「青空文庫」では太宰治の 274 作品がウェブサイト上に無償公開されており、誰でも自由に読むことが出来るのである[12]。

　筆者は、所属する大学で開講している「メディア論」のオンライン授業で次のような課題を受講生に出した。すなわち「追手門学院大学図書館の『日本近代文学館所蔵　太宰治　自筆資料集』にアクセスし、太宰治自筆原稿の中から 1 つを選んで閲覧し、その感想を WebClass に直接入力しなさい。」（次ページの図 1）という課題である。

　その結果、131 名の受講生が課題レポートを提出したが、例えば大学 1 年生が書いた感想に次のようなものがあった。

---

* 11　アマゾン『太宰治全集』。http://www.amazon.co.jp/gp/aw/d.html/ref=kina_tdp?ie=UTF8&a=B00PR3ARE4（引用日：2015-08-31）
* 12　「青空文庫」太宰治。https://www.aozora.gr.jp/index_pages/person35.html#sakuhin_list_1（参照：2020-09）

数ある作品の中で私は『斜陽』を閲覧した。文豪のこのような原稿を見ることは初めてだったため、少し緊張した。間違えた言葉や文字は、消すのではなく黒く塗りつぶされていることが印象的だった。

また、現代とはひらがなの読み方が違うため、「い」が「ひ」や「ゐ」となっていたりして、少し違和感をおぼえた。

原稿用紙のサイズも、現代では一般的に400字詰めの大きなものが多いが、この当時は原稿用紙のサイズが小さいと感じた。最後のページで数文字が入りきらず、端のスペースに枠を作って書いていることが印象的だった。

『斜陽』を主に閲覧したが、太宰治が死ぬ1か月前に出版された『人間失格』の原稿と『斜陽』の原稿とを比較すると、『斜陽』に比べて、『人間失格』を書いている文字は弱々しくなっているように感じた。

しかし、『斜陽』の文字は殴り書いているようにも見える版面、『人間失格』は弱々しくも、丁寧に書いているような感じがした。

初めて見る作家の自筆原稿に対する受講生の感想が興味深い。オンライン授業では、この原稿が筑摩書房の雑誌『展望』30号(1948年6月1日)、31号(同

電子書籍・電子ジャーナル

図書(和文)	Maruzen eBook Library	和書の電子図書提供サービス。就職活動関連図書もあり。	ログイン
図書(和文)	太宰治自筆資料集：日本近代文学館所蔵	日本近代文学館が所蔵する太宰治直筆原稿・草稿22作品、その他草稿断片・草案あわせて34点3417枚を収録。	ログイン VPN
図書(欧文)	Springer eBooks	Springer社が発行する行動科学系・人文科学、社会科学、法律系の図書。	ログイン VPN
図書(欧文)	eBook collection (EBSCOhost)	オーストラリア関連の洋書に加え、アクセスフリーのタイトルが3000冊以上利用できる電子図書。	ログイン VPN
図書(欧文)	The Making of the Modern World (MOMW)	15世紀半ばから1850年までの経済学史・経営史・社会思想史を中心とする社会科学関係の書籍61,000点、および同年代に創刊された定期刊行物445点を収録し、フルテキスト検索を可能にする一大データベース。	ログイン

図1　追手門学院大学図書館ホームページ「電子書籍・電子雑誌」

図2　「日本近代文学館所蔵　太宰治自筆資料集」資料一覧（J-DAC）

7月1日）、32号（同8月1日）に連載されたこと、また1948年3月に執筆した206枚の原稿は熱海の宿「起雲閣別館」、4月に執筆した102枚は三鷹市下連雀の仕事部屋、4月29日から5月10日に執筆した104枚は大宮市大門町の下宿、というようにこのデータベースの「書誌解題」を解説した。

　そして、津島美知子氏が保管していた自筆原稿を日本近代文学館に寄贈した経緯、そして原稿に記されている印刷指示などから編集者の役割、さらに雑誌連載から単行本、そして文庫や全集など、著作物の形態についても解説を行った。

　このように今日では日本近代文学館所蔵の太宰治の自筆原稿を、大学のオンライン授業を受講している大学1年生が自宅でこれを閲覧し、刊本を読む場合とは異なる自筆原稿から受ける作品のイメージについて考えることが可能となっている。また、近代の出版システムと今日の電子出版ビジネスとの比較、さらにはデジタルアーカイブの活用まで授業では取り上げることができるのである。「日本近代文学館所蔵　太宰治自筆資料集」の場合、追手門学院大学図書館での閲覧回数は、2020年6月に664回、7月に3009回と多くの学生が課題に取り組むために閲覧したことがうかがえる＊13。

　つまり、今日のデジタル化されたさまざまな出版コンテンツの新しい流通は、出版ビジネスに寄り添って進展してきた図書館サービスのあり方をも変えよう

＊13　追手門学院大学図書館・学内資料「利用履歴」（2020年6月〜7月）J-DAC（Japan Digital Archives Center）より。

としている。公刊されたものを購入し、利用者の閲覧や貸出に供するという、これまで当然のように行われてきた近代の図書館のあり方が、いま問われているのである。

　垂直統合型の電子出版ビジネス、あるいは巨大な出版コンテンツのデータベース事業などが進展する中で、「図書館資料」から「外部サーバへのアクセス」へ、つまり「所蔵」から「利用」への変化は、図書館や出版社の定義そのものを変えようとしているのである。

　しかし、紙であれ、電子であれ、図書館のもっている著作物の保存と継承という機能は、メディアの変遷にかかわらず不変／普遍である。いわば出版界だけでなく、非商業出版物も含めたあらゆる著作物のセーフティネットとしての図書館の保存機能がデジタル・ネットワーク社会であればこそ、ますます必要になってくる。

　国立国会図書館によるオンライン資料の制度的収集、すなわち「電子納本制度」は単に著作物を収集するだけではなく、メタデータを付与し、検索可能性や真正性の確保という重要な機能をはたすだろう。

　デジタル・ネットワーク社会における出版コンテンツの生産・流通・利用・保存に、出版社や図書館がどのようにかかわっていくのか。読者・利用者の読書環境を豊かにすることを目的に、これまでのあり方を根源的に変革していくことが必要だろう。

第 3 節

電子出版と電子図書館

3.1　「電子図書館」とはなにか

　「電子図書館」を定義することは困難である。暫定的に定義してもその後の ICT 環境の変化により、実態がその定義を過去のものにしてしまうという特性があることは、「電子出版」と同様である。

　『図書館情報学辞典 第 5 版』では次のように定義している[*1]。

電子図書館 electronic library

資料と情報を電子メディアによって提供すること。とりわけネットワークを介して提供することをサービスの中心に据えて、従来の図書館が担ってきた情報処理の機能の全体または一部を吸収し、さらに高度情報化社会の要請に呼応した新しい機能を実現させたシステムまたは組織、機関。1960 年代以降の図書館機械化の流れの中で、1980 年代後半から北米の議論が日本にも紹介され、1994 年に長尾真(1936 -)による電子図書館構想「アリアドネ」、1998 年に「国立国会図書館電子化構想」(1998 年 -)が発表された。公共図書館の電子書籍貸出サービスを指して「電子図書館サービス」と呼ぶこともあり、電子出版制作・流通協議会の調査では全国 86 館で実施されている(2019 年現在)。インターネット上のシステムやサービスを

[*1]　日本図書館情報学会用語辞典編集委員会編『図書館情報学用語辞典　第 5 版』丸善出版、2020、p.168.

指して「デジタルライブラリー」とも呼ばれる。

　つまり、図書館の業務を機械化する流れの中で電子図書館が生まれ、そして
いくつかの構想が提起され、今日では公共図書館の電子書籍の貸出サービスを
電子図書館サービスと呼んでいることが分かる。しかし、この定義の中には電
子図書館を構成するいくつかの階層が混在しており、これを読んだだれもが具
体的な電子図書館像を描くことは困難であろう。

　ちょうど1980年代、著者や編集者が書籍や雑誌を編集・製版する過程を
電子化するデスクトップ・パブリッシングを「電子出版」と呼び、その一方で、
CD-ROMのようなデジタル化された出版コンテンツをパッケージ系メディア
にした出版形態もまた「電子出版」と呼んでいたことと似ている。

　1990年代、学術雑誌が冊子体から電子ジャーナルへ移行するという世界的
な変化があり、学術情報流通のデジタル化が飛躍的に進展すると、大学図書館
はこのようなコンテンツのデジタル化に対応する利用者サービスを開始するこ
とになった。そして、このような大学図書館の新しい機能を電子図書館と呼ん
でいた。

　また、1990年代中頃には文部省（2001年より文部科学省）が国立大学の電子
図書館化に予算を配分したが、その当時は学内のLAN（Local Area Network
＝構内ネットワーク）を使用するCD-ROMサーバシステムの整備予算を計
上するというものであった。大学図書館はCD-ROMを1枚購入し、これを
CD-ROMサーバにインストールし、大学内の研究者はそれぞれの研究室のパ
ソコンでこの文献をいつでも自由に閲覧できるというシステムが実現していた
のである。

　例えば、ASM社の『Handbook of Ternary Alloy Phase Diagrams』（三元合
金状態図集）という全10巻で168万円ほどの多巻物の学術図書がCD-ROM化
され、スタンドアロンのコンピュータで1名が使用する場合は約103万円、ネッ
トワーク接続で同時に複数名が使用する場合には使用サイト数と使用人数に応
じて料金設定が異なり、約155万円から1242万円までの一物多価となるとい
うものであった[*2]。今日ではCD-ROMが電子図書館の主要なコンテンツとい

＊2　湯浅俊彦『デジタル時代の出版メディア』ポット出版、2000年、pp.25-26.

うことはありえないだろう。

　また、図書館が所蔵する貴重書資料を直接閲覧する代わり高精細度デジタル化を行い、デジタルアーカイブを構築するなど、デジタル化された出版コンテンツを利用者に提供するしくみを電子図書館と呼び、その一方でインターネットによるレファレンスサービスや予約・リクエストの受付など業務のコンピュータ化も含めて電子図書館サービスと称している場合もある。

　今日ではインターネット上にさまざまな情報資源が存在する。商業データベース、政府系情報のネット上での公開、さまざまな団体、機関のホームページ、ブログなど多種多様な情報が発信されているのである。しかし、このような大量情報の無秩序な集まりを電子図書館と呼ぶわけではない。1990年に長尾真が立ち上げた電子図書館研究会では、電子図書館のプロトタイプ（原型）となる「電子図書館 Ariadne（アリアドネ）」を構想し、1994年に電子図書館研究会・富士通が制作したビデオ『電子図書館 Ariadne』の中で電子図書館を次のように定義づけている[3]。

(1) デジタル─すべての情報がデジタル化されている。
(2) ネットワーク─多くの図書館がネットワークで結ばれている。
(3) インタラクティブ─システムのやりとりにより、最適な情報を最適な形態で提供してくれる。
(4) マルチメディア─文字だけでなく、音、静止画、動画を含むマルチメディア情報を扱うことができる。
(5) スケーラブル─大規模図書館から個人図書館に至るまで、利用できる資源に応じて、さまざまな規模の図書館を構築できる。

つまり従来の紙媒体の資料だけでなく、デジタル化された情報を利用者に提供する機能を図書館が持つようになったということである。

　長尾真は「電子図書館 Ariadne」の研究開発について次のように述べている[4]。

---

[3]　ビデオ『電子図書館 Ariadne』電子図書館研究会、富士通、1994. 引用箇所は原田勝・田屋裕之編『電子図書館』勁草書房、1999、p.2. より。
[4]　長尾真他「電子図書館 Ariadne の開発（1）」『情報管理』38巻3号、1995、p.194.

　　従来の図書館が取り扱う情報の単位は冊子であり、その冊子の表題、著者名、出版社、分類記号等のいわゆる書誌的事項と呼ばれるものが検索の対象であった。電子図書館が取り扱うべき情報の単位はそれよりはるかに詳細なものである。1冊の冊子全体が電子化されることによって、その冊子の内容の持つ構造を任意の詳しさで把握し、検索などに活用することが可能となる。

　また、長尾は次のように小さな情報単位で本と本が結びついていく人工知能的世界を電子図書館構想の中に描き出している＊5。

　　もう一つの特徴は、このような情報の単位が種々の関連情報という観点から相互に関連づけられて、いわゆるハイパーテキストの形で読者に自由に活用されるように、図書館の持つ情報が任意の詳しさの単位で組織化され、統合されることである。これは単に文字文書だけではなく、図面、画集、録音情報、映像情報等についても行われ、いわゆるマルチメディアシステムをハイパーテキスト的に統合することを含んでいる。

　さらに、「電子読書」という概念を用いて、文字の大きさを自由に変え、下線を引いたり、付箋をつけてメモ書きを添えたり、しおりを入れたりすること、またテキストの自動朗読機能、機械翻訳機能の必要性を説いている。そしてこのような電子図書館によって世界中のどの図書館の資料も利用できることを目指しているのである。

　長尾は電子図書館研究会の研究成果を1994年9月に『電子図書館』（岩波書店）、1995年6月に「電子図書館Ariadneの開発(1)」（『情報管理』38巻3号）として発表している。

　グーグルが創業したのは1998年9月、グーグルが図書の本文検索サービスである現在の「Googleブックス」を「Google Print」の名称で図書の全文検索サービスを開始したのは2003年12月、正式発表が2004年10月、日本で「ブック検索」を開始したのが2007年7月であるから、長尾による電子図書館構想とそ

＊5　注4に同じ。

のプロトタイプとして示した「電子図書館 Ariadne」がいかに先駆的であったかが分かるだろう。

ビデオ『電子図書館 Ariadne』では、次の5つの検索機能が紹介されていた。
①書誌情報検索
②キーワード検索
③階層構造検索
④ハイパーテキスト検索
⑤質問文検索

そして、ハイパーテキスト検索の説明箇所では実際にキーワードに「人工知能」を入力し、ヒットした長尾真著『人口知能と人間』（岩波新書）の本文を読み進めながら、「ネットワーク」の語が出てくると、別ウィンドウを開いて『岩波情報科学辞典』で各領域での語用を調べ、さらに引用文献のリンクから原田勝他著『研究情報ネットワーク論』の本文を読み、さらに原田勝著『図書館／情報ネットワーク論』、そして著者「原田勝」について調べるという実演映像を制作していた。

つまり、二次情報だけでなく、一次情報までデジタル化することによって、適合率の高い文献を検索し、本文を読み、キーワードを辞典で調べ、さらに引用文献から別の文献の本文へと読み進める、電子図書館を活用した文献調査の未来像が示されていたのである。

このハイパーテキスト検索の場面では、最後に「現段階では所蔵は多くありませんが、小説や画集などこれから増えていくでしょう」というナレーションがあり、映画のエンドロールのように、すでに本文のテキスト化を終えた100冊ほどの図書の書影が流れるのである[6]。

しかし、電子図書館研究会による「電子図書館 Ariadne」で実験的に行われたように、商業出版物が電子書籍化され、利用者が電子図書館において複数の文献を同時に参照しながら読むということはその後、なかなか実現しなかった。

なぜならば、その後さまざまな場面で商業出版社が電子図書館にコンテンツを提供することをためらったからである。

＊6　ビデオ『電子図書館 Ariadne』（電子図書館研究会、富士通、1994）

3.2　公共図書館における電子図書館サービス

　古来より図書館は図書を収集してきた。そして17世紀に雑誌が誕生すると
これを資料に加え、さらに19世紀に入ってレコード、テープ、フィルムなど
紙以外の記録物についても図書館資料と位置づけてきた。このような流れをみ
ると、20世紀後半に登場したネットワーク系情報資源を積極的に利用者に提
供していくことは必然的なことのように思われる。

　つまり、「図書の館」からの変貌を迫られているのが今日の図書館なのである。
それでは日本の公共図書館における電子書籍の取り扱いはどのようになってい
るのだろうか。

　北海道・岩見沢市図書館は2002年6月、「岩波文庫」や「東洋文庫」、そして
マンガなど電子書籍の閲覧サービスを市民向けに開始した[*7]。これは電子書
籍販売サイト「10daysbook」を運営するイーブックイニシアティブジャパンか
ら電子文庫を一括購入し、図書館内のパソコンで閲覧するというものだったが、
現在ではこのサービスは休止している。

　奈良県・生駒市図書館は2005年5月、電子出版事業会社のパブリッシング
リンクと提携し、ソニーの電子書籍端末LIBRIéを利用者に貸し出し、電子書
籍販売サイト「Timebook Town」で提供される約1300タイトルの作品を読むと
いうサービスを開始した[*8]。しかし、Timebook Townが2009年2月末をもっ
てサービスを中止することを受けて、2008年12月末で提供を取りやめている。

　東京都・千代田区立図書館は2007年11月、以下のような「千代田Web図書館」
を開設し図書館界の話題となった[*9]。

(1) 一人につき上限5冊を2週間までで、画面のコピーや印刷はできないし
くみ。

(2) 2週間の貸出期間が過ぎるとパソコン上から自動消滅。

(3) 利用対象は2008年3月末までは区内在住者限定されていたが、2008年
7月から区内在勤・通学者へ拡大。

＊7　鈴木雄介『eBook時代はじまる！―「電子の本」が変える読書革命』中経出版、2004年、
　　p.79.
＊8　プレスリリース「パブリッシングリンクが生駒市図書館と新しい図書館利用スタイ
　　ルを提案」。(2005年5月19日) https://www.publishinglink.jp/news/118/ (参照：
　　2020-07-31)

(4) 同時に一人までしか借りられないなど商業出版社への配慮が特徴。

当初は学習コンテンツなどのウェブコンテンツ、読み物、語学学習用のオーディオブックなど約4000タイトルを小学館、PHP研究所、ダイヤモンド社、プレジデント社など30社から提供を受けた。

なお、千代田図書館では現在、「TRC-DL & LibrariE」の電子図書館サービスが導入されている。

つまり、岩見沢市図書館では図書館内の専用端末での閲覧、生駒市図書館では電子書籍端末の貸出、千代田Web図書館では電子書籍の貸出という非来館者型サービス、とそれぞれ異なったサービスを模索してきたということになる。

今日では、公共図書館や学校図書館向けの電子図書館サービスは、図書館流通センターと日本電子図書館サービスが電子図書館サービスを統合して提供している「TRC-DL & LibrariE」、そしてOverDrive Japanの「OverDrive電子図書館サービス」などがある。

最も導入館数が多い「TRC-DL & LibrariE」を導入している公共図書館は78自治体282館である(**表1**)。

なお、この導入実績は、筆者の依頼で図書館流通センターより提供された資料を引用したものである。

全国の公共図書館の総数が3303館であるから[10]、「TRC-DL & LibrariE」以外の電子図書館サービス導入館も含めると約10%程度の比率と推測される。

一方、井上靖代は米国とカナダの電子図書館サービスの実態について、次のように報告している[11]。

＊9 「24時間・365日貸出・返却ができる　日本初！「千代田Web図書館」サービスを11月26日よりスタート」http://www.library.chiyoda.tokyo.jp/press/index2007.html（参照：2011-01-09、2020-07-31時点では存在せず）

＊10 「日本の公共図書館統計　公共図書館集計2019」日本図書館協会ホームページ。
http://www.jla.or.jp/library/statistics/tabid/94/Default.aspx（参照：2020-07-31）
なお、総計3303館の内訳は都道府県58、市区立　2607、町村立619、私立19となっている。

＊11 井上靖代「米国での電子書籍貸出をめぐる議論」『カレントアウェアネス』No.344、2020.6.20、p.17. https://current.ndl.go.jp/ca1978（参照：2020-07-31）
なお、この数字の出典は、井上靖代論文の脚注によると以下の通りである。
Breeding, Marshall. "OverDrive's New Owners : What It means; Investment firm KKR purchases leading ebook provider". American Libraries. 2019-12-31.
https://americanlibrariesmagazine.org/blogs/the-scoop/overdrives-new-owners-what-means/.wnew-chosakuken.pdf（参照：2020-07-31）

表 1　電子図書館（LibrariE & TRC-DL）導入実績 (2020 年 6 月 10 日現在)
※館数は導入時の『日本の図書館』による

No.	導入年月	都道府県	地区	図書館名	図書館システム 連携	非連携	テキスト版サイト	LibrariE コンテンツ有	本館＋分館数
1	2011 年 1 月 8 日	大阪府	27140	堺市立図書館	○		○	○	12
2	2011 年 3 月 21 日	山口県	35204	萩市立萩図書館		○	○	○	3
3	2011 年 11 月 1 日	和歌山県	30366	有田川 Library（注1）	○				1
4	2012 年 4 月 1 日	徳島県	36201	徳島市立図書館		○	○	○	1
5	2012 年 4 月 1 日	香川県	37387	綾川町立図書館		○	○	○	2
6	2012 年 7 月 1 日	岐阜県	21202	大垣市立図書館	○				3
7	2012 年 11 月 11 日	山梨県	19000	山梨県立図書館	○				1
8	2013 年 5 月 1 日	栃木県	09386	高根沢町図書館	○		○		3
9	2013 年 2 月 14 日	大分県	44209	豊後高田市立図書館	○			○	1
10	2013 年 8 月 10 日	島根県	32202	浜田市立図書館	○				5
11	2013 年 8 月 1 日	愛媛県	38202	今治市立図書館		○	○		4
12	2013 年 9 月 1 日	三重県	24215	志摩市立図書館	○				1
13	2013 年 10 月 1 日	千葉県	12220	流山市立図書館	○				7
14	2013 年 10 月 1 日	兵庫県	28212	赤穂市立図書館		○			1
15	2013 年 12 月 15 日	栃木県	09210	大田原市立図書館		○			2
16	2013 年 12 月 18 日	東京都	13000	東京都立中央図書館		○			2
17	2014 年 4 月 1 日	北海道	01213	苫小牧市立図書館		○			1
18	2014 年 4 月 2 日	北海道	01100	札幌市図書館	○		○	○	11
19	2014 年 7 月 1 日	愛知県	23223	おおぶ文化交流の杜図書館	○				1
20	2014 年 7 月 1 日	大阪府	27217	松原市民図書館		○	○	○	6
21	2014 年 7 月 2 日	広島県	34208	府中市立図書館		○			1
22	2014 年 8 月 1 日	兵庫県	28219	三田市立図書館		○	○		2
23	2014 年 10 月 1 日	兵庫県	28218	小野市立図書館	○				1
24	2014 年 10 月 18 日	茨城県	08227	筑西市立図書館		○		○	2
25	2015 年 4 月 1 日	熊本県	43202	八代市立図書館		○	○	○	3
26	2015 年 7 月 1 日	千葉県	12221	八千代市立図書館		○			5
27	2015 年 10 月 1 日	埼玉県	11231	桶川市図書館		○			2
28	2015 年 10 月 1 日	兵庫県	28203	明石市立図書館		○	○	○	2
29	2015 年 12 月 13 日	北海道	01208	北見市立図書館		○			9
30	2016 年 1 月 12 日	栃木県	09214	さくら市図書館		○			2
31	2016 年 2 月 2 日	愛知県	23207	豊川市図書館	○		○	○	5
32	2016 年 2 月 14 日	兵庫県	28216	高砂市立図書館		○	○		1
33	2016 年 3 月 1 日	福岡県	40206	田川市立図書館		○			1
34	2016 年 3 月 3 日	埼玉県	11100	さいたま市図書館	○				25
35	2016 年 4 月 1 日	兵庫県	28382	播磨町立図書館		○			1
36	2016 年 4 月 1 日	埼玉県	11442	宮代町立図書館		○			1
37	2016 年 4 月 1 日	東京都	13116	豊島区立図書館(注2)		○		○	7
38	2016 年 6 月 6 日	茨城県	08201	水戸市立図書館		○	○		6
39	2016 年 6 月 11 日	茨城県	08224	守谷中央図書館		○		○	1

No.	導入日	都道府県	コード	図書館名					件数
40	2016年7月7日	兵庫県	28210	加古川市立図書館	○		○		3
41	2016年9月23日	奈良県	29426	広陵町立図書館	○		○	○	1
42	2016年10月4日	静岡県	22211	磐田市立図書館	○				5
43	2016年10月29日	大阪府	27225	高石市立図書館		○	○		2
44	2016年11月1日	広島県	34212	東広島市立図書館		○	○	○	7
45	2016年11月3日	山形県	06211	東根市図書館		○	○		1
46	2016年11月3日	神奈川県	14213	大和市立図書館		○	○	○	1
47	2017年1月12日	愛知県	23203	一宮市立図書館	○		○		5
48	2017年4月1日	奈良県	29344	斑鳩町立図書館		○	○	○	1
49	2017年4月1日	栃木県	09206	日光市立図書館		○	○		3
50	2017年6月1日	愛知県	23212	安城市図書情報館	○		○	○	1
51	2017年10月18日	高知県	39000	高知県立図書館		○	○		1
52	2017年11月1日	石川県	17212	野々市立図書館		○	○		1
53	2017年11月27日	茨城県	08203	土浦市立図書館		○	○		1
54	2017年12月1日	埼玉県	11214	春日部市立図書館		○	○		3
55	2018年1月13日	兵庫県	28229	たつの市立図書館		○	○		2
56	2018年1月16日	茨城県	08222	鹿嶋市立図書館	○				2
57	2018年1月19日	愛知県	23211	豊田市立図書館	○				1
58	2018年2月16日	東京都	13113	渋谷区立図書館		○	○		10
59	2018年3月3日	埼玉県	11237	三郷市立図書館		○	○		3
60	2018年3月14日	東京都	13101	千代田区立図書館	○		○		5
61	2018年4月1日	三重県	24204	松阪市図書館		○	○		2
62	2018年4月2日	東京都	13201	八王子立図書館	○		○		6
63	2018年7月1日	奈良県	29202	大和高田市立図書館		○	○		1
64	2018年11月1日	富山県	16205	氷見市立図書館	○				1
65	2018年11月1日	沖縄県	47361	久米町教育委員会(注4)		○	○	○	0
66	2018年11月7日	滋賀県	25211	湖南市立図書館	○		○		2
67	2018年12月1日	静岡県	22205	熱海市立図書館	○		○		1
68	2018年12月6日	熊本県	43210	菊池市立図書館		○	○		2
69	2019年10月1日	福島県	07203	郡山市図書館	○			○	12
70	2019年10月1日	福岡県	40220	宗像市民図書館		○	○		3
71	2019年11月1日	大阪府	27212	八尾市立図書館		○	○		4
72	2019年11月1日	熊本県	43100	熊本市立図書館	○		○		4
73	2020年1月6日	静岡県	22130	浜松市立図書館		○			23
74	2020年2月1日	埼玉県	11221	草加市立中央図書館	○		○		1
75	2020年3月1日	埼玉県	11232	久喜市立図書館	○		○		4
76	2020年4月1日	福岡県	40213	行橋市立図書館		○	○		1
77	2020年5月12日	東京都	13207	昭島市民図書館		○	○		5
78	2020年6月10日	東京都	13219	狛江市立中央図書館		○	○		
				合計	29	49	60	48	282

(注1) 日本ユニシス殿経由で Libeaid を導入後、2013 年 4 月、Libeaid と TRC-DL を統合
(注2) 上記自治体の中には、ＴＲＣ指定管理館(分館)でのみ、ＴＲＣ‐ＤＬの運用をしている場合があります。
(注3) サイト図書館名：播磨科学公園都市圏域定住自立圏電子図書館＝たつの市 (4 館)・宍粟市・上郡町・佐用町
(注4) 沖縄県離島活性化推進事業　久米島町電子図書館実証事業

　　図書館向けに電子書籍貸出システムを提供しているオーバードライブ社のプラットフォームは米国・カナダの 95% の公共図書館や多数の学校図書館で導入され 4 万 3000 館以上と契約している。他にも EBSCO 社や 3M 社などとの契約により、多様なプラットフォームを公共・学校図書館は採用している。

　公共図書館の 10% しか導入していない日本と、95% の図書館が導入している米国やカナダでは、まさに図書館の機能と役割がまったく異なるといえるだろう。

　例えば、2020 年の新型コロナウイルス感染症拡大による図書館の閉館時、日本ではほとんどの図書館において資料提供がまったくできなくなり、米国やカナダではほとんどの図書館で電子書籍による貸出サービスを提供できたという違いはあまりに大きい。本という「物」にこだわる日本の図書館と、本の内容である「情報」を重視する米国・カナダの図書館との違いが明確に表れたといえよう。

　もちろん、利用者にとってはさまざまな情報が必要な時期に「図書館が使えない＝図書館資料が使えない」ことは「図書館の死」を意味しており、デジタル・ネットワーク社会における日本の多くの図書館の脆弱性を示した象徴的な出来事であった。

3.3　図書館所蔵資料のデジタル化とその提供

「グーグルブック検索訴訟」に象徴されるアマゾン、アップル、グーグルなど米国発の企業による電子書籍流通のプラットフォームが世界的規模で展開する動向に対し危機感を深めた日本政府は、2010 年 3 月、経済産業省、総務省、文部科学省による「デジタル・ネットワーク社会における出版物の利活用の推進に関する懇談会」(三省懇)を設置した。そして早くも 6 月には「デジタル・ネットワーク社会における出版物の利活用の推進に関する懇談会　報告」をまとめた[*12]。

　この報告書において、図書館における電子出版に係る公共サービスについて、

[* 12]　デジタル・ネットワーク社会における出版物の利活用の推進に関する懇談会　報告」
(2011 年 6 月 28 日) https://www.soumu.go.jp/main_content/000075191.pdf (参照：2020-07-31)

次のような「具体的施策の方向性とアクションプラン」が示された（p.59）。

8）図書館における蔵書の全文検索
・国立図書館における蔵書の全文検索について、著作者や出版者、書店等の関係者との合意を前提としつつ、具体的なニーズが認められる部分について、実証実験等を実施。
9）図書館における電子出版に係る公共サービスについて検討・実証
・図書館による貸与については様々な考え方があるが、今後関係者により進められる図書館による電子出版に係る公共サービスの具体的な運用方法に係る検討に資するよう、米国等の先行事例の調査、図書館や出版物のつくり手、売り手等の連携による必要な実証実験等を実施。
・こうした取組について国が側面支援。

また国立国会図書館については「国立国会図書館における出版物のデジタル保存に係る取組を継続・拡充していく必要」（p.57）とされたのである。

これを受けて文部科学省として取り組むべき具体的な施策の実現に向け2010 年 12 月、「電子書籍の流通と利用の円滑化に関する検討会議」が「デジタル・ネットワーク社会における図書館と公共サービスの在り方」を検討事項のトップに掲げて文化庁に設置され、2011 年 8 月 26 日にまとめ（案）が示され、9 月26 日にパブリックコメント（意見公募手続）の実施が公表された* 13。

「まとめ」の内容は以下の 3 つの内容、条件が法令等によって適切に担保されるのであれば、当該サービスの実施にあたり、著作権法の権利制限規定の創設により対応することが適当であると考えられるというものである（p.3-p.4）。
(1)「国会図書館からの送信先の限定」（公立図書館、大学図書館）
(2)「国会図書館からの送信データの利用方法の制限」（プリントアウト不可［引用者注：のちにプリントアウト可として施行された］）
(3)「国会図書館からの送信サービスに係る対象出版物の限定について」（相当期間重版していないものであるとともに、電子書籍として配信されて

---

* 13　文化庁「電子書籍の流通と利用の円滑化に関する検討会議に係るまとめ」
https://www.bunka.go.jp/seisaku/bunkashingikai/kondankaito/denshishoseki/11/pdf/shiryo_1.pdf（参照：2020-07-31）
`

いないなど一般的にその出版物の存在の確認が困難である「市場における入手が困難な出版物」等とすること）

著作権法改正に向けたこの合意は、著作権者の公衆送信権によって許諾なくデジタルデータを送信することができなかった図書館にとって、大きな課題を一つクリアしたと言えるだろう。従来の紙媒体での図書館間相互貸借（ILL ＝ Interlibrary loan）に代わって利用者に資料を電子的に提供することが可能になるのである。

また、文化庁の検討会議とほぼ同時期に、内閣府の知的財産戦略本部のコンテンツ強化専門調査会では、国立国会図書館の1968年刊行までのデジタル化資料の公共図書館への送信について検討し、その結論は「知的財産推進計画2011」として2011年6月3日に公表された[*14]。

そこでは政府の施策として「我が国の知的インフラ整備の観点から、国立国会図書館が有する過去の紙媒体の出版物のデジタル・アーカイブの活用を推進する。具体的には、民間ビジネスへの圧迫を避けつつ、公立図書館による館内閲覧や、インターネットを通じた外部への提供を進めるため、関係者の合意によるルール設定といった取組を支援する。

（短期）（文部科学省、経済産業省、総務省）」（p.24）と記述された。

国立国会図書館では2009年度、通常の所蔵資料デジタル化の年度予算の100倍以上にあたる127億円の補正予算によって国立国会図書館における所蔵資料大規模デジタル化が進められることになり、2011年6月現在、約100万点のデジタル化を完了し、そのうち約25万タイトルをネット公開することとなった。このデジタル化には2種類の性質がある。

(1)電子図書館サービスのためのデジタル化

戦前期刊行図書、古典籍資料、昭和27年までの官報、学位論文を対象として、国会図書館の館内利用が基本であり、著作権処理が可能なものはインターネット提供を行う。

(2)保存のためのデジタル化

＊14　内閣府知的財産戦略本部『知的財産推進計画2011』（2011年6月3日）
　　　http://www.kantei.go.jp/jp/singi/titeki2/kettei/chizaikeikaku2011.pdf（引用日：
　　　2020-07-31）

1945 年～ 1968 年までの戦後期刊行図書、戦前期の雑誌等を対象とし、国会図書館の館内利用と図書館への配信を行う。なお、検索のためのテキスト化・デジタル化データの民間商用利用については文化庁の「電子書籍の流通と利用の円滑化に関する検討会議」で関係者の協議を行う。

このような歴史的経緯をたどった結果、2012 年 6 月 20 日、参議院本会議で「著作権法の一部を改正する法律案」が賛成多数で可決、成立し、この著作権法改正により国立国会図書館による絶版等資料(絶版等の理由により一般に入手することが困難な資料)の図書館等への自動公衆送信により提供可能となった。

改正された著作権法第 31 条は以下の通りである* 15。

（図書館等における複製等）

第三十一条　国立国会図書館及び図書、記録その他の資料を公衆の利用に供することを目的とする図書館その他の施設で政令で定めるもの(以下この項及び第三項において「図書館等」という。)においては、次に掲げる場合には、その営利を目的としない事業として、図書館等の図書、記録その他の資料(以下この条において「図書館資料」という。)を用いて著作物を複製することができる。

一　図書館等の利用者の求めに応じ、その調査研究の用に供するために、公表された著作物の一部分(発行後相当期間を経過した定期刊行物に掲載された個々の著作物にあつては、その全部。第三項において同じ。)の複製物を一人につき一部提供する場合

二　図書館資料の保存のため必要がある場合

三　他の図書館等の求めに応じ、絶版その他これに準ずる理由により一般に入手することが困難な図書館資料(以下この条において「絶版等資料」という。)の複製物を提供する場合

2　前項各号に掲げる場合のほか、国立国会図書館においては、図書館資料の原本を公衆の利用に供することによるその滅失、損傷若しくは汚損を避けるために当該原本に代えて公衆の利用に供するため、又は絶版等資料

* 15 「著作権法」(昭和四十五年法律第四十八号) 施行日：令和二年四月二十八日
https://elaws.e-gov.go.jp/search/elawsSearch/elaws_search/lsg0500/detail?lawId=
345AC0000000048 (参照：2020-07-31)

に係る著作物を次項の規定により自動公衆送信（送信可能化を含む。同項において同じ。）に用いるため、電磁的記録（電子的方式、磁気的方式その他人の知覚によっては認識することができない方式で作られる記録であって、電子計算機による情報処理の用に供されるものをいう。以下同じ。）を作成する場合には、必要と認められる限度において、当該図書館資料に係る著作物を記録媒体に記録することができる。

3　国立国会図書館は、絶版等資料に係る著作物について、図書館等又はこれに類する外国の施設で政令で定めるものにおいて公衆に提示することを目的とする場合には、前項の規定により記録媒体に記録された当該著作物の複製物を用いて自動公衆送信を行うことができる。この場合において、当該図書館等においては、その営利を目的としない事業として、当該図書館等の利用者の求めに応じ、その調査研究の用に供するために、自動公衆送信される当該著作物の一部分の複製物を作成し、当該複製物を一人につき一部提供することができる。[傍線引用者]

　そして国立国会図書館から送信を受けた図書館等では、著作権法で定められた複製の規定に準じてコピーすることができるようになったのである。

　これが 2014 年 1 月 21 日にスタートした「国立国会図書館　図書館向けデジタル化資料送信サービス」である。

　対象資料（**表2**）は 2020 年 7 月時点で以下の約 149 万点であり、リストは半年に 1 回程度（原則として 1 月と 7 月）の頻度で更新されている[17]。

　なお、この図書館向け送信サービスを受けることができる機関は、公共図書館や大学図書館等であり、著作権法第31条第1項の適用を受ける日本国内の「図書館等」と、これに準ずる外国の機関が対象となっている[18]。

　ところが実際の参加館は公共図書館・大学図書館など、わずか 1207 館である[19]。日本国内に存在する公共図書館 3303 館[20]、大学図書館 1430 館、短大図書館 174 館、高専図書館 61 の合計が 4968 館[21]であるから、せっかく実現した図書館向けデジタル化資料送信サービスに参加しないという図書館が全体の約 75% にあたる 3761 館もあることに驚かされるのである。

　例えば、秋田県の場合、公共図書館が秋田県立図書館の 1 館のみ、大学図書館が秋田大学附属図書館、秋田公立美術大学附属図書館の 2 館の合計 3 館しか

表 2　「国立国会図書館　図書館向けデジタル化資料送信サービス」
利用できる資料（約 149 万点）

資料種別	概　　要
図　　書	昭和 43 年までに受け入れた図書、震災・災害関係資料の一部　約 56 万点
古典籍	明治期以降の貴重書等や清代後期以降の漢籍等　約 2 万点
雑　　誌	明治期以降に発行された雑誌（刊行後 5 年以上経過したもので、商業出版されていないもの）　約 1 万タイトル（約 79 万点）
博士論文	平成 3 年〜 12 年度に送付を受けた論文（商業出版されていないもの）　約 12 万点
脚　　本	日本脚本アーカイブズ推進コンソーシアムから寄贈された昭和 55 年以前の放送脚本（テレビ・ラジオ番組の脚本・台本）の一部　約 3 千点

参加していない。一方、東京都では国立国会図書館東京本館が都内にあるにもかかわらず、公共図書館 83 館、大学図書館 115 館の合計 198 館が参加している。

　国立国会図書館が所蔵する資料のうち、著作権の保護期間が満了し、だれでも自由に閲覧できるデジタル化資料が約 50 万点、そして出版社で絶版等の理由で入手が困難なデジタル化資料が約 149 万点あり、この 149 万点のデジタル化資料について、居住する地域の近隣図書館が「図書館向けデジタル化資料送信サービス」に参加していないために閲覧・印刷することができない住民が数多く存在するということなのである。

　ここにも、ICT の進展と著作権法の改正によってようやく実現した新しいサービスを、あえて利用者に提供しないことを選択する「図書館の死」の実態が横たわっていると言えよう。

　ここまで、図書館所蔵資料のデジタル化とその提供について最近の動向をみ

＊ 17　国立国会図書館「図書館向けデジタル化資料送信サービス」https://www.ndl.go.jp/jp/use/digital_transmission/index.html（参照：2020-09-01）

＊ 18　著作権法施行令（昭和 45 年政令第 335 号）第 1 条の 3 又は第 1 条の 4 の規定に合致する機関としている。

＊ 19　国立国会図書館「図書館向けデジタル化資料送信サービス参加館一覧」（2020 年 9 月 1 日現在）https://dl.ndl.go.jp/ja/soshin_librarylist.html（参照：2020-09-01）

＊ 20　「日本の公共図書館統計　公共図書館集計 2019」日本図書館協会ホームページ http://www.jla.or.jp/library/statistics/tabid/94/Default.aspx（参照：2020-07-31）

＊ 21　「日本の大学図書館統計　公共図書館集計 2019」日本図書館協会ホームページ http://www.jla.or.jp/Portals/0/data/iinkai/chosa/nihon_no_toshokan2019uni.pdf（参照：2020-07-31）

てきたが、もう一つの大きな課題がボーン・デジタル出版物の収集とその提供である。前述の内閣府による「知的財産推進計画2011」には、「国立国会図書館への電子納本を可能にするため、例えば、電子書籍として市場で配信されたものは、館内閲覧に限るというルール設定の検討をはじめとした取組を支援する。（短期）（文部科学省、経済産業省、総務省）」（p.24）と、初めて電子納本制度についての政策方針が採り入れられたのである。

3.4　ボーン・デジタル出版物の収集とその提供

　国立国会図書館では電子出版物の増大に対応するため、2009年10月、第17回納本制度審議会で長尾真館長からオンライン資料の収集に関する諮問がなされ、審議会は「オンライン資料の収集に関する小委員会」を設置し、筆者も委員となって3回の調査審議を行い、2010年2月16日に「オンライン資料の収集に関する中間報告」を取りまとめた[*22]。そして2010年6月7日、中間報告をもとにした「答申―オンライン資料の収集に関する制度の在り方について」が納本制度審議会から長尾館長に手交された。

　この答申は民間の出版社・出版者等がインターネット等で提供する電子書籍、電子ジャーナルやデジタル雑誌などを発行した場合、国会図書館に納入する義務を負わせる制度的収集が必要であるという内容である。

　従来の図書、逐次刊行物に相当するものを、紙媒体のものがあっても収集し、有償・無償は問わず、内容による選別も行わないという条件のもとで収集を実施していくことになる。所蔵資料のデジタル化だけでなく、オンライン資料の制度的収集は図書館の大きな転換点である。そして、2013年7月1日、国立国会図書館「オンライン資料収集制度（eデポ）」がスタートした。

　オンライン資料（**表3**）とは、インターネット等で出版（公開）される電子情報で、図書または逐次刊行物に相当するもの（電子書籍、電子雑誌等）のことである。国立国会図書館は、改正国立国会図書館法に基づき、私人が出版したオンライン資料を収集・保存することになったが、出版社からの理解が得られず、

[*22]　国立国会図書館「第3回納本制度審議会
　　　オンライン資料の収集に関する小委員会議事要録」https://www.ndl.go.jp/jp/collect/deposit/council/3online_gijiroku.html（参照：2020-07-31）

表 3　「国立国会図書館　オンライン資料収集制度（e デポ）」 オンライン資料の具体例

私人のオンライン資料の具体例	無償かつ DRM なし		有償もしくは DRM あり
	ISBN、ISSN、DOI が付与されたもの	PDF、EPUB、DAISY で作成されたもの	
年報、年鑑、要覧、機関誌、広報誌、紀要、論文集、雑誌論文、調査・研究報告書、学会誌、ニュースレター、学会要旨集、事業報告書、技報、CSR 報告書、社史、統計書、その他、図書や逐次刊行物に相当するもの	○（収集の対象）	○（収集の対象）	×（収集の対象ではありません）

〈注〉 https://www.ndl.go.jp/jp/collect/online/index.html （参照：2020-07-31）

当面、無償かつ DRM（技術的制限手段)のない次のようなものに限定して、収集することになった*23。

　それでは民間の出版社が刊行する有償のオンライン資料の収集についてはどのようになっているのだろうか。「国立国会図書館報によるオンライン資料の記録に関する規定(平成 25 年 5 月 30 日国立国会図書館規定第 1 号)」には、次のように記述されている。

　（提供の免除）
　第 5 条　オンライン資料のうち有償で公衆に利用可能とされ、又は送信されるもの及び国立国会図書館法の一部を改正する法律(平成 24 年法律第 32 号。以下「改正法」という。)附則第 2 条に規定する技術的手段が付されているものについては、当分の間、その提供を免ずる。

　この条文でいう「当分の間」というのは、具体的には国立国会図書館へのいわゆる「電子納本」に異を唱えている国内の出版社団体や出版社の理解が得られ協力関係が築かれるまでということに、事実上なってしまっている。

＊ 23 「オンライン資料収集制度（e デポ）」https://www.ndl.go.jp/jp/collect/online/index. html（参照：2020-07-31)

　結局、国立国会図書館における現行の納本制度による紙と電子の納本状況は、次のようになっている。

　いわゆる民間出版社が出版している有償の電子書籍・電子雑誌等を収集できない現行の「オンライン資料収集制度（e デポ）は、この時代の文化財保存の観点からきわめて不十分な状況であり、「当分の間、その提供を免ずる」という特例的措置が終了し、一刻も早く本来の制度の趣旨が実現できることが国民にとって重要であろう。

　「電子書籍時代に図書館が必要なのか」、「電子図書館は1つあれば十分ではないのか」という言葉をしばしば耳にする。しかし、じつは電子書籍の時代にこそ図書館が必要なのである。

　長尾真・元国立国会図書館長は従来の「図書館情報学」はコンピュータ化など図書館を情報化していくことであったが、これからは情報を図書館の観点から組織化し、提供していく「情報図書館学」の時代であると指摘している[*24]。

　このような情報図書館学の視座から、今日の電子出版ビジネスと図書館の役割について、以下のような結論が導き出されよう。

表4　国立国会図書館の資料収集状況（2018 年度末時点）
2019 年 8 月 5 日　第 32 回納本制度審議会・資料 5

（有体物）		
図　　書	雑誌・新聞	その他非図書資料等
1,135 万点余	1,854 万点余	1,428 万点余

（無対物）	
インターネット資料 （ウェブサイト）	オンライン資料 （電子書籍・電子雑誌等）
1.2 万タイトル　　15 万件余 （データ量 1.4PB 余）	〔民間〕78.1 万点余 〔公的機関〕38.2 万点余

注：インターネット資料＝国、地方公共団体等の公的機関のウェブサイトを制度に基づき収集しているほか、公益法人、私立大学、政党、国際的・文化的イベント、東日本大震災関連等の民間のウェブサイトを許諾に基づき収集している。オンライン資料＝私人がインターネット等で出版した電子書籍・電子雑誌等を制度に基づき収集しているほか、インターネット資料として収集した公的機関のウェブサイトから、電子書籍・電子雑誌等に相当するものを取り出して収集している。

〈出所〉https://www.ndl.go.jp/jp/collect/deposit/council/32noushin_shiryo.pdf（参照：2020-07-31）

(1)　日本の出版業界において電子出版ビジネスが本格的に取り組まれつつある。

(2)　紙媒体の資料のデジタル化と電子出版物の流通によって、図書館資料の定義が大きく変わり、図書館では今後、館種を問わずネットワーク情報資源、とりわけオンライン系電子資料の利活用が重要な課題となる。

(3)　紙の本という、いわば情報が搭載されたコンテナーを所蔵する「正倉院」的機能も図書館にとってはもちろん重要だが、利活用されるべきコンテンツのプロバイダーとしての図書館像を新たに創出することが必要である。

(4)　電子出版の時代だから図書館が不要なのではなく、膨大な情報の中から信頼度の高い情報に利用者がアクセスするために、むしろ図書館のはたす役割は広がっていくだろう。

　図書館法の改正によって 2012 年度より司書資格の省令科目もこれまでの「図書館資料論」から「図書館情報資源概論」に改められ、図書館司書に求められるスキルも電子資料とネットワーク情報資源全般に拡大することになった。

　図書館にとっては電子図書館機能の充実こそが、次世代の文化創造に直結しているという視点が重要である。

＊24　長尾真「電子書籍の利活用と新たな文化創造—"情報"図書館学の視座（ビデオ出演）」（インタビュー：湯浅俊彦）　第 13 回図書館総合展フォーラム「電子書籍時代の図書館—次世代の文化創造に向けて」ビデオ映像より。

第 6 章

電子出版の未来に向けて

電子出版についてさまざまな観点からここまで見てきた。

最終章では、出版メディアを根源的に変革しつつあるこの電子出版を「データベース化」をいうキーワードでとらえ、特に日本国内の出版コンテンツの生産・流通・利用を考える視点から探求する。そのため、この章では「オンライン資料収集制度（e デポ）」と「図書館向けデジタル化資料送信サービス」の事例を通して、出版業界が電子図書館事業をどのように考えているのかを分析する。

そして、図書館による電子図書館事業が「民業圧迫」と出版社から批判されることと、人々ができるだけいつでもどこでも自由に図書館情報資源を活用できることを、いかに調整できるのかという課題を考える。

そうすると、出版業界と図書館界が競合ではなく、協同することによって、社会の知的インフラとしての電子出版・電子図書館をもっと発展させていく方向性が見えてくる。

最終章では、「ジャパンサーチ」のようにさまざまな分野のデジタルアーカイブをつなぐ新たなポータルサイトの構築にも触れながら、電子出版の未来を展望する。

第 1 節

出版業界と図書館界の競合

1.1　データベース化する出版メディアとオンライン資料収集制度

　今日の電子出版における生産、流通、利用、保存のさまざまな位相を詳細に見ていくと、紙媒体から電子媒体に移行していく出版メディアの特徴として、「データベース化」というキーワードが浮かび上がってくる。これまで図書や雑誌の1点1点が流通していく形態をとっていた出版メディアがデジタル化されることによって、巨大な出版コンテンツ・データベースとしての利用が可能になってきたのである。

　したがって、電子出版ビジネスと電子図書館事業がともすれば競合する今日の状況の中で、データベース化する出版メディアの事例を検討する必要があるだろう。

　例えば、国内で刊行された出版物を網羅的に収集する国立国会図書館による納本制度は、電子書籍・電子雑誌等の電子出版物が増加することによって、新たに2013年7月1日から「オンライン資料収集制度(eデポ)」が追加された。しかし、紙媒体の納本制度のようには出版社からの協力が得られず、当面は無償かつDRM（技術的制限手段）のないものに限定して収集していかざるを得なくなったのである。

　なぜ出版社は紙媒体の納本制度には協力するのに、いわゆる電子納本制度には協力できないのか。それは国立国会図書館が収集した電子書籍や電子雑誌等が現行法で規定されている国会図書館の館内利用にとどまらず、将来的に公共

図書館や大学図書館等でデータベース検索され、本文まですべて閲覧・印刷されるのではないかという不安を拭いきれないからであろう。

　そこで、有償のオンライン資料の収集について検討するために、国立国会図書館による「電子書籍・電子雑誌収集実証実験事業」が 2015 年 12 月から開始された。

　実際にはこの事業は、電子出版事業を行う 25 社の出版社を中心に組織されている日本電子書籍出版社協会が受託して 2015 年 12 月から 2018 年 12 月まで第 1 段階会議が開催され、22 名の委員が有識者会議において実証実験について検証し、さまざまな角度から意見を述べ、筆者もこれに参加した。また、2019 年 1 月から第 2 段階会議が行われたが、筆者はこれに参加できず、2020 年 1 月まで 2 つの会議を併せて 4 年 2 ヶ月もの長い歳月をかけたこの実証実験事業は終了した。

　そして、2020 年 8 月 7 日に開催された 2020 年度第 1 回納本制度審議会・オンライン資料の補償に関する小委員会に、「電子書籍・電子雑誌収集実証実験事業について」が報告書として提出されたのである。

　この報告書によると、民間出版社が刊行する有償の電子書籍・電子雑誌をオンライン資料の制度的収集を行うことについて、次のような内容が記述されている。

3.5　ビジネスへの影響の検証や納入時の費用の調査分析
最新の電子書籍ビジネスの動向を調査するとともに、有識者会議や実証実験に作品を提供した出版社との連絡会議を通じて情報収集を行った。

(1) 公共図書館向け電子書籍貸出サービス
・国内においては、新たな電子書籍ビジネスとして、公共図書館向け電子書籍貸出サービスが広がりつつある。
・発展途上のビジネスモデルであるが、来館困難者への読書機会を提供するサービスとして、従来の図書館サービスを補う役割が期待されている。
・仮に、NDL［＝国立国会図書館、引用者注］が収集した電子書籍等を図書館送信サービスの枠組みで提供する場合には、民間ビジネスとの競合が発生し、大きな影響を及ぼすことになる。

(2) 利用提供方法

・NDL 館内限定公開かつ同時閲覧制御という実証実験の利用方法では、作品数が限定的だったこともあり、有識者会議や連絡会議においてビジネスへの影響があったという指摘はなかった。

・制度収集開始後については、有識者会議や連絡会議において、公共図書館への配信や無制限な利用が行われると電子書籍ビジネスへの悪影響が懸念されるとの指摘が多数あった。

・出版社を始めとする電子書籍関連事業者の中には、NDL による将来的な利用拡大に対する不安が認められる。この不安を取り除くためには、利用に関するルールを策定し、NDL と出版社の合意文書等により担保することも考える必要がある。

ほかにも、リポジトリ調査の項目では、次のような記述もあった。

・商業出版社が発行する電子書籍等は、別途、民間の電子書籍サービスとして 20 数年に渡り継続して保存・蓄積・提供が行われており、大学等の機関リポジトリに相当する機能を兼ね備えていると言える。

・有識者会議では、大学等が運営する機関リポジトリと同様に民間が運営するリポジトリとも連携し、官民の役割分担により日本国内の電子書籍等を保存することが合理的であるとの意見が示された一方、民間運営の永続性には懸念も示された。

このような言説を総合的に分析すると、電子出版を実際に行っている日本国内の出版社は、以下のような展開を考えている可能性がある。

(1)　電子出版を行っている出版社としては、電子書籍・電子雑誌等を紙媒体の納本制度と同様に国立国会図書館に電子納本することに危惧を覚える。

(2)　なぜなら国立国会図書館の所蔵資料をデジタル化し、「図書館向けデジタル化資料送信サービス」として公共図書館や大学図書館等を対象に公衆送信しているように、出版社が電子納本した電子書籍・電子雑誌等についても将来的に館内利用のとどまらず、公共図書館・大学図書館等に

送信、提供することも想定できるからである。

(3) したがって、出版社が共同で出版デジタル機構を設立したように、民間が運営するリポジトリを構築すれば、個々の出版社が制作した電子出版物は国立国会図書館のオンライン資料の収集対象から外れることも可能ではないか。

これは、出版デジタル機構の関係者がこれまで図書館について、述べてきたことと密接につながっているように思われる。

例えば、2011年7月に開催された「本の学校・出版産業シンポジウム2011 in 東京」において筆者がコーディネートした分科会では、次のような出版デジタル機構からの発言があった*1。

「(略)図書館に行かなければ資料が提供できなかった時代ではなく、図書館に行かなくても資料が提供できるんだという考えになった段階で、図書館の位置づけや役割が変わる。それはむしろ出版社が自ら家庭に向けて提供すればいい。つまり、家庭において本が借りられるというのは、チャンネルが変わった。それは出版社が自らやろうとする、ビジネスチャンスが間違いなくあります。それは出版社自らが図書館サービスをやればいい」

ほかにも、2011年11月に開催された「日本図書館情報学会研究大会シンポジウム」では、次のような出版デジタル機構からの発言があった*2。

NDL［＝国立国会図書館、引用者注］が果たしてきた物理的収集のロジックは終わった。それをデジタル情報に拡大するのは無理がある。これからは分散処理に移っていくべきで、NDLの役割が終わったともいえる。(p.63)

＊1 「本の学校・出版産業シンポジウム2011 in 東京 第4分科会：電子図書館の現状と出版産業のこれから」（2011年7月9日、東京ビッグサイト会議棟）における出版デジタル機構会長の発言。本の学校編『書店の未来を創造する―本の学校・出版産業シンポジウム2011記録集』2012.7、出版メディアパル、p.175.
＊2 「第59回日本図書館情報学会研究大会シンポジウム」（2011年11月13日、日本大学文理学部キャンパス）における出版デジタル機構会長の発言。第59回日本図書館情報学会研究大会シンポジウム記録「電子書籍時代の図書館のあり方」(2011年11月13日『日本図書館情報学会誌』58巻1号、2012.3.

（略）出版社側が電子書籍を売るだけでなく貸し出すビジネスも考えられる。それを契約で図書館がアクセスできるようにする、という電子図書館のアプローチもありうる。（p.59）

　このような発言に対して、新聞社からコメントを求められた筆者は次のように答えている[3]。

　　出版デジタル機構の設立について、電子書籍に詳しい立命館大学［当時＝引用者注］の湯浅俊彦教授（電子出版、図害館情報学）は「中小出版社が電子化に取り組む上でのハードルを下げる。インフラ整備という意味で、出版社にとっては福音的存在だ」と評価。今後については「既刊本を中心に一気に電子書籍化が進むと思う」と話す。
　　一方、機構の業務に出版物のアーカイブ（書庫）構築や図書館への電子書籍配信支援などが含まれながら、具体的な内容が見えないことに対しては、こう注文を付けた。「これまで公共図書館が担ってきた役割を直ちに代替できると考えたり、巨大なアーカイブを持った後に優越的立場を乱用しないよう、今から『やること』と『やらない』ことをきちんと整理しておくべきだ」

　出版デジタル機構は2012年4月に設立され、産業革新機構の出資を受けて出版業界において電子出版のインフラ作りを行う、いわば公的企業としての役割を担っていた。しかし、2013年7月に大手電子書籍取次であるビットウェイを子会社化、さらに2017年3月には今度は出版デジタル機構が逆に大手電子書籍取次のメディアドゥに子会社化されたので、出版デジタル機構が今後どのように展開していくのかは分かりにくい。
　ここでは、仮に国内の出版社がコンソーシアムを設立し、提供される電子出版サービス自体が機関リポジトリと位置づけられることによって、図書館界はどのような影響を受けるかを考えてみよう。
　日本国内の電子書籍やデジタル雑誌は、各出版社から個別にコンテンツを購

＊3　「電子書籍　市場拡大の『呼び水』に―『出版デジタル機構』始動」『産経新聞』2012年4月26日付大阪本社版朝刊12版15面.

入するのではなく、このコンソーシアムとのライセンス契約になる可能性がある。

　すでに大学図書館における電子ジャーナルの契約では、毎年高騰を続ける外国の学術雑誌に対応すべく「共同ライセシング」などバーゲニングパワーの増強による出版社交渉へ向けて「大学図書館コンソーシアム連合(Japan Alliance of University Library Consortia for E-Resources : JUSTICE)が2011年4月に誕生している*4。今後、教育・研究に不可欠な電子情報資源のコレクション形成と保存という課題に取り組むため、日本語タイトルの電子書籍や電子雑誌の価格交渉が行われる可能性がある。

　また現在でも、商業出版社が刊行する電子書籍などは複数のプラットフォームで提供されるのが実態であるから、出版業界のコンソーシアムに参加しない出版社の電子出版物をどのベンダーと契約することによって利用できるのかを把握する必要もあろう。

　一方、ボーン・デジタルの電子資料の増加は従来の政府刊行物などの「灰色文献」(存在を確認することが難しく、通常の出版物の流通経路では入手困難な資料)の領域をさらに広げることとなり、膨大な情報の中から信頼度の高い情報に利用者がアクセスするために、図書館は新たな任務を担うことになるだろう。

　このような広い意味での書誌コントロール(目録作業や分類作業のように資料を識別同定し、管理し、利用に供するサービス)が電子出版時代の図書館の重要な任務になってくるのである。そこでは雑誌の記事や論文、書籍の章や節の単位でのメタデータの付与など、従来の紙媒体を中心とした資料とは異なる資料組織化の手法が必要となってくる。

　また、学術情報を取り扱う大学図書館や専門図書館だけでなく、地域の情報拠点としての公共図書館は地域住民にとって重要なアクセスポイントであり、紙媒体とオンライン資料・ネットワーク系情報資源を使い分ける新たな時代のそれぞれの図書館をデザインする構想力が求められることになる。

　さらに、これからの探求型学習を支える情報センターとしての学校図書館の

---

*4　大学図書館コンソーシアム連合ホームページ「大学図書館コンソーシアム連合：JUSTICE について」https://www.nii.ac.jp/content/justice/overview/（参照：2020-09-10)

役割も重要である。デジタル教科書と電子書籍をリンクさせることによって学校の教育課程の展開に寄与することが必要であろう。

　つまり出版業界によるコンソーシアムが構築されても、オンライン資料の収集・利用・保存はデジタル・ネットワーク社会において図書館が担うべき重要な役割であろう。

　出版社がこれまで図書館が担ってきた役割を代替できると考えるのは、電子出版物の販売を貸与に変更するだけで可能という前提であろうが、書誌コントロールや長期保存などを考えると、図書館と競合よりも協同する未来を選択する方がより現実的であると考えられるのである。

第2節

電子出版ビジネスと電子図書館の共存

2.1　非来館型図書館機能の拡充へ

　2020年8月27日、第20期文化審議会著作権分科会・法制度小委員会の「図書館関係の権利制限規定の在り方に関するワーキングチーム（第1回）」が文部科学省旧文部省庁舎5階からテレビ会議で開催された。

　この会議の開催は2つの課題に対応するために開催されている。
　第1に、図書館関係の権利制限規定（著作権法第31条）がデジタル・ネットワーク化に対応できていないと従来から指摘があったところ、2020年の新型コロナウイルス感染症の流行に伴う図書館の休館に伴い、インターネットを通じた図書館資料へのアクセスのニーズが顕在化したことである。
　第2に、こうした状況を踏まえ、「知的財産推進計画2020」（2020年5月27日、知的財産戦略本部決定）において、図書館関係の権利制限規定のデジタル・ネットワーク化対応について短期的に結論を得るべき課題と明記され、工程表には2020年度内に一定の結論を得て、法案の提出等の措置を講ずるとされたことである。
　「知的財産推進計画2020」には、次のように課題が挙げられている[*1]。

＊1　『知的財産推進計画２０２０〜新型コロナ後の「ニュー・ノーマル」に向けた知財戦略』（2020年5月27日）内閣府・知的財産戦略本部、p.68.

　絶版等により入手困難な資料をはじめ、図書館等が保有する資料へのアクセスを容易化するため、図書館等に関する権利制限規定をデジタル化・ネットワーク化に対応したものとすることについて、研究目的の権利制限規定の創設と併せて、権利者の利益保護に十分に配慮しつつ、検討を進め、結論を得て、必要な措置を講ずる。（短期・中期）（文部科学省）

　ここで見直されようとしているのは、現行の著作権法第31条に規定されている「図書館等における複製等」に関連する項目である。

　第1に、国立国会図書館が所蔵し、デジタル化された資料のうち絶版等により市場における入手困難な資料に限って公共図書館や大学図書館等に送信し、図書館内での閲覧・印刷が可能であるが、感染症対策等のために図書館等が休館、疾病や障害のため来館が困難、そもそも近隣に図書館がない場合には、絶版等資料へのアクセスができない。

　そこで、この会議の「検討課題及び論点」によると、次のような対応を検討することにしている。

　　図書館等への物理的なアクセスが出来ない場合にも、絶版等資料を円滑に閲覧することができるよう、国立国会図書館が、一定の条件の下で、絶版等資料を各家庭等にインターネット送信することを可能とすることについて検討を進めることとしてはどうか。

　第2に、国立国会図書館または政令で定める図書館等の図書館資料の複製及び複製物の提供について、次のような対応を検討するという。

　　図書館等が保有する多様な資料のコピーを利用者が簡便に入手できるようにしつつ、権利者の利益保護を図るため、新たに補償金請求権を付与することを前提に、図書館等が一定の要件の下で、図書館資料のコピーを利用者にFAXやメール等で送信することを可能とすることについて検討を進めることとしてはどうか。

　以上、「国立国会図書館による図書館向けデジタル化資料送信サービスを各家庭等へのインターネット送信に送信先を拡大すること」、「著作権者に補償金請求権を付与することを前提に、国立国会図書館又は政令で定める図書館等の図書館資料のコピーを利用者にFAXやメール等で送信を可能にすること」の2点が具体的な検討課題として挙げられているのである。

　この2点が実現できれば、国民の図書館資料の利用がきわめて簡便かつ豊かなものになり、新たな知見の発見、新たな文化の創出につながっていくことであろう。

　2020年の新型コロナウイルス感染症の流行による図書館の休館は、象徴的な出来事であったが、日本では日常的にこれまでの図書館資料の利用が著作権の制約によって、今日のデジタル・ネットワーク社会においてあまりに不合理で、不便であると感じている利用者は多い。

　例えば、この会議の参加団体である「図書館休館対策プロジェクト」から提出された資料には、次のような教員の声が掲載されている[2]。

　　　日本に留学したアメリカの院生が、東大に留学しながら、東大をはじめとして日本の図書館の文献は紙のコピーしか出来ないので、目の前の東大図書館を使わず、Harvardの図書館からpdfを送ってもらっていました。恥ずかしすぎる話です。（大学・大学院、教員）

　この会議の検討課題が実現すれば、図書館に行かずに、各家庭においてもさまざまな著作物が利用可能となり、データベース化する著作物は出版社や図書館の枠を超え、ユビキタスな存在、すなわち、かたよってある「偏在」ではなく、あまねくあるという意味の「遍在」する情報となるだろう。

---

[2]　「図書館関係の権利制限規定の在り方に関するワーキングチーム（第1回）」（2020年8月27日開催）資料4-6「ポストコロナに求められるデジタル化資料のあり方―研究者・学生のニーズから」（p.3）に掲載された研究者・学生の声から引用。
　　https://www.bunka.go.jp/seisaku/bunkashingikai/chosakuken/toshokan_working_team/r02_01/pdf/92478101_10.pdf（参照：2020-09-08）

2.2　競合から協同への道すじ―デジタルアーカイブの時代へ

　それにしても、電子出版と電子図書館の領域において 2020 年代に起こりつつあることは、長尾真が 1990 年代の「電子図書館 Ariadne」や 2000 年代のいわゆる「長尾構想」ですでに先駆的に検討してきたものばかりであることに、改めて驚かされる。

　いわゆる「長尾構想」は、2008 年 4 月に日本出版学会春季研究発表会・特別シンポジウムにおける長尾真・国立国会図書館館長（当時）のゲスト講演「ディジタル図書館サービスと出版界」において発表された提案である。図 1 のように、この構想によると出版社は電子書籍を国立国会図書館に無料で提供し、利用者は最寄りの図書館へ行く交通費の数分の一程度の料金をダウンロード手数料として図書館を経由して出版社に支払うという提案であった[*3]。

　また 2009 年 1 月、筆者が企画し、コーディネータを担当した日本ペンクラブ・

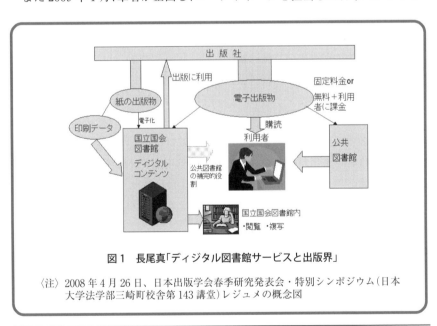

図 1　長尾真「ディジタル図書館サービスと出版界」

〈注〉2008 年 4 月 26 日、日本出版学会春季研究発表会・特別シンポジウム（日本大学法学部三崎町校舎第 143 講堂）レジュメの概念図

---

*3　長尾真「ディジタル時代の図書館と出版」（日本出版学会講演資料、2008 年 4 月 26 日）なお、この講演資料は『ず・ぼん』14 号、ポット出版、p.110-111 に収録されている。

追手門学院共催セミナー「紙の本のゆくえ―文学と図書館の新しい挑戦」(2009
年1月、追手門学院大阪城スクエア)では、長尾は「ディジタル時代の図書館の
役割」と題した基調講演を行い、この中でいわゆる「長尾構想」の「図書館が直接、
出版社にダウンロード手数料を支払う」としていた点を改め、「電子出版物流通
センター(仮称)」を介して利用者からアクセス料金を徴収し、権利者へ配分す
る再提案を行い、さらに出版社は国立国会図書館に電子納本することによって
著作表現についての先取権の主張が可能になるとしている。
　このセミナーにおける配布資料では次のように記載されている＊4。

　ディジタル時代の国立国会図書館と出版社・読者(1つの仮定の話)
・　紙の出版物を納本制度により納入してもらう。
・　電子出版物しか出さない場合にはそれを電子納本してもらう。
・　紙の本と電子出版物の両方を出す場合、紙の本は納本制度により納本、
　　電子出版物の納本に対しては対価を支払う。

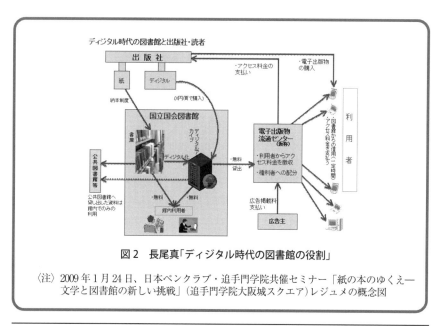

図2　長尾真「ディジタル時代の図書館の役割」

〈注〉2009年1月24日、日本ペンクラブ・追手門学院共催セミナー「紙の本のゆくえ―
　　文学と図書館の新しい挑戦」(追手門学院大阪城スクエア)レジュメの概念図

＊4　長尾真「ディジタル時代の図書館の役割」(日本ペンクラブ・追手門学院共催セミナー
　　「紙の本のゆくえ―文学と図書館の新しい挑戦」配布資料、2009年1月24日)

- 館内利用者は紙の資料も電子出版物も無料で自由に読める。コピーも著作権の許す範囲で可能。
- 電子出版物に対する遠隔利用者からの貸出し要求は電子出版物流通センター（仮称）を通じて行う。利用者はこのセンターを通じてアクセス料金を出版社に支払う。
- 国立国会図書館は利用者の要求に応じて、電子出版物をこの流通センターを通じて無料で提供する。
- 利用者が自分の読書端末に借用した電子出版物は一定時間（たとえば１日）後、自動的に消去される。コピーはとれない。他への転送も出来ない。
- 何日もかかって読む電子本は、最初は借用でも、結局はその出版物をダウンロードで買うことになるだろう。
- 公共図書館への貸出し資料は、電子資料の場合、館内の特定端末でしか見られないようにする。コピーは著作権の許す範囲で可能。電子資料は一定時間後消去される。
- 出版社は国立国会図書館に電子納本することによって、著作表現についての先取権の主張が可能になる。これが電子納本のインセンティブになるだろう。

　この長尾構想は、国立国会図書館による「図書館向けデジタル化資料送信サービス」や「オンライン資料収集制度（e デポ）」の礎石ともなった大きな構想であったが、出版社からは「民業圧迫」との批判の声もあがった。例えば、出版流通対策協議会の高須次郎会長（当時）は、次のように書いている [5]。

　　長尾構想は、出版社が販売している本までデジタル化し、紙版のみの新刊のデジタルデータも納本制度という権力で召し上げ、事実上の国営電子出版配給会社を実現しようとするものといえる。紙版の電子データまで納めろという雲行きだ。どこの製造業で金型を無料でよこせといわれ、はい分かりましたと納める経営者がいるだろうか？　出版社の虎の子の財産を

* 5　高須次郎「電子納本と長尾国立国会図書館長構想の問題点」『新文化』2011 年 2 月 3 日付 1 面、No.2872.

出せとはどういう了見なのか。グーグルより質が悪い。民業圧迫そのものである。われわれには納本拒否しか道が残されていないいのだろうか。もし納本させるために罰則を設けようなどと考えるのなら、それはもってのほかといわざるをえない。

これに対して、筆者はつぎのように反論した＊6。

　国の費用によってデジタル・アーカイブを構築し、出版社によるコンテンツの再生産を阻害せず、むしろ支援するような新しいしくみを確立すること、読者・利用者のために著作権者や出版社と図書館界の利害調整を行うことこそ必要である。電子書籍の時代における出版社と図書館の役割について、納得し合える地点がどこにあるのか。
　私自身は国立国会図書館が所蔵する資料をテキストデータ化し、「電子納本制度」によって収集したオンライン資料と併せて国民に提供できるようにすることが急務であると考えている。（略）
　「長尾構想」を一つの叩き台として、どのような形であれば図書館における電子書籍の利用が実現可能なのかを高須会長に改めて具体的に提示していただきたいと思うのである。

　結局、長尾が提案した「電子出版物流通センター」は出版社の賛同を得られず、2008年4月の長尾構想の発表から4年後の2012年4月には出版社によって「出版デジタル機構」が設立されることとなった。
　国立国会図書館において納本制度によって集まった紙媒体の資料をデジタル化し、オンライン資料収集制度で収集した電子出版物と併せて、出版社が集まって設立した「出版デジタル機構」の出版コンテンツとして各家庭に送信する出版ビジネスと、各図書館に送信する国立国会図書館の電子図書館事業とに棲み分けて活用することが、もっとも合理的かつ経済的なしくみであると考えられるが、その実現はきわめて困難な状況である。

＊6　湯浅俊彦「誤解されている『長尾構想』—高須次郎出版流通対策協議会会長への反論と問題提起」『新文化』2011年3月3日付1面、No.2876.

　むしろ、出版社は自らが構築した電子書籍サービスを機関リポジトリと見立てて、国立国会図書館へのオンライン資料収集の対象外となることを願っているように思える。

　新型コロナウイルス感染症が世界的に流行し、図書館の休館を余儀なくされた中でも、オンライン授業などにおいて図書館のデジタル化資料が活用できた諸国と、日本のように著作権制度による制約によってICT活用型の著作物利用がきわめて困難な国とに分かれた要因を、「長尾構想」が発表された2008年4月の時点に立ち返って検証すべきだろう。そうすればアマゾン、アップル、グーグルによる世界的規模でのプラットフォーム構築と、日本国内のさまざまな電子書籍サービスの盛衰、現実に利用できる日本語タイトルの電子出版物があまりに少ない状況など、少しは違ったものになっただろう。

　少なくとも、2020年度には「知的財産推進計画2020」が策定され、これを受けて文化庁の文化審議会著作権分科会がこれまでの「図書館関係の権利制限規定」を見直すこととなったのは意義のあることである。次世代の文化創造のために、出版業界と図書館界が競合ではなく、協同をめざすことが最も重要であろう。

　一方、2020年8月に「ジャパンサーチ」正式版が公開され、本格運用が開始された。ジャパンサーチは「書籍等分野、文化財分野、メディア芸術分野など、さまざまな分野のデジタルアーカイブと連携して、我が国が保有する多様なコンテンツのメタデータをまとめて検索できる『国の分野横断型統合ポータル』」であり、デジタルアーカイブジャパン推進委員会及び実務者検討委員会（事務局：内閣府知的財産戦略推進事務局）が運営し、実務は国立国会図書館が中心となって行っている[7]。

　ジャパンサーチの公開により、108のデータベースと約2,100万件のメタデータが検索可能となり、ギャラリー（電子展覧会）には214点のさまざまなテーマに関するコンテンツ、解説、関連資料が掲載されている[8]。

　これからは社会教育施設だけでなく、大学や企業も含めて知識情報基盤としてのデジタルアーカイブをどのように構築し、連携し、利活用していくかが課

* 7　ジャパンサーチ　ホームページ「ジャパンサーチの概要」https://jpsearch.go.jp/about
　　　（参照：2020-09-09）
* 8　同上

表1　「ジャパンサーチ」連携機関・連携データベース一覧
（2020年8月25日時点）

分野	連携機関（つなぎ役）	データベース名
書籍等	国立国会図書館	「国立国会図書館サーチ（NDLサーチ）」から、12件のデータベース
公文書	国立公文書館	「国立公文書館デジタルアーカイブ」
文化財	文化庁	「文化遺産オンライン」から、国指定文化財等データベース
	国立文化財機構	「ColBase　国立博物館所蔵品統合検索システム」
美術・映画	国立美術館	「国立美術館所蔵作品総合目録検索システム」「アートコモンズ」「映像
美術	一般社団法人　全国美術館会議	「愛知県美術館コレクション」「東京富士美術館収蔵品データベース」
	日本写真保存センター	「写真原板データベース」
メディア芸術	映像産業振興機構	「Japan Content Catalog」から、3件のデータベース
舞台芸術	早稲田大学坪内博士記念演劇博物館	「演劇情報総合データベース」から、3件のデータベース
自然史・理工学	国立科学博物館	「サイエンスミュージアムネット（S-Net）」「魚類写真資料データベース」
	南方熊楠顕彰館	「南方熊楠邸資料：蔵書、標本、文書」
地図	国土地理院	古地図コレクション
人文学	人間文化研究機構	「人間文化研究機構統合検索システム nihuINT」から、42件のデータベース
	立命館大学アート・リサーチセンター	「ARC浮世絵ポータルデータベース」「ARC古典籍ポータルデータベース」「ARC番付ポータルデータベース」
	公益財団法人　渋沢栄一記念財団	「デジタル版　『実験論語処世談』／渋沢栄一」
学術資産	東京大学	「東京大学学術資産等アーカイブズポータル」
	京都大学総合博物館	「京都大学研究資源アーカイブ」から3件のデータベース
放送番組	放送番組センター	「放送ライブラリー公開番組データベース（ドラマ）」
	日本放送協会	「動画で見るニッポンみちしる」
公共データ	総務省・内閣官房IT総合戦略室	「データカタログサイト」
地域	新潟大学	「にいがた地域映像アーカイブデータベース」
	県立長野図書館	「信州デジタルコモンズ」から、2件のデータベース
	三重県	「三重の歴史・文化デジタルアーカイブ」から、19件のデータベース

〈出所〉https://www.ndl.go.jp/jp/news/fy2020/__icsFiles/afieldfile/2020/08/20/pr200825_2.pdf（参照：2020-09-09）

題である。このように電子出版を考える際にも、図書や雑誌といった出版コンテンツだけに限定せず、むしろ映像資料や音声資料なども含めたマルチメディア資料全体の生産、流通、利用、保存について考える必要があるだろう。

　いずれにせよ、グーグルの「ブック検索」が生まれるずっと以前から「電子図書館Ariadne」を提示し、誰よりも早く「長尾構想」として所蔵資料のデジタル化とボーン・デジタル出版物の収集により国民が使える図書館情報資源のあり方を考え、国立国会図書館の実践の中で集大成してきた長尾真の考え方をもう一度「発見」し直す時が来ている。

　出版や図書館の世界だけでなく、あらゆる情報資源のデジタル化とその利用の最適化について、真摯に検討する必要があるだろう。

　それは次の世代の知見の形成に必ずつながり、新たな価値の創出に強い力を発揮するのである。ともあれ、出版界と図書館界は電子出版の未来に向けて、競合から協同への道を切り拓いていくことこそが重要であろう。

資料
電子出版年表 2010 ～ 2020 年

1. 本年表は「電子書籍元年」と呼ばれた 2010 年から 2020 年までの電子出版に関連する主要な事項を収録したものである。
2. データ抽出の主要典拠文献は、出版業界紙『新文化』(新文化通信社)による。本年表の初出は、2012 年に発行した『電子出版学入門』である。同書の「改訂版」発行時に補足してきたが、本書では、2010 年～ 2020 年までの主な動きを中心にまとめた。

電子出版関連の主な出来事

年	月	事 項
2010	1	雑誌コンテンツデジタル推進コンソーシアム、雑誌デジタル配信第1期実証実験サイト「parara（a）」開設。
	2	「魔法のiらんど」は2009年度総務省「ICT先進事業国際展開プロジェクト」のうち「ICT利活用ルール整備促進事業」（「サイバー特区」事業）の一環として、コンテンツ・レイティングに関する実証実験を実施。
		講談社、小学館、集英社、新潮社、文藝春秋、角川書店など31の出版社、一般社団法人「日本電子書籍出版社協会」を設立し、代表に野間省伸・講談社副社長を選出。
		日本文藝家協会、デジタル化にともなう著作権者との契約について配慮を求める文書を日本書籍出版協会に送付。
		国際ISBN機関、電子書籍へのISBN（国際標準図書番号）付与に関する見解を公開。
	3	角川書店、角川歴彦『クラウド時代と〈クール革命〉』を3月10日の全国書店発売前の期間限定で全文無料公開。
		総務省、文部科学省、経済産業省が「デジタル・ネットワーク社会における出版物の利活用の推進に関する懇談会」を設置。
		NetLibraryの事業がOCLC Inc.からEBSCO Publishingに移管。
		インターネットのサイト「ほぼ日刊イトイ新聞」、大沢在昌『新宿鮫』シリーズの新作の連載を開始。
	4	国立国会図書館法に基づき、国会図書館が公的機関のインターネット情報の収集・保存を開始。
		米アップル、情報端末「iPad」を米国で発売、初日に30万台以上販売、電子書籍は1日で25万冊以上販売と発表。
		日本電子出版協会、EPUB（Google、Apple、Adobe、ソニー、B&Nなど電子出版関連各社が採用した電子出版フォーマット）説明会を開催。
		トーハン、「デジタル事業推進室」を新設。
		朝日新聞社、インターネットで情報を提供する「Astand（エースタンド）」を本格オープンし、旬のニュース解説や特集記事を読みやすい形にまとめた「WEB新書」を創刊。

年	月	事　項
2010	5	NTTソルマーレ、『いつもそばにいる』などKindleとiPad向け英語版コミックの配信を開始。
		講談社、作家の京極夏彦氏の5月15日に刊行された『死ねばいいのに』をiPadやiPhone、携帯電話、パソコンで読める電子書籍として販売。
		米アップル、情報端末「iPad」を日本で発売。
	6	ソフトバンクグループの「ビューン」、iPad向けに『毎日新聞』、『AERA』など新聞、雑誌、テレビニュースなど31のコンテンツを月額450円で配信するサービスを開始。
		アゴラブックス、iPadで読めるソーシャルメディア対応型電子書籍を発売。
		国会図書館・納本制度審議会は「答申―オンライン資料の収集に関する制度の在り方について」を長尾真館長に手交す。
		インプレスジャパン、オーム社、技術評論社など14社、「電子書籍を考える出版社の会」設立。
		小学館、『週刊少年サンデー』の代表作をiPhoneで購読、閲覧できるアプリ「少年サンデーforiPhone」を公開。
		作家の瀬名秀明氏ら、電子書籍「AiR（エア）」公開、iPad、iPhone用に配信開始。
		アップル、iPhone4を日本で発売。
		講談社、『小田実全集』を電子書籍版（7万8750円）とオンデマンド版（全82巻、31万7415円、いずれも税込）で販売。
		デジタルコミック協議会、米出版社などと協力して米国の海賊版サイトの摘発に乗り出すと発表。
	7	ソニー、凸版印刷、KDDI、朝日新聞社の4社、電子書籍のネット配信を手がける事業準備会社を設立。
		トーハン、出版社の電子書籍ビジネスをサポートし、書店もビジネスモデルに組み込んだ電子書籍のプラットフォームを構築すると発表。
		日本雑誌協会と韓国雑誌協会、デジタル雑誌の取り組みについて覚書を締結。
		国会図書館、全文テキスト検索のための実証実験を出版社や印刷会社と協力して行うと発表。
		シャープ、電子書籍端末を2010年秋に発売し、電子書籍事業開始と発表。
		富士山マガジンサービス、デジタル雑誌350誌をiPhone、iPadで閲覧できるサービス開始。
		デジタル教科書教材協議会、小中学生にデジタル教科書を普及させるための産学協同コンソーシアムとして設立。
		講談社100%出資の子会社・星海社、書き下ろしのデジタル版小説・コミックスなどを2010年9月開設のサイト「最前線」で無料公開すると発表。
		小学館集英社プロダクション、少年サンデーに連載していた野球マンガ『クロスゲーム』『メジャー』のアニメ版の有料配信を開始。
		岩波書店、映画「借りぐらしのアリエッティ」の原作『床下の小人たち』を含む「小人の冒険シリーズ」（全5冊）の電子版を「電子書店パピレス」「どこでも読書」「SpaceTownブックス」などに配信。
	8	新潮社、2010年3月に休刊となった国際情報誌『フォーサイト』の有料ウェブサイト開設。
		廣済堂、アップストア上に電子書籍を扱う書店アプリ「Book Gate」を開設。
		アスキーメディアワークス、iPad・iPhone・パソコン用に書き下ろした電子コミック誌『電撃コミックジャパン』を創刊。
	9	日本雑誌協会、「デジタル雑誌配信権利処理ガイドライン」を理事会で正式承認。
		太洋社、「漫画☆全巻ドットコム」を運営するトリコなどと提携し、電子書籍事業に参入。
	10	出版社向け管理ソフトの開発・販売を行うシステムYAMATO、電子雑誌の販売サイト「NOA-ZASSHI」開設。
		大日本印刷と子会社のCHIグループ、公共図書館・大学図書館に電子図書館サービスの提供開始。
		日本書籍出版協会、独占的許諾権を盛り込んだ電子出版の契約書の雛型3種を作成し、説明会を開催。
		ハーレクイン、11月以降に刊行予定の『愛と掟のはざまで』（ペニー・ジョーダン）など3作品を初めて電子版で先行発売。

年	月	事　項
2010	10	総務省、新ICT利活用サービス創出支援事業の委託先を決定し、電子書籍普及に総額8億3000万円を拠出。
	11	小学館、電子書籍販売サイト「e-BOOK小学館」を開設。
		作家の村上龍氏、電子書籍の制作・販売会社「G2010」設立。
		公正取引委員会、電子書籍は「物」ではなく「情報」として、著作物再販適用除外制度の「対象外」とホームページに掲載。
		デジタル放送を活用した新聞、雑誌などの紙メディアのデジタル配信の実現を目指す「All Media In One（AMIO）フォーラム」発足。
	12	インプレスR&D、デジタル出版をテーマにした週刊電子雑誌「On Deck」を創刊。
2011	1	凸版印刷、インテル、ビットウェイの3社、電子書籍事業で協力合意し、ビットウェイ新会社「BookLive（ブックライブ）」を設立。
		JTBパブリッシング、『JTB時刻表』を電子化し、発売。
		書物復権8社の会、第15回「共同復刊」リクエストの募集開始。オンデマンド、電子書籍の復刊も。
		美術出版ネットワークス、タブレット型端末向けビューアー「dogear（ドッグイヤー）」発売。
	2	IT企業エムアップ、「デジタルブックファクトリー」を立ち上げ。
		海外在住者を対象に月刊『文藝春秋』のデジタル版の販売開始。
		カルチュア・コンビニエンス・クラブ（CCC）みなとみらい店、紙の書籍を電子化する「自炊サービス」開始。
		祥伝社、月刊女性コミック誌『フィール・ヤング』3月号電子版発売。
		電子書籍出版社協会、交換フォーマット中間発表会を開催。
		「集英社e文庫iPhoneアプリ」第1弾、村上由香著『天使の卵』シリーズ電子書籍化。
		本城沙衣、ネット書店ドリームネッツから電子書籍『グランドゼロ～ひとひらの雪』を発表。
		イースト、EPUB日本語仕様を策定。
	3	ジャイブ『コミックラッシュ』、デジタルに完全移行。
		富士山マガジン、被災した雑誌定期購読者に無料でデジタル版配信。
		ブッククラウド「コミッククラウド」第3弾、Kindleとアンドロイド端末向け発売。
		配信会社G2010、村上龍『限りなく透明に近いブルー』電子版配信。
		時事通信出版局、アップストアで「家庭の医学」アプリ無料提供、無料ランキング1位。
	4	世界文化社、男性ファッション誌『MEN'S EX』5月号以後、紙と併せて電子版を発行。
		新潮社、4月以後の新刊書籍全点を電子書籍で販売。
	5	エンターブレイン、iPhone&iPad用アプリ「未来の本　本のミライ」をアップストアで発売。
		アスキー・メディアワークス、電子コミック雑誌『電撃コミック ジャパン』で『おひさま』をコミック化。
	7	NEXTBOOK社、児童電子書籍3点を特別定価販売。
		講談社、『モーニング・ツー』電子版をeBookJapanで販売開始。
		デジタル教科書教材協議会、「教員コミュニティ」を設置。
	8	新潮社、塩野七生著『絵で見る十字軍物語』電子版発売。
		ブックウェイ、サイトを電子ショッピングモールに改装。
	9	日本出版販売、『モテれ。～女のスキルを磨きましょ～』の第1話を電子コミック化し配信。
		ソフトバンククリエイティブと旺文社、アップストアに配信中の電子書籍タイアップキャンペーン実施。
		日本出版インフラセンター、「電子出版コンテンツ流通管理コード（仮）」研究委員会を立上げ。
	10	CO2パブリッシング、ソーシャルプラットフォーム「BUKUMO」開設。
		JTBパブリッシング、『るるぶ京都』電子書籍版販売開始。
		日本出版インフラセンター、「電子書籍コード管理研究委員会準備会」発足。
	11	すばる舎、11月刊行分から全新刊を電子配信。
		「出版デジタル機構」の設立説明会、開催。

年	月	事 項
2011	11	人文社、デジタル古地図シリーズ販売開始。
		デジタル教科書教材協議会、13小中学校で実証実験実施。
	12	日本電子書籍出版協会、「EPUBビューア検証チーム」立上げ。
		日本出版販売、デジタルえほん『まり』電子版、アップストアで発売。
		メディア出版、2012年3月から『デジタルナーシング・グラフィカ』を発売と発表。
		総務省、「東日本大震災アーカイブ基盤機構プロジェクト」に9億円の予算化。
2012	1	日書連が青森県組合から電子書籍事業を開始。
	2	日本出版インフラセンター、東北の被災地支援を目的とした「コンテンツ緊急電子化事業」スタート。
	3	セブンネットSショッピングが電子書籍販売開始。
		楽天、「Raboo（ラブー）」サービス終了。
		トーハン、デジタルe-hon開設。
		角川グループがKindle向け電子書籍配信でアマゾンと契約。
		BookLive!、電子書籍ランキングを電子看板に提供。
	4	出版デジタル機構、電子書籍における出版社へのサービス「パブリッジ」を開始。
	5	トゥ・ディファクト、ビーケーワンとhontoを統合。
	6	角川グループホールディングス、電子書籍フォーマットEPUB3を採用。
	7	シャープ、スマートフォン向け電子書籍配信システム発表。
		楽天、電子書籍端末「Kobo Touch」販売開始。
	8	三省堂書店、電子書籍を店頭で販売開始。
		ディー・エヌ・エー、「E☆エブリスタ電子書籍大賞」を創設。
	9	日本電子書籍出版社協会、EPUB3の制作ガイドを公開。
		ソニー、新型「Reader」を発売。
		近代科学社、オンデマンド販売開始。
	10	米グーグル、著作権侵害訴訟で出版社らと和解。
		講談社、文庫電子版の定期配信を開始。
		ドワンゴ、「ニコニコ静画」で有料電子書籍を販売。
		出版デジタル機構、紀伊國屋書店と電子書籍の配信・販売事業を契約。
		パピレス、Kindleにコンテンツ提供。
		消費者省庁、楽天に対して電子書籍の点数表示で行政指導。
		リブリカ、「ニンテンドー3DS」向け電子書籍サービス「どこでも本屋さん」配信開始。
		博報堂DYM、スマホ上で電子書籍の販促ができる書店・出版社向けアプリ「リコメンド文芸部」を開発。
	11	トーハン、「Digital e-hon」を刷新し、コンテンツ数を3万点増の11万点とする。
		アマゾン、日本国内のKindle端末の予約受付を開始。
		トーハン、「Digital e-hon」でコミックスの配信を開始。
		出版デジタル機構、楽天の子会社Kobo社と電子書籍の配信、販売について業務提携。
	12	BookLive、読書専用端末を発売し、三省堂書店などで販売。
		角川グループホールディングス、グーグル検索・閲覧サービスを「全作品対象外」で合意。
		hon.jp、検索システムをiPhoneにも対応させ、デジタルと紙の読者拡大を図る。
		トーハン、電子書籍販売「c-shelf」を1500書店で開始。
		JTBパブ、『るるぶ』『ココミル』などのガイドブックシリーズ電子化を開始。
		Kobo社、電子書籍端末2機種を発表。
2013	1	BookLive、有隣堂4店で電子書籍端末「Lideo」販売。
	2	電子書籍ストア「BookLive!」、2月17日を「電子書籍の日」として日本記念日協会に申請し、認定。
		経団連、「電子出版権」創設を提言。
	3	アップル、電子書籍販売「iBookstore」をオープン。
		三省堂書店とBookLive、絶版本を復刊、電子ストアとオンデマンドが連動。

年	月	事　項
2013	3	イーブックイニシアティブジャパン、電子雑誌の配信本格化 。
		イーブックイニシアティブジャパン、タブレットへのコンテンツサービス開始。
	4	いまじん、電子書籍端末「Lideo」販売。
		角川グループの電子書籍事業、年間24億円規模に。
		DNPグループ4社、クラウド型電子図書館サービスを開始。
		「ケータイ書店Booker's」閉鎖。
	6	まんのう町立図書館 、「Kobo Touch」100台導入。
	7	DNP、書き下ろし電子書籍レーベル「文力」を立上げ。
	8	都城金海堂、4店舗で「Lideo」販売開始。
		電子出版制作・流通協議会、「公立図書館の電子書籍サービス」の調査結果を発表。
	9	幻冬舎、よしもとばなな氏の電子版をiBookstoreで先行独占配信。
		楽天、「Kobo Touch」26校で導入。
	10	出版デジタル機構がビットウェイを統合 。
		イーブックイニシアティブジャパン、東証1部上場へ変更 。
		8大学図書館協同で、学術書の電子化実証実験開始。
	11	白石書店、「Lideo」を販売。
		東京デジタル出版サービス、電子書籍プロモを展開。
		金の星社、「Kinoppy」配信60点に拡大。
	12	文藝春秋、「文春e-Books」創刊。
		ベネッセ、小中学生向け電子書籍ストアを開始。
		文化庁、出版権を「電子出版」へ拡大する改正案報告書、文化審議会に上程へ。
		未来屋書店、KADOKAWAの全電子書籍配信へ。
		三省堂書店、書棚にかざして電子版を検索できる新アプリ「ヨミCam」開発。
		日本出版インフラセンター、電子書籍の書店店頭販売へ実証実験。
2014	1	ゴマブックス、電子で大活字本を配信。
		講談社、女性誌購入者にデジタル版の無料提供開始。
		インプレスR&D、紙と電子を同時発行。
		紀伊國屋書店、玉川大学と電子教科書導入の共同プロジェクト開始。
	2	インプレスR&D、「青空文庫」の作品をPODで販売開始。
		楽天Kobo、デスクトップアプリにビューワー機能追加。
	3	有斐閣、『六法全書　平成26年版』電子版無料閲覧サービス開始。
		KADOKAWA、200作品を無料公開するウェブサービス「コミックウォーカー」を開始。
		昭文社、まっぷるシリーズ紙購入者に無料で電子版を提供。
	4	文藝春秋、「週刊文春デジタル」を開始。
		ピースオブケイク、個人向けサービスSNS「note」を開始。
		インプレスR&D、国立国会図書館所蔵の古書をオンデマンド販売。
	5	KADOKAWA、ドワンゴと経営統合。
	6	マガジンハウス、女性向け情報誌『Hanako』電子版発売。
		ディスカヴァー21、ストア閉鎖に対応し、電子本の無料DLを保証するサービスを開始。
		ワンダーC・オトバンク、オーディオブックカードを店頭販売。
		有隣堂、三省堂書店など4書店、電子書籍店頭販売実験開始。
		講談社、夏の電子書籍販売企画「夏☆電書」で無料公開されているマンガを読むと55銭が義援金として寄付される「きふよみ!」開始。
		BookLiveとカルチュア・コンビニエンス・クラブ業務提携。
		光和コンピューターなど6社、デジタル・オンデマンド出版センター設立。
		NTTドコモ、電子雑誌の読み放題サービス「dマガジン」を月額400円（税抜き）でスマートフォン、タブレット端末向けに開始。
	7	池澤夏樹氏、ボイジャーと協業で初の電子書籍を刊行。
		Jコミ、「絶版マンガ図書館」に改称。

年	月	事　項
2014	7	大日本印刷と図書館流通センター、「電子図書館出版社向け説明会」を開催。
		Kobo、小学館の女性3誌Lite版を無料配信。
		KADOKAWA、ツイッター上で電子書籍が読めるEPUBビューアを開発。
		出版者著作権管理機構（JCOPY）、POD化許諾規定を新設。
		医学書院、電子教科書の試験開始。
	8	KADOKAWA、「台湾マンガFORCE」配信開始。
		「LINEマンガ」、「LINEマンガ連載」を開始し、毎週100作品以上を無料閲覧提供。
		ハースト婦人画報社、雑誌購入者にデジタル版の無料閲覧サービスを提供。
	9	米グーグル、図書館蔵書デジタル化集団訴訟で著者団体と和解。
		Jリサーチ、「空飛ぶ本棚」で一部音声付加サービスを開始。
		東京大学出版会、みすず書房など学術系6社、新刊を紙と電子でセット販売する「新刊ハイブリッドモデル」サービスを開始。
		イーブックイニシアティブジャパン、ビジネス書の要約サービス開始。
		D&E（データアンドイー）、電子出版プラットフォーム「Newsstand」からコンテンツを販売できるサービス「PressPad」を開始。
		アマゾンジャパン、近畿大学と連携協定し、「教科書ストア」開設。
	10	八木書店、ウェブ版『群書類従』配信開始。
		講談社と小学館、グーグルプレイなどで「コミコミ」配信開始。
		日本電子図書館サービス、公共図書館向け電子書籍貸出サービス実証実験を開始。
		アマゾンジャパン、Kindleストア開設2年で25万タイトル。
		日本書籍出版協会、「紙・電子一体」「紙のみ」「電子のみ」3種類のヒナ型を用意し、「出版契約書ヒナ型」説明会開催。
		ハースト婦人画報社、スタバジャパンとコラボし、チケットに電子書籍サンプル付与。
		LINE子会社、講談社・小学館などとコミック海外展開で資本提携。
		講談社、紙・電子同時刊行本格化に向けて、多メディア変換ソフト開発。
		マンガボックス、600万ダウンロードを突破。
		東京書店商業組合加盟の書店、対象商品購入者に電子版無料プレゼント。
	11	日本評論社がPDF版、オンデマンド本で既刊書を復刊する「日評アーカイブズ」開始。
		紀伊國屋書店武蔵小杉店、無料スマホアプリ「B＋POP」を利用し、店舗や商品の棚前までの案内や電子版の試し読みができる、初の「OtoO」マーケティング施策導入し開店。
		講談社、『100万回生きた猫』を電子配信。
		日本出版インフラセンター、書店での電子書籍販売実証事業を延長。
		集英社、女性ファッション誌主要15誌にデジタル版の付録配布。
		JTBパブリッシング、電子書籍サイト「たびのたね」開設。
	12	カルチュア・コンビニエンス・クラブ、雑誌購入で電子版を無料提供開始。
		日本雑誌協会、女性誌の一部無料公開開始。
		T-MEDIA、電子書籍販売の終了発表。
		Jリサーチ出版、触れると音声が出る業界初の〝電子付録〟のサービス開始。
		春うららかな書房、電子コミックの読み放題をマンガ喫茶、カフェなどで開始。
		アマゾンジャパン、国立国会図書館所蔵資料のパブリックドメインの古書を販売する「Kindle版アーカイブ」が1100タイトル突破。
2015	1	講談社、『ヤングマガジン』の発売と同時に電子版を刊行、その後全22誌のマンガ誌を電子化し、2015年6月までに配信。
		講談社、『VOCE』『ViVi』から紙版の女性誌を購入すると無料で電子版が読めるサービス「講談社デジタル本棚codigi（コデジ）」を開始。
	3	経済産業省の文化情報関連産業課、2014年度補正予算60億円によって、出版などのコンテンツを世界に発信する「コンテンツ海外展開等促進事業」（J-LOP+）について、事業者の申請受付開始。
		楽天、米国のOverDrive社の発行済み全株式を約500億円で取得、完全子会社化すると発表。

年	月	事　項
2015	4	光文社、4月1日発売の『Story』など月刊誌8誌でデジタル版を制作し、紙版を購入した読者が無料閲覧できるよう、シリアルコードを掲載。約20の電子ストアでは有料販売も実施。
		出版デジタル機構、電子書籍の書誌情報を蓄積し、電子取次・電子書店への配信に利用する「共通書誌情報システム」を開発、4月7日から利用申請を受付開始。
		新潮社、小学館、講談社など16社、日本オーディオブック協議会を設立、代表理事に新潮社の佐藤隆信社長が就任。
		朝日出版社、月刊英語学習誌『CNN english express』（CNNee）に掲載された記事などを、電子書籍シリーズ「CNNee ベスト・セレクション」として音声DL付き電子書籍で創刊。
	5	小学館、松本清張『山中鹿之助』など昭和の名作をペーパーバックと電子書籍を同時に同価格で復刊する新レーベル「P+D Books」を創刊。
		日本出版販売の関連会社、（株）クリエイターズギルド、出版社の電子書籍ビジネスの支援サービス「マスタープラン」の提供を開始。
		創出版、月刊『創』に掲載されたアーカイブや最新記事の電子版が読み放題となるサービス「創eブックスの月額読み放題」を開始。
		講談社、『手塚治虫文庫全集』全200巻を電子化し、配信。
	7	新潮社、村上春樹氏の期間限定の質問サイト「村上さんのところ」を閉鎖し、読者と村上氏のやりとりをまとめた『村上さんのところ』を書籍版と電子版で刊行。
		昭文社、旅行ガイドシリーズ『たびまる』の改訂版全30点を発売、電子アプリに対応。
		小学館、てんとうむしコミックス『ドラえもん』全45巻と、デジタルカラー版の2種『ドラえもん』の電子版配信を開始。
		大日本印刷、電子書籍コンテンツを収録した読書専用端末「honto pocket」のプレミアム商品として『グイン・サーガ全集 プレミアムパッケージ』を発売。
	8	電子書籍販売サイト「コミックシーモア」を運営しているエヌ・ティ・ティ・ソルマーレは、講談社とコラボしたキャンペーン企画「夏電書【ITAN特集】」を実施、アンソロジー漫画誌『ITAN』が初出の対象作品全巻が無料で試読できるなどの特典を用意。
	9	東芝、電子書籍事業「BookPlace」を（株）U-Nextに移管。
		紀伊國屋書店、海外会員向けにKinoppyを通じた電子書籍の販売を開始、第1弾としてNHK出版の『NHKラジオテキスト』9点を発売。
		大日本印刷とグループの書店であるトゥ・ディファクトが共同運営する「honto」の会員が300万人を突破。
		主婦の友社、コミックサイト「コミカワ」に漫画投稿機能を実装して正式オープン。
	11	講談社、村上春樹氏のエッセイ『遠い太鼓』『やがて哀しき外国語』を初めて電子配信。
	12	実業之日本社、（株）フィスコとの業務提携を発表。出版コンテンツを配信。
2016	1	文藝春秋、司馬遼太郎『坂の上の雲』全8巻の電子版を配信。
		ハースト婦人画報社、デジタルのみの新メディアサイト「コスモポリタン日本版」を開設。
		インプレスR&Dは「Next Publishing」で製作したデジタルファースト本を日販、トーハン経由で委託販売を開始。
	2	講談社、月刊情報誌『クーリエ・ジャポン』について紙での刊行をやめ、デジタルを基盤とした有料会員サービスに移行。
		オプティム、スマホやタブレットでの雑誌読み放題サービス「タブホ」を全国のセブンイレブンで展開。
		絵本の情報・通販サイト「EhonNavi」を運営する絵本ナビ、市販絵本のデジタル読み放題サービスを開始。
	3	楽天、オンライン書店「楽天ブックス」の新サービスとして、スマートフォン向け読書管理サービス「Readee」の提供を開始。
		ハースト婦人画報社、女性ファッション誌『エルガール』5月号で、全記事AR（拡張現実）に対応する機能を搭載。
	4	小学館、女性向けデジタルメディア「LIVErary.tokyo」をオープン。
		丸善&ジュンク堂ネットストアとhontoが統合。
		小学館、『中上健次 電子全集』の配信開始。

206

年	月	事　項
2016	4	ディー・エヌ・エーが運営する無料漫画アプリ「マンガボックス」のダウンロード数が1000万超え。
		アマゾンジャパン、電子書籍端末Kindleの最新型「Kindle Oasis」を発売。
	5	日販グループのアイエムエー、電子コミック月刊誌『Colorful!』（カラフル）の配信を開始。
		Booklive、電子書籍専用端末「Lideo」の販売を終了。
		朝日出版社、アメリカ現職大統領のオバマ『肉声CD付き〔対訳〕オバマ「核なき世界」演説』を緊急電子化し、期間限定で割引販売を開始。
	6	ヤフー、「eBookJapan」を展開するイーブックイニシアティブジャパンを株式公開買い付けで連結子会社化すると発表。
		日本エンタープライズ、電子書籍ストア「BOOKSMART」とリアル書店を連動させ、新人作家の発掘・育成を支援するプロジェクトを開始。
		トゥ・ディファクト、ネット通販や電子書籍を融合したハイブリッド書店「honto」を大幅にリニューアル。
	7	ダイレクトクラウド、デジタル著作権管理システム「SkyDRM」の提供を開始。
		NHK Comicoが提供するアプリ「Comico」のダウンロード数、2000万ダウンロードを突破。
		小学館、コミック誌とライトノベル誌の総合ポータルサイト「小学館コミック」を全面リニューアル。
	8	アマゾンジャパン、定額制の電子書籍読み放題サービス「Kindle Unlimited」を開始。
		楽天、デジタル雑誌が月額410円で楽しめる定額読み放題サービス「楽天マガジン」を開始。
	9	ゲオインタラクティブ、「ナンプレ」などのパズルがスマホやタブレットなどに配信され、会員向けパズル誌が毎月郵送される会員サービス「パズルぽん」の提供開始。
		JTBパブリッシング、旅行情報誌『るるぶソウル'17』から『るるぶ情報版』海外シリーズ全点に無料の電子版会話集を特典に付与。
		講談社、文芸誌『群像』創刊70周年記念号の電子配信を開始。
		JTBパブリッシング、オンラインコンシェルジュサービス「PlanB」を利用できるグルメガイド『るるぶ　おまかせ札幌グルメ』を発売。
		小学館、『サンデーS』10月号が市場で入手困難の事態を受けて、同号の全作品をウェブサイト「サンデーうぇぶり」で無料公開する異例措置。
	10	KADOKAWA、世界最古のテクノロジー誌『MIT Techology Review』の日本語版有料オンライン誌を創刊。
		新潮社と岩波書店、作家、研究者の講演音源をインターネットで配信するサービス「LisBo」を開始。
		KADOKAWA、電撃ブランドのオンラインストア「電撃屋」のリアル店をアニメイトAKIBAカルチャーズZONE店内に出店。
		旭屋書店、チェーン全17店舗で、運営する動画投稿サイト「本TUBE」と連動した「まとめ読み祭り」を開始。
		KADOKAWAとドワンゴは書店での特典配布、電子書籍キャンペーン、ニコニコ生放送特番などを行う「ニコニコカドカワ祭り 2016」を3000書店で開催。
		ハイブリッド型総合書店「honto」を運営するトゥ・ディファクト、専門家が本をテーマごとに紹介する「ブックツリー」を本格的に始動。
		出版科学研究所、『出版月報』9月号から電子書籍の売れ行き良好書や販売動向をレポートするページを新たに追加。
	11	出版デジタル機構、コンテンツの編集や校正、マルチ展開などを支援するサービス「Picassol」の提供開始。
		アンドロイド端末専用の電子書店「BOOKSMART」とリアル書店の店頭連動フェア企画、東京商業組合加盟の35店で展開。
		一迅社、電子コミック雑誌をリアル書店の紙版発売日と同時に発売。
		フライングライン、雑誌『農業と経済』のバックナンバー約900号をデジタル化。
	12	小学館、『立原正秋電子全集』を刊行し、主要な電子書店で販売開始。

年	月	事　項
2016	12	NTTドコモ、電子雑誌の定額読み放題サービス「dマガジン」の法人向けプラン「dマガジン for Biz」の提供開始。
		エブリスタ、電子書籍（Kindleストア）とAmazon.co.jpのPODで短編小説レーベル「5分シリーズ」の刊行開始。
		ゲオインタラクティブ、スマホで電子コミックが読めるレンタルサービス「GEOマンガ」を開始。
2017	1	山と溪谷社、生物図鑑の読み放題サービス「図鑑.jp」をオープンし、電子版閲覧だけでなく、生物の名前・科名による横断検索が可能に。
	2	J:COM（ジュピターテレコム）、ケーブルテレビ、高速インターネット、固定電話、モバイルの加入者を対象に電子雑誌読み放題サービス「J:COMブックス」を開始、500誌以上のデジタル雑誌が読めるコースと、NHK出版の語学テキストや趣味・実用誌が閲覧できるコースの2種を提供。
	3	紀伊國屋書店、「紀伊國屋書店ウェブストア」の電子書籍サービスKinoppyで、研究者向けにエルゼビアなど欧米の大手学術専門出版社の既刊・新刊洋書計約17万タイトルの電子書籍販売を開始。
		日本能率協会マネジメントセンター、紙の書籍にデジタルの技術・サービスなどを付加して読者に提供する新規事業「電紙出版」を開始、図書を購入して専用無料アプリを使うと、AR（拡張現実）による「名刺交換」や「電話対応」などの動画を見ることができ、テキスト情報だけでは習得しづらいビジネススキルを学ぶことが可能に。
	4	雑誌の定期購読専門のオンライン書店、Fujisan.co.jpを運営する富士山マガジンサービス、「記事抽出システム」を構築し、雑誌の記事・画像単位のデジタルコンテンツをネット書店などに提供できるサービスを開始。
	5	ハースト婦人画報社、発行する全13雑誌の2012年以降のバックナンバーと最新号の電子版をパソコン、スマホ、タブレットで閲覧できる「マガジンクラウド」のサービスを開始。
		講談社、スマホだけで自分の電子書店を開設できるブラウザベースのサービス「じぶん書店」を開始、約130人の作家や編集者の公式書店と、約400人の一般ユーザによる書店が一斉にオープン。
	6	秋田書店、初の有料WEBマガジン『カチCOMI』創刊。
		国立国会図書館、出版者・著作権者向け説明会「国立国会図書館のデジタル化資料送信サービス～現状とこれから」を開催。
		出版デジタル機構、楽天ブックスへプリント・オン・デマンド（POD）書籍のデータ取次業務を開始し、楽天ブックスと契約している200以上の書店も出版社が提供するPOD書籍を早ければ4日後に受け取ることが可能に。
	7	大日本印刷と日本電子図書館サービス、武庫川女子大学と連携し、学内や学生の自宅にあるパソコン、スマホ、タブレット端末を利用する電子書籍の貸出サービスの実証実験を約1400冊で開始。
	8	新潮社、覆面新人作家の宿野かほる『ルビンの壺が割れた』を発売1か月半前にネットで全文公開、無料公開中に電子書籍で1万以上ダウンロードされ、異例の5刷4万部販売。
	10	TSUTAYAとBookLive、店頭で購入した書籍・雑誌の電子版が自動的に電子書籍アプリ「BookLive!」の本棚にダウンロードされるサービス「Airbook」の対象出版物に、新たにコミックを追加。
	11	電子配信サービス「めちゃコミック（めちゃコミ）」を提供するアムタス、クリエイターを育成する専門学校、アミューズメント総合学院と共同で、オリジナル電子コミックを制作することを決定。
	12	オトバンク、『公式 TOEIC Listening & Reading 問題集3』（国際ビジネスコミュニケーション協会）に、同社運営のオーディオブック配信サービス「FeBe」の提供を開始。
		楽天、11ジャンル200誌以上の電子雑誌が定額で読み放題となる「楽天マガジン」に新機能「Webリーダー」を追加し、パソコンでも閲覧可能に。

年	月	事　項
2018	1	メディアドゥ、韓国の電子書店「YES24」の漫画配信に、スマホユーザーの利便性が高く評価されている MD ビューアとビューアソリューションの提供を開始。
		文部科学省、視覚障害を有する小学生、中学生、高校生が、全教育課程でデジタル教科書を使用できる方針を固め、1 月 22 日に行われた通常国会で学校教育法の改正案を提出。
		講談社、TORICO が運営する電子書籍配信サービス「漫画全巻ドットコム」上で配信するコミック作品 1 万 8345 点をセットした「夢箱」を先着 1 人限定で発売、価格は 811 万 9559 円（税別）で世界一高額な電子書籍セットに。
	3	講談社、青年・女性向け電子コミック 6 誌を月額 720 円で定期購読できるサービス「コミックDAYS」とそれに紐づけたマンガ投稿サイト「DAYSNEO」を開設し、3 月 13 日時点の月間ユニークユーザー 30 万人に達する。
		オトバンク、オーディオブック配信サービス「FeBe」を定額聴き放題プランを加えた「オーディオブック.jp」へ全面リニューアル。
	6	楽天、6 月 13 日に神戸市、6 月 25 日に大阪市と電子図書館サービス「Rakuten OverDrive」に関する協定を締結。
	7	楽天、法人対象の読み放題サービス「楽天マガジン法人プラン」を開始し、法人向け 170 誌以上の電子雑誌が定額で読み放題に。
	8	出版広報センター、10 代から 20 代への啓発活動として「STOP！海賊版」キャンペーンを開始、参加出版社 36 社がツイッターで海賊版を利用しないように呼びかけ。
		アマゾンジャパン、「Kindle インディーズマンガ」、開始 1 か月でダウンロードが数十万回、読まれたページ数は累計 100 万ページ以上に達したと発表。
		アマゾンの関連会社でボイスコンテンツと音声コンテンツの制作・配信を行う Audible、日本でダウンロード販売を開始、38 ヵ国語のコンテンツ 20 万タイトル以上を追加。
		アマゾンジャパン、Kindle 内ストアに新たな本との出会いや電子書籍の楽しみを伝える Webマガジン「私の本棚」を開設。
	9	講談社、北海道胆振東部地震に伴う輸送遅延や書店の被災により商品が届かない読者に向けて『週刊 D モーニング』40 号、41 号、42 号の 3 号分を無料公開。
	10	日本電子図書館サービス、公共図書館向け電子書籍貸出サービス実証実験を開始。電子図書館サービス「LibrariE」の取り扱いコンテンツ数が 4 万 2000 点、導入図書館数 72 館で内訳は大学図書館 24 館、学校図書館 19 館、公共図書館 28 館、その他 1 館と公表。
2019	1	メディアドゥ、インターネット技術の世界的標準化推進団体「W3C」（World Wide Web Consortium）」に加盟、電子書籍の国際標準規格策定への提言活動を強化。
	2	集英社、『週刊少年ジャンプ』編集部によるマンガアプリ「マワシヨミジャンプ」の配信を開始。
	3	日本出版インフラセンター（JPO）、日本国内の出版物総合カタログとして「出版書誌データベース（Pub DB)」を開設し、日本書籍出版協会の検索サイト「Books」を引き継ぎ、国内で発行された紙の書籍・電子書籍の情報を各出版社（者）から提供を受けて蓄積し、検索可能に。
	4	LINE、小説投稿サイト「LINE ノベル」を開設し、文芸レーベル「LiNE 文庫」とライトノベルレーベル「LINE 文庫エッジ」を創刊。
		集英社と講談社、『週刊少年ジャンプ』『少年ジャンプ +』（集英社）、『週刊少年マガジン』『別冊少年マガジン』『マガジンポケット』（講談社）の連載作品約 150 タイトル（4 月 8 日時点）を無料で読むことができるウェブサイト「少年ジャンマガ学園」を期間限定で公開。
	5	日本雑誌広告協会、電子雑誌広告取引におけるガイドラインを策定し、多様化する電子雑誌の指標や運用基準の標準化をはかることを記者発表。
		講談社、KADOKAWA、新潮社、文藝春秋、宝島社の 5 社、作家・海堂尊氏の作品 30 作品、合本版を含めて 33 点を電子書籍で販売開始。
	6	絵本の情報・通販サイト「EhonNavi」を運営する絵本ナビ、小学生以上を対象とした児童書の読み放題サービス「読みもの読み放題」を開始。

年	月	事　項
2019	7	海賊版サイト「漫画村」運営者、フィリピンの入国管理局によって身柄拘束され、福岡県警は逮捕状をとっており逮捕へ。
		メディアドゥ、クラウドを活用した新電子書籍流通システムの開発を完了し、「pixiv コミック」「マンガ BANG!」への提供を開始。
	8	LINE、スマホ向けアプリ「LINE ノベル」の配信を AppStore で開始。
		大日本印刷、世界的な電子楽譜のファイルフォーマット規格「MusicXML」に対応した電子楽譜活用アプリ「MuseCloud」（ダウンロード無料）の提供やオンデマンド印刷による紙の楽譜販売などを含む、電子楽譜の流通販売事業を開始。
	10	アマゾン、Kindle 電子書籍リーダーの子ども向け機種「Kindle キッズモデル」と「FireHD10 タブレットキッズモデル」の販売を開始。
		絵本ナビは「絵本ナビ　プレミアムサービス」んどで『ズッコケ三人組』シリーズの 2 点の読み放題配信を実施。
	11	文藝春秋、月額会員制の記事・動画配信サービス「週刊文春デジタル」を大幅リニューアルし、月額 880 円で読み放題・見放題に 11 月 1 日より変更。
		KADOKAWA、ウェブ小説サイト「カクヨム」において、作品の投稿者が現金化可能な報酬を得られる「カクヨムロイヤリティプログラム」を開始、投稿された作品の PV 数に応じて、作者に広告収入を還元。
		文藝春秋、メディアプラットフォーム「note」に「文藝春秋デジタル」を開設し、『文藝春秋』の最新記事（約 70 本）や 2019 年 9 月以降の過去記事が月額 900 円で読み放題に。
		大日本印刷、ファンタジスタと共同で日本の出版社などのマンガを翻訳して月額 6.99 ドル（約 760 円）で提供するサービス「Manga Planet」をリリース。
	12	図書館流通センター、「電子図書館サミット 2019」を開催し、「LibrariE & TRC-DL」を採用している図書館と導入を検討している図書館が参加、「LibrariE & TRC-DL では約 300 社・約 7 万 600 点のコンテンツが提供されている。
2020	1	文化庁、音楽と映像に加え、すべての海賊版コンテンツのダウンロードを違法とする著作権法改正に関する検討会（土肥一史座長）の報告書を公開。
		出版科学研究所、出版推定販売金額を発表し、紙版の市場規模は 1 兆 2360 億円（前年比 4・3％減）、電子版は 3072 億円（同 23・9％増）、合計 1 兆 5432 億円（同 0・2％増）と電子版の統計を始めた 2014 年以来、初めて紙と電子の総額が前年実績を上回り、電子版の占有率は 19・9％と約 2 割にまで拡大。
		インプレス R ＆ D、「著者向けプリントオンデマンド (POD) 出版サービス」で取り扱うコンテンツを、世界 6 カ国のアマゾンストアで販売を開始。
		NTT ソルマーレが運営する「コミックシーモア」、「電子コミック大賞 2020」授賞式を開催し、はるこ『酒と恋には酔って然るべき』（秋田書店）が受賞。
	2	出版広報センター、日本漫画家協会、「海賊版対策のための迅速かつ適切な著作権法改正を求める共同声明」発表。
		講談社、第 81 期決算(2018 年 12 月 -2019 年 11 月)売上高 1358 億円 3500 万円(前年比 12・7％増)のうち、「デジタル関連収入」は約 465 億円（同 39・2％増）と発表。
		KADOKAWA の子会社ブックウォーカー、電子書籍ストア「BOOK ☆ WALKER」で「角川文庫・ラノベ読み放題サービス」を 2 月 1 日から有料化。
	3	小学館、ウェブサイト「小学館 e コミックストア」で『コロコロコミック』をはじめコミック誌を無料配信。
		集英社、コミックアプリ「少年ジャンプ＋」と総合電子書店「ゼブラック」で『週刊少年ジャンプ』2020 年 1 号〜 13 号を 3 月 31 日まで無料公開。
		KADOKAWA、児童書サイト「ヨメルバ」、電子書籍ストア「BOOK ☆ WALKER」で「角川つばさ文庫」など 207 点を 4 月 5 日まで全ページ無料公開。
		オトバンク、中国の音声プラットフォーム「ximalaya.com」を運営するシマラヤの日本法人シマラヤジャパンと業務提携契約を締結。

年	月	事　項
2020	3	honto、東京新宿区の DNP プラザで『13 歳からのアート思考』(末永幸歩著、ダイヤモンド社)のオンライン読書会を開催。
	4	新型コロナウイルス感染症流行で政府「緊急事態宣言」を発令し、東京、神奈川、埼玉、千葉、大阪、兵庫、福岡の 7 都府県ほか休業する書店は 1,000 店規模に。
		新型コロナウイルス感染症拡大の影響を受けて、小学館、集英社、光文社、4 月から 5 月発売予定の「女性誌およびコミックスの発売延期」や「付録の変更」を決める。
		著作権法改正で創設された「授業目的公衆送信補償金制度」は新型コロナウイルス感染症拡大による学校の休校措置を受け、当初の予定を早め、4 月 28 日から施行、今年度に限り補償金額を特例的に無償に。
		電子出版制作・流通協議会、「電流協アワード 2020」を発表し、J コミックテラスの「マンガ図書館 Z」が大賞に選出。
		講談社など出版社 7 社、「BOOK ☆ WALKER」などの電子書店で、東野圭吾氏の小説 7 作品を配信。
		図書館などの被災・救援情報サイト「saveMLAK」、新型コロナウイルスの感染拡大を受けて、4 月 22 日から 23 日にかけての調査結果を発表、全国 1626 館を調査し、1430 館 (88%) が休館。
		図書館流通センター、全国 76 自治体 276 館で導入されている同社の電子図書館サービスの 2020 年 3 月期貸出実績が前月比 120% 増、前年同月比 155% 増の約 4 万 5100 件と発表。
	5	メディアドゥ、アメリカの OverDrive 社が提供する学校向け電子図書館サービスの初期費用・初年度月額運用費を無料とする「電子図書館緊急導入支援キャンペーン」を開始。
		小学館、第 82 期 (2019 年 3 月〜 2020 年 2 月) 決算について、売上高 977 億 4700 万円 (前年比 0・7% 増) で「デジタル収入」は 248 億 5400 万円 (同 21・1% 増) と発表。
		トーハン、第 73 期 (2019 年 4 月〜 2020 年 3 月) 決算を発表し、単体決算の売上高は 3834 億 8900 万円 (前年比 3・5% 減)、営業利益は 19 億 7600 万円 (同 53・8% 減)、経常損失は 4 億 7200 万円 (前年は 21 億 3900 万円の利益)、当期純損失は 55 億 9200 万円 (前年は 6 億 5200 万円の利益) となり、初の経常赤字決算。
	6	日本電子図書館サービス、電子図書館「LibrariE」の導入について、大学図書館が 77 館、小中高図書館が 61 館、公共図書館が 59 館、その他が 3 館で 200 館に到達と発表。
		図書館流通センター、6 月 1 日現在全国 78 自治体 282 館で導入されている電子図書館サービスの 5 月期貸出実績が前年同月比 426% 増、4 月と比べて 26% 増の 8 万 5392 件と発表。
	7	メディアドゥ、出版社のオーディオブック制作を支援し、オーディオブックおよび音声コンテンツの制作・配信サービスである「Amazon オーディオブック Audible」に提供することを発表。
		出版科学研究所、『出版月報』7 月号で 2020 年 1 月〜 6 月の紙版の推定販売金額は 6183 億円 (前年同期比 2・9% 減)、内訳は「書籍」が 3517 億円 (同 3・0% 減)、「雑誌」は 2667 億円 (同 2・9% 減)、一方、電子版の推定販売金額は 1762 億円 (同 28・4% 増)、内訳は「電子コミック」が 1511 億円 (同 33・4% 増)、「電子書籍」が 191 億円 (同 15・1% 増)、「電子雑誌」が 60 億円 (同 17・8% 減) と発表、電子版のシェアが 22・2% と 2 割を超える。
	8	富士山マガジンサービス、誠文堂新光社は雑誌『子供の科学』の事業展開において業務提携を開始、デジタルサービスの強化を共同で実施。
		日本雑誌広告協会、電子雑誌広告取引におけるガイドラインを策定し、多様化する電子雑誌の指標や運用基準の標準化をはかることを発表。
	9	メディアドゥ、同社グループ初の統合報告書『株式会社メディアドゥ統合報告書 2020』(日本語版) を公開し、2020 年 2 月期の過去 1 年間における実績は、流通総額 1000 億円超で国内 1 位、同期末時点で出版社口座数 2200 以上、取引書店数 150 以上、取扱い稼働コンテンツ 200 万点以上、電子書籍提供出版社のうち 99% 以上と取引可能であり、国内流通シェアは 34% としている。

211

研究ノート

これからの図書館の可能性を探る
―子ども文化の観点から―

（初出誌 『子ども文化』 2016年5月号掲載）

1．図書館、そして本との出会い

　私が初めて公共図書館を利用したのは、本を読むのではなく、映画を見るためであった。その図書館は、私が住んでいた大阪府豊中市の南部にある阪急電車宝塚線庄内駅から電車で3つ目の岡町駅を降りてすぐの豊中市立岡町図書館である。小学校の低学年であった私は3歳違いの兄と2人で毎月1回開かれる映画鑑賞会に通っていたのだが、さてそこでどのような映画を見たのかとなると記憶が定かではない。

　次に私が図書館をよく利用したのは自分が通う小学校の図書室、すなわち学校図書館であった。その図書室は学校の中でもちょっとした隠れ家的場所にあり、木造校舎のいかにも昭和の雰囲気を漂わせていた。私はそこで「シャーロック・ホームズ」や「怪盗ルパン」、あるいはさまざまな偉人伝を読み、そのうち図書係という役割を担うことになった。

　そして本を読むことに夢中になり、小学校6年生の時に庄内駅前にあった「明生堂書店」という本屋で、生まれて初めて自分のお金で買った本が『次郎物語　第1部』（下村湖人著、新潮文庫）であった。いまも手もとにあるその本の奥付を見ると、「昭和29年12月5日発行、昭和40年11月30日30刷」と書いてあり、購入した日は昭和42年7月1日と自分で日付印を捺しているので明確に分かる。その後、最終巻である『次郎物語　第5部』まで読み切り、おおいに感動したことを覚えている。

　どんな目的であれ、まず図書館に行くこと、本に夢中になること、そして本を買って蔵書にすること、そんな図書館や本との出会いを12歳くらいまでの間に経験したことは、いま振り返ってみると私のその後の生き方に大きく影響したと思うのである。

2. 「TSUTAYA 図書館」へのまなざし

　それから40年以上経った2012年11月21日、私はパシフィコ横浜という巨大コンベンションセンターのホールの壇上にいた。

　そこで私は「図書館総合展2012」のフォーラム「指定管理者制度の最前線—地方分権時代における図書館の可能性」のコーディネーターとして、佐賀県武雄市・樋渡啓祐市長、高橋聡・カルチュア・コンビニエンス・クラブ、南学・神奈川大学人間科学部教授と2013年4月に開館予定の「武雄市図書館」についてディスカッションを行っていたのである。

　じつに奇妙なことにこの図書館はまだ開館していない（！）というのに、大きな反対運動に遭遇していた。そのいちばんの要因は、地方公共団体の直営ではなく指定管理者制度にもとづき民間企業が運営すること、しかも全国的にTSUTAYAを展開するカルチュア・コンビニエンス・クラブが代官山蔦屋書店のコンセプトを図書館に持ち込み、年中無休、開館時間延長、利用者カードにTポイントカードを導入するといったことにあった。フォーラム会場は満席、立ち見となり、「図書館総合展」史上最大の参加者を記録した。

　そのフォーラムから4か月余り過ぎた2013年4月、佐賀県・武雄市図書館が指定管理者制度にもとづく新たな図書館として開館した。これまでの公共図書館にはない大胆な空間演出により、2011年度25万5千人、2012年度17万5千人（ただし2012年度は改装のため休館日数が多かったため例年より少なかった）であった来館者数が、リニューアルした2013年度には92万3千人と大幅に利用が伸び、図書館が地域の活性化をもたらした事例として全国の自治体から注目を集めた。これまで市民の18%しか利用できていない図書館を、開館日数を増やし、開館時間を延長したことで納税者に不公平のない図書館へ変え、大幅な利用者増を実現したのである。

　「TSUTAYA図書館」はその後の神奈川県・海老名市立図書館や宮城県・多

賀城市立図書館も含めて、利用する側の視点に徹した図書館運営を行い、公共
図書館における「滞在型図書館」への転換を象徴するものとなった。

3.「貸出型」図書館から「滞在型」図書館へ

よく言われるように日本の公共図書館の特徴は、「貸出し中心主義」にある。

1963 年、『中小都市における公共図書館の運営』（いわゆる『中小レポート』）
によって「中小公共図書館こそ公共図書館のすべて」という主張が展開され、大
図書館による保存に重点を置いた図書館像が大きく変わることとなった。つま
り、公共図書館の本質的機能は資料を求めるあらゆる人々やグループに資料を
提供することであるとされ、それが 1970 年の『市民の図書館』（日本図書館協会）
によって、(1)貸出しサービス、(2)児童サービス、(3)全域サービスが重視され、
1960 年代から 1970 年代に、公共図書館における「開架制」と「貸出し」が定着し
たのである。

『中小レポート』から 50 年経った 2013 年、「滞在型」図書館としての武雄市図
書館が、地方公共団体ではなく TSUTAYA を全国展開するカルチュア・コン
ビニエンス・クラブが指定管理者となって運営することは、じつに興味深い。
つまり、「貸出し中心主義」は半世紀を経て、相当程度に制度疲労を起こし、今
日の利用者からは新しい「公共図書館像」が求められているということを意味し
ているのである。

ここで注意しなくてはならないのは、図書館資料の保存を第一義とする従来
型の「公立図書館」に対して、1960 年代から 1970 年代の市民社会の進展を背景
に当時の図書館員たちが「貸出し」を積極的に行ったのは、その当時としてはか
なり「革新的」だったことである。

とするならば、その「革新的」な運動を継承する者たちが、斬新な空間演出と
多彩なイベントを核とする「滞在型」図書館をめざす新しい動きを全否定するの
は、精神の退廃にほかならないだろう。

今日の新しい「公共図書館像」は「公民連携」の図書館であり、そこではこれま
で図書館を利用しなかった人たちが利用することがもっとも重要な評価の指標
となり、図書館を地域の情報基盤として「貸出・返却」というプロセスだけでは
ない、新しい知のスタイルを生み出していくのである。

4. 図書館本来の伝統は「変わり続ける」こと

前置きが長くなったが、そこで子どもの文化である。子どもの世界ほど、おとなが勝手に思い描き、バイアスがかかっているものはない、と私はつねづね考えている。例えば、次のような文章はどうだろう。

「図書館の利用者が全て電子書籍の利用、図書館環境の機械化を望んでいるか、パソコンに慣れているか、と言えば、そうではない。利用者には、乳児から幼児、小学生も、高年齢の方も、パソコン操作が苦手な方も、身体的にパソコン操作が難しい方、操作が禁止されている方もおられる。図書館が公共のものであるなら、すべての方への配慮は必要不可欠である。図書館は、図書館本来の役目＝資料の収集・保存・提供・レファレンス＝の充実を図ることが第一の役割であることを忘れてはならない。」（小平市図書館協議会『公共図書館における電子書籍利用をめぐって』2013年3月）[1]

市の公共図書館に電子書籍を導入すべきか否かというテーマに関して、現時点では導入すべきではないと結論づけたこの報告書の中で、「電子書籍の利用、図書館環境の機械化」を望んでいないし、「パソコンに慣れて」いない人々の中に「乳児から幼児」「小学生」が含まれている。

はたして本当だろうか？　こういうことは当事者に聞いてみることがいちばん大切であるにもかかわらず、この報告書では「乳児から幼児」の保護者や「小学生」に対するアンケートやインタビュー調査など一切行わず、おとなが勝手に子どもたちにとって電子書籍の利用は必要ないと決めつけているのである。

電子書籍としてのデジタル絵本を例に挙げれば、札幌市図書館や三田市立図書館などではデジタル絵本を電子黒板に映し出し、図書館スタッフが館内で読み聞かせをしたり、自動読み上げ機能を使ったりして、子どもたちの評価を得ている。これまで紙媒体の絵本では読み聞かせに不向きとされていた作品でも文字が拡大されることによって「再発見」されるなど、図書館における電子書籍の利活用事例としての「デジタル絵本」の可能性は広がっている。

また、小学生はデジタル教科書やデジタル教材を活用した授業を受けており、総合的学習のツールとしてさまざまな地域資料のデジタルアーカイブが利用さ

＊1　http://library.kodaira.ed.jp/report/pdf/report042401.pdf（参照:2020-07-31）

れる実践例も増えている。ところが伝統的な「図書館」観の呪縛から逃れられないおとなたちが、デジタル・ネットワーク化社会の中での図書館の可能性を否定し、公共図書館における電子資料の取扱いをボイコットし、未来を担う子どもたちの進路を断とうとしているのである。

　「図書館に行くこと、本に夢中になること、本を持つようになること」は、デジタル・ネットワーク化社会では少し形を変え、図書館では「所蔵」よりも「利用」に重きを置くようになるだろう。しかし、それでもなお図書館の重要性は変わらない。なぜならば図書館の本来の伝統は、利用者が図書館資料を利用し、新たな知見を生み出すために貢献することであり、その本質はメディアの変遷に対応し続けること、すなわち図書館が「変わり続ける」ことにあるからなのである。

　私が最初、映画を見るために(！)　公共図書館に通ったように、新たな可能性を拡げる電子書籍に関心を持った子どもたちが図書館を利用し、未来の著作を紡いでいくことは決して夢物語ではないだろう。

　（初出：『子どもの文化』48 巻 5 号、2016 年 5 月、pp21-25.)

あとがき

　2020年、人類に最も大きな衝撃を与えたのは「新型コロナウイルス感染症」(COVID-19)の世界的流行であった。日常生活は一変し、各国の経済的損失は計り知れず、人々を襲った恐怖は地震、津波、噴火、豪雨、洪水、火災、さまざまな事故・事件とはまた異なる得体のしれないものであった。

　しかし、その一方でこれまで片鱗を見せかけていた社会的変革の芽が、感染症に対処する中で勢いよく出てきたことも事実である。テレワークやオンライン会議など働き方のスタイルや、電子決済による購買行動、教育の情報化としてのオンライン授業や、出版コンテンツのデジタル化による電子図書館などが、日常の中に顕在化し、増強され、その価値が改めて見直されたといえよう。つまり、非接触型、非対面型、非来訪型の生活様式が新たな常態・常識となり、社会の中に定着しようとしているのである。

　本書のテーマである「電子出版」も長い間、紙媒体の図書や雑誌を愛する人たちからは、まるで「本の敵」であるかのような扱いを受けてきたところがある。書物を手に取った時の印刷の匂い、ページをめくる音、書架に並んだ背表紙を眺める時間、そのような紙の本や雑誌たちが私たちの五感に訴える力は確かに強く、自分が読んだ著作物の内容とあいまって崇高な記憶として残ることは事実である。だが、電子出版の世界にも、じつは別の新しい発見や愉しみがある。紙の著作物とは位相の異なる電子出版の可能性について、本書ではさまざまな角度からアプローチを試みた。

　ここで大事なことは知識というものは単に事象をたくさん羅列し、示すことではなく、どのようにその事象とかかわっていくのかという主体的な探求過程から生まれ、形成され、継承されていくものであるということである。

　近年、筆者が取り組んできた「電子出版活用型図書館プロジェクト」も「机上の学問」ではなく、フィールドワークにもとづいた課題解決型リサーチであり、研究と教育が同時進行する実践的な手法こそが「知識」を更新し、更新され続けることこそ「知識」であるという普遍を生み出していくのである。

　本書の執筆にあたっては、多くの方々のご支援をいただいた。とりわけ2019年4月に着任した追手門学院では、こども園・幼稚園、小学校、中学校、高等学校、大学、大学院の園児、児童、生徒、学生、院生、そして教職員の皆さんに、私の実験的な取り組みを支えていただいた。厚くお礼を申し上げたい。

　亡き友　胸永等氏に捧ぐ

2020年9月　湯浅　俊彦

索 引

著書一覧

【単著・共編著】
* 『電子出版活用型図書館プロジェクト
  ―立命館大学文学部湯浅ゼミの総括』出版メディアパル　2019年3月
* 『ICTを活用した出版と図書館の未来―立命館大学文学部のアクティブラーニング』
  出版メディアパル　2018年4月
* 『大学生が考えたこれからの出版と図書館―立命館大学文学部湯浅ゼミの軌跡 』
  (共編著)　出版メディアパル　2017年4月
* 『デジタルが変える出版と図書館―立命館大学文学部湯浅ゼミの1年』
  (共編著)　出版メディアパル　2016年4月
* 『電子出版と電子図書館の最前線を創り出す―立命館大学文学部湯浅ゼミの挑戦』
  (共編著)　出版メディアパル　2015年3月
* 『デジタル環境下における出版ビジネスと図書館―ドキュメント「立命館大学文学
  部湯浅ゼミ」』(共編著)　出版メディアパル　2014年4月
* 『電子出版学入門〈改訂3版〉』―出版メディアのデジタル化と紙の本のゆくへ
  出版メディアパル　：2013年3月
* 『電子出版学入門〈改訂2版〉』―出版メディアのデジタル化と紙の本のゆくへ
  出版メディアパル　：2010年9月
* 『電子出版学入門―出版メディアのデジタル化と紙の本のゆくえ』
  出版メディアパル　2009年6月
* 『図書館情報資源概論』
  近畿大学通信教育部　2012年1月
* 『日本の出版流通における書誌情報・物流情報のデジタル化とその歴史的意義』
  ポット出版　2007年12月
* 『出版流通合理化構想の検証―ISBN導入の歴史的意義』
  ポット出版　2005年10月
* 『多文化社会と表現の自由―すすむガイドライン作り』
  (共編著)　明石書店　1997年5月
* 『「言葉狩り」と出版の自由―出版流通の現場から』　明石書店　1994年5月
* 『書店論ノート―本・読者・書店を考える』　新文化通信社　1990年2月
【共著】
* 『図書館情報学用語辞典　第5版』　丸善出版　2020年8月
* 『文化情報学事典』　勉誠出版　2019年12月
* 『デジタル・アーカイブとは何か―理論と実践』　勉誠出版　2015年6月
* 『文化情報学ガイドブック』　勉誠出版　2014年11月
* 『出版メディア入門 第2版』　日本評論社　2012年6月
* 『叢書現代のメディアとジャーナリズム5巻 新聞・雑誌・出版』
  ミネルヴァ書房　2005年10月
* 『岩波講座現代社会学15巻 差別と共生の社会学』　岩波書店　1996年4月
ほか多数。

◎ 著者略歴

湯浅　俊彦（ゆあさ　としひこ）

追手門学院大学・国際教養学部・教授

学校法人追手門学院　図書・情報メディア部長。

大阪市立大学大学院・創造都市研究科・都市情報環境
　研究領域・博士（後期）課程修了。博士（創造都市）。

日本ペンクラブ言論表現委員会・副委員長。

日本図書館協会・出版流通委員。

図書館振興財団「図書館を使った調べる学習コンクール」審査委員。

神戸市立図書館協議会・会長。

前・日本出版学会副会長

電子出版学概論　―アフターコロナ時代の出版と図書館

© 2020　湯浅俊彦

2020 年 11 月 4 日第 1 版　　第 1 刷発行

著者：湯浅 俊彦

発行所：出版メディアパル　　　　住所：〒 272-0812 市川市若宮 1-1-1

Tel&Fax：047-334-7094

e-mail：shimo@murapal.com　　　URL：http://www.murapal.com/

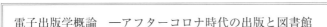

カバーデザイン：あむ／荒瀬光治　　編集・校正：出版メディアパル

DTP組版：高田信夫　　CTP印刷・製本：平河工業社

ISBN：978-4-902251-39-5　　　Printed in Japan